# DAS **GRIPS** LIEDERBUCH

VOLKER LUDWIG · BIRGER HEYMANN · RAINER HACHFELD

ALEXANDER VERLAG BERLIN

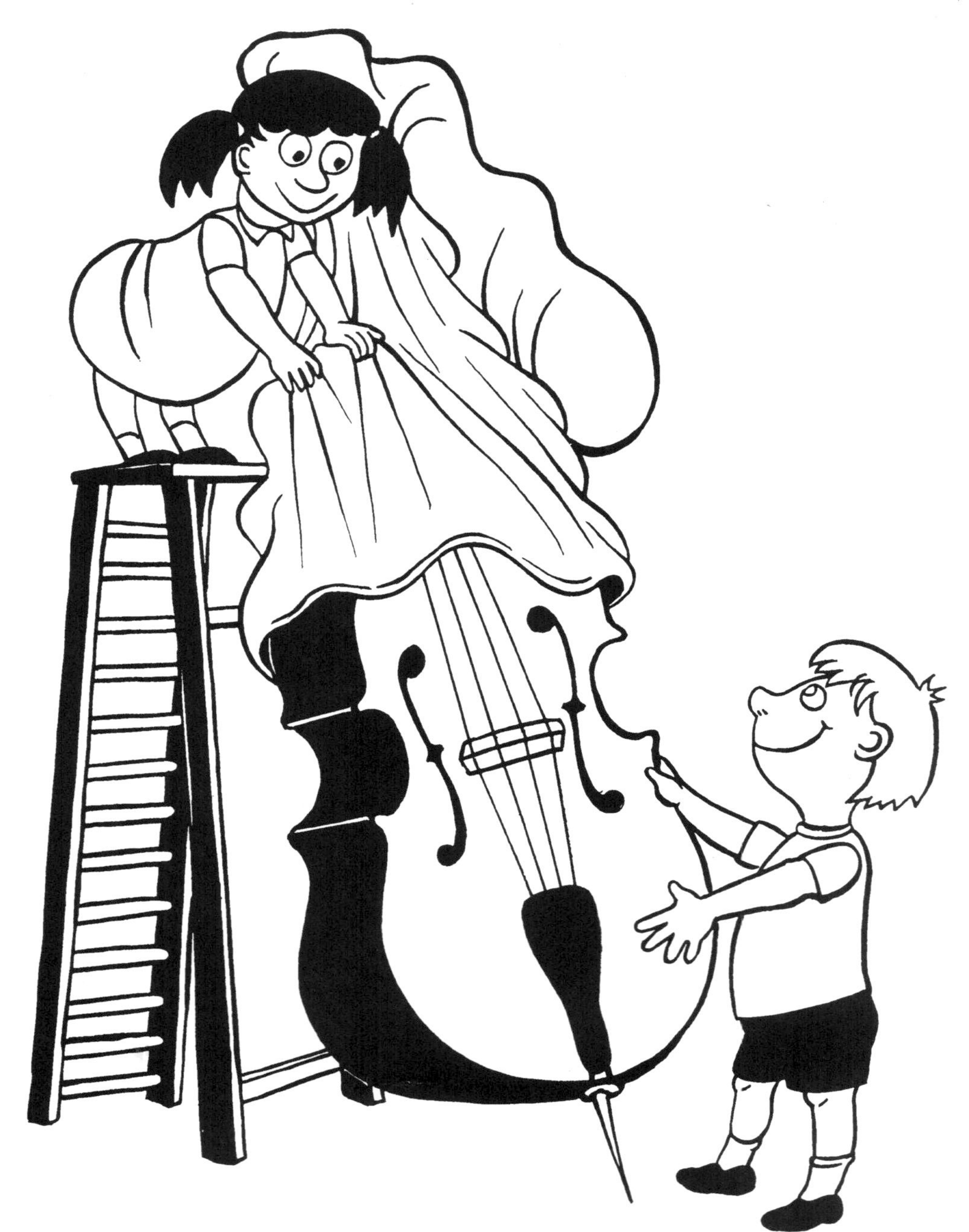

# Inhaltsverzeichnis



Die mit einem * versehenen Lieder sind auf der CD »GRIPS Theater – die schönsten Lieder aus 50 Jahren« zu hören.

Liedtexte Volker Ludwig
Musik Birger Heymann
u. a.
Zeichnungen Rainer Hachfeld

Vierte, erweiterte Auflage 2019


Alexander Wewerka, Fredericiastr. 8, 14008 Berlin
www.alexander-verlag.com
info@alexander-verlag.com

Notensatz: Karl Henn
Satz und Gestaltung: Marc Berger, Antje Wewerka und GRIPS
Umschlagzeichnung: Rainer Hachfeld
Druck und Bindung: Interpress, Budapest
ISBN 978-3-89581-500-3
Printed in Hungary (April) 2019

# Vorwort

Das erste GRIPS-Liederbuch, ein Heft mit 50 Liedern, erschien schon vor 40 Jahren. Es wurde 15.000mal verkauft und war bald vergriffen.
Zum 50. Geburtstag des GRIPS Theaters feiern wir heute die auf 60 Lieder erweiterte vierte Neuauflage des GRIPS-Liederbuchs!
36 Lieder stammen noch aus dem ersten Liederheft, 24 Lieder sind seitdem dazugekommen.
Die meisten Lieder wurden für Stücke des GRIPS Theaters in Berlin geschrieben, einige ursprünglich für die „Sesamstraße" oder andere Fernsehsendungen. Einige Lieder sind inzwischen unzählig oft in Liedersammlungen und Schulbüchern und auf sehr vielen Tonträgern erschienen und gehören sozusagen zum klassischen deutschen Kinderliedgut.
Viele der Lieder sind übrigens auf der Jubiläumsbox „GRIPS Theater – die schönsten Lieder aus 50 Jahren" zu hören.
Leider ist der wunderbare Komponist Birger Heymann 2012 gestorben. Die neusten Lieder sind darum von jüngeren GRIPS-Komponisten vertont worden.
Umso mehr liegt mir daran, noch einmal zu zitieren, was Birger Heymann und ich den Kindern im Nachwort der Erstausgabe vor 40 Jahren gesagt haben:

*„Kinder haben uns vor allem geschrieben, dass sie unsere Lieder besonders deshalb so oft und gern singen, weil sie ihnen Mut machen. Darüber sind wir natürlich sehr froh. Es sind viele Mutmach-Lieder dabei, Mut- und Wutlieder, Lach- und Krachlieder, Spaß- und Streitlieder, ganz einfache und ganz schwierige, Lieder zum Vorspielen und Umdichten, traurige, fröhliche und nachdenkliche Lieder zum Laut- und Leisesingen, zum Alleine- und vor allem zum Zusammensingen. Und nun singt mal schön! Singen ist wichtig. Es macht mutig, fröhlich, frei, schlau und gesund. Macht was dazu! Schlagt einen Rhythmus! Plim-dada wuffda – ploing ploing!"*

Volker Ludwig
April 2019

# Alle Großen haben Angst

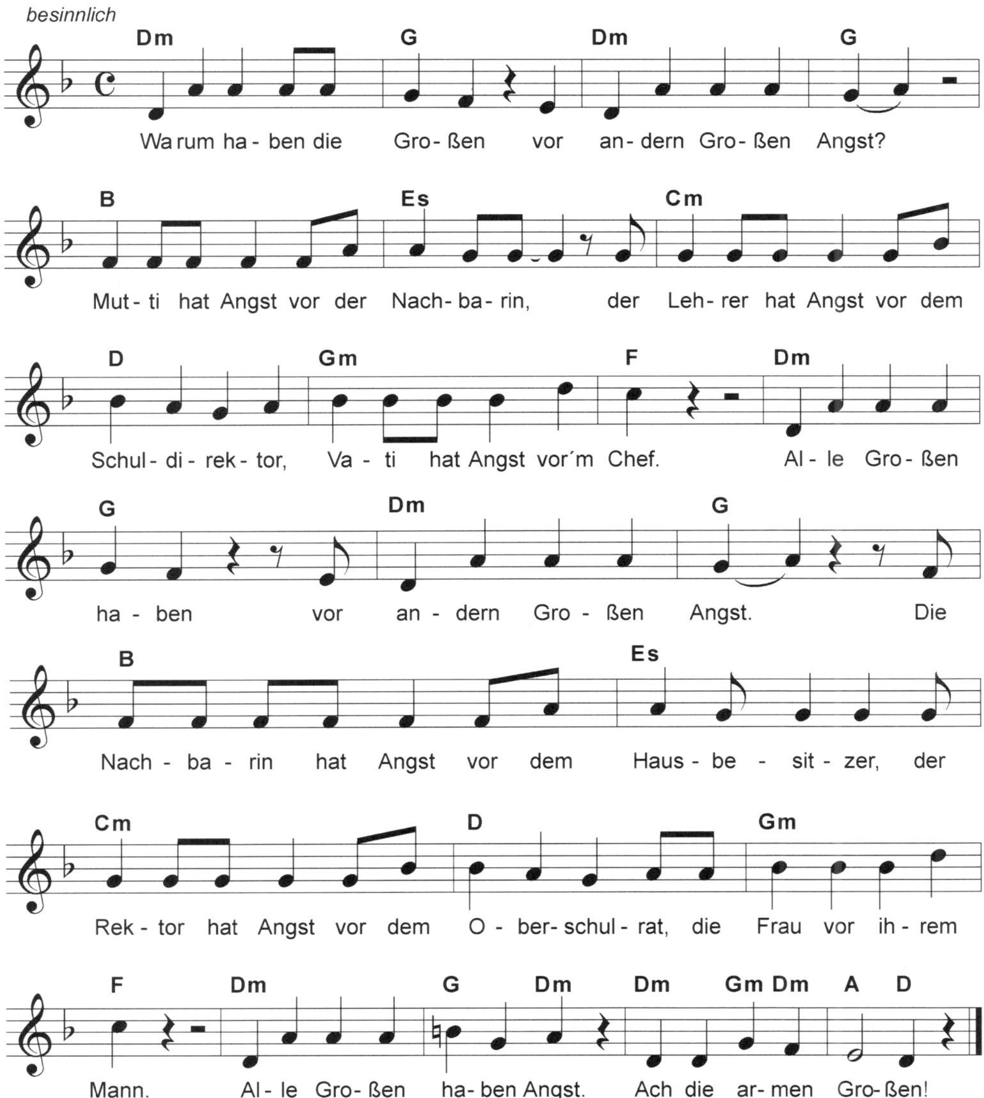

# Bald gibt's Ferien

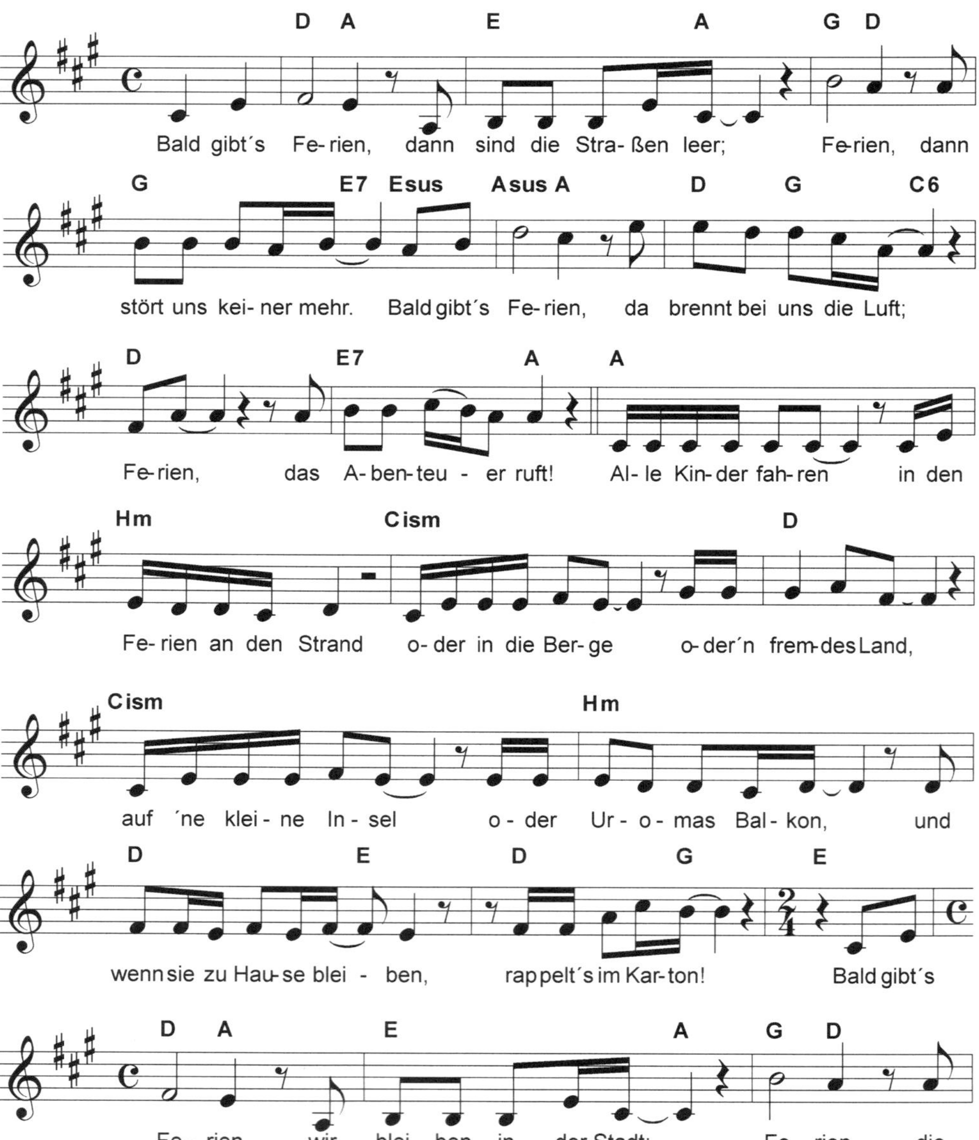

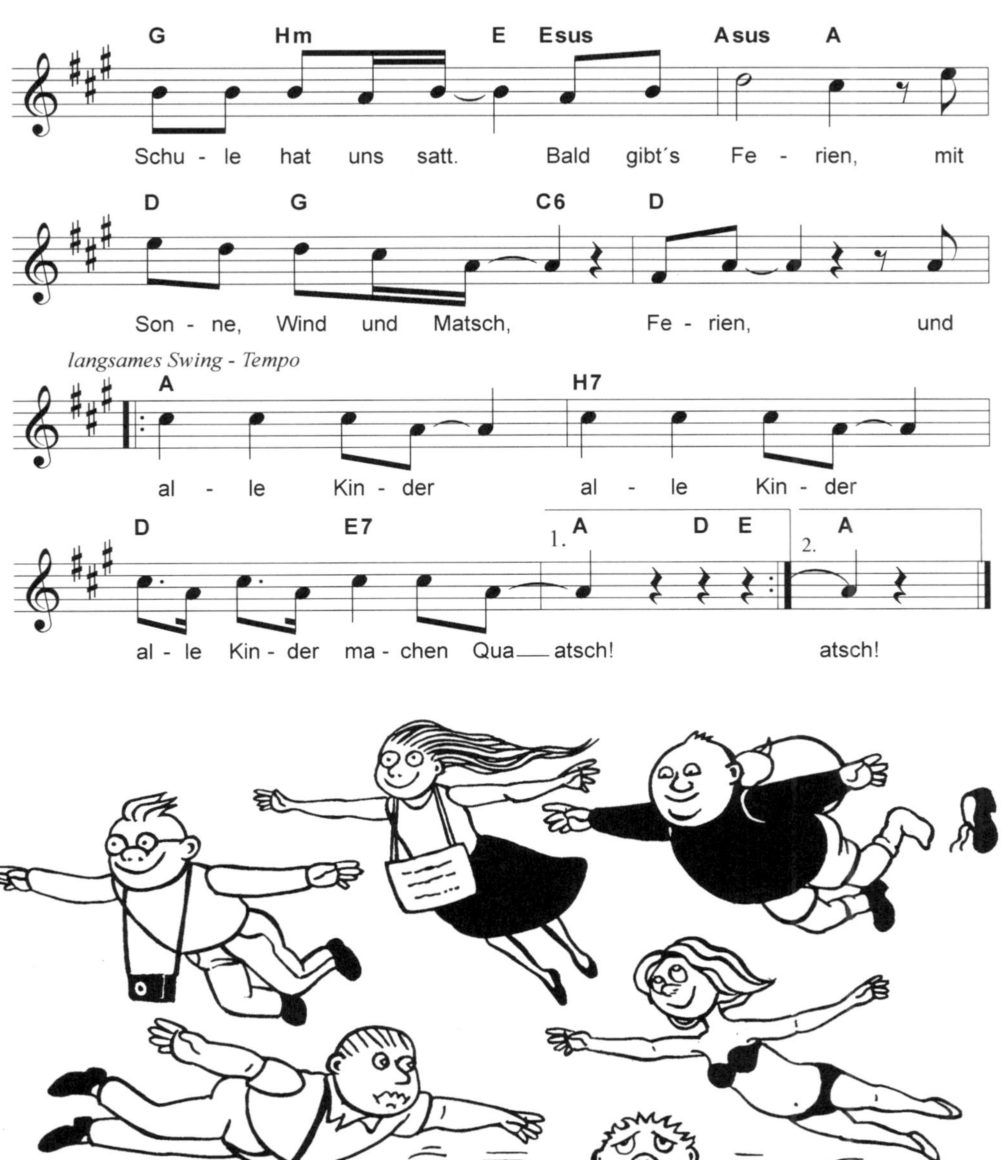
G Hm E Esus Asus A
Schu - le hat uns satt. Bald gibt´s Fe - rien, mit
D G C6 D
Son - ne, Wind und Matsch, Fe - rien, und
langsames Swing - Tempo
A H7
al - le Kin - der al - le Kin - der
D E7 1. A D E 2. A
al - le Kin - der ma - chen Qua__atsch! atsch!

# Bananas

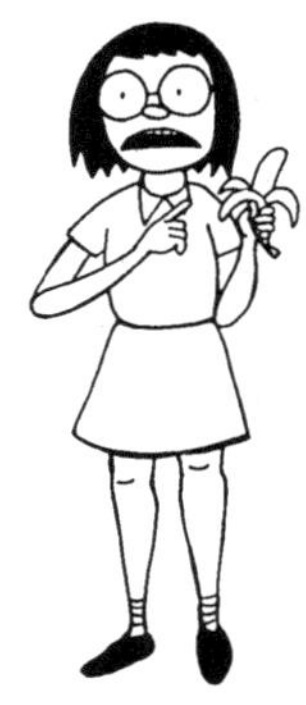

*Klingt lustig, was? In dem Stück BANANA singt dieses Lied ein zehnjähriger Junge, der Bananen aus seinem Heimatdorf verkauft, weil er sonst verhungern würde. Und das ist weniger lustig.*

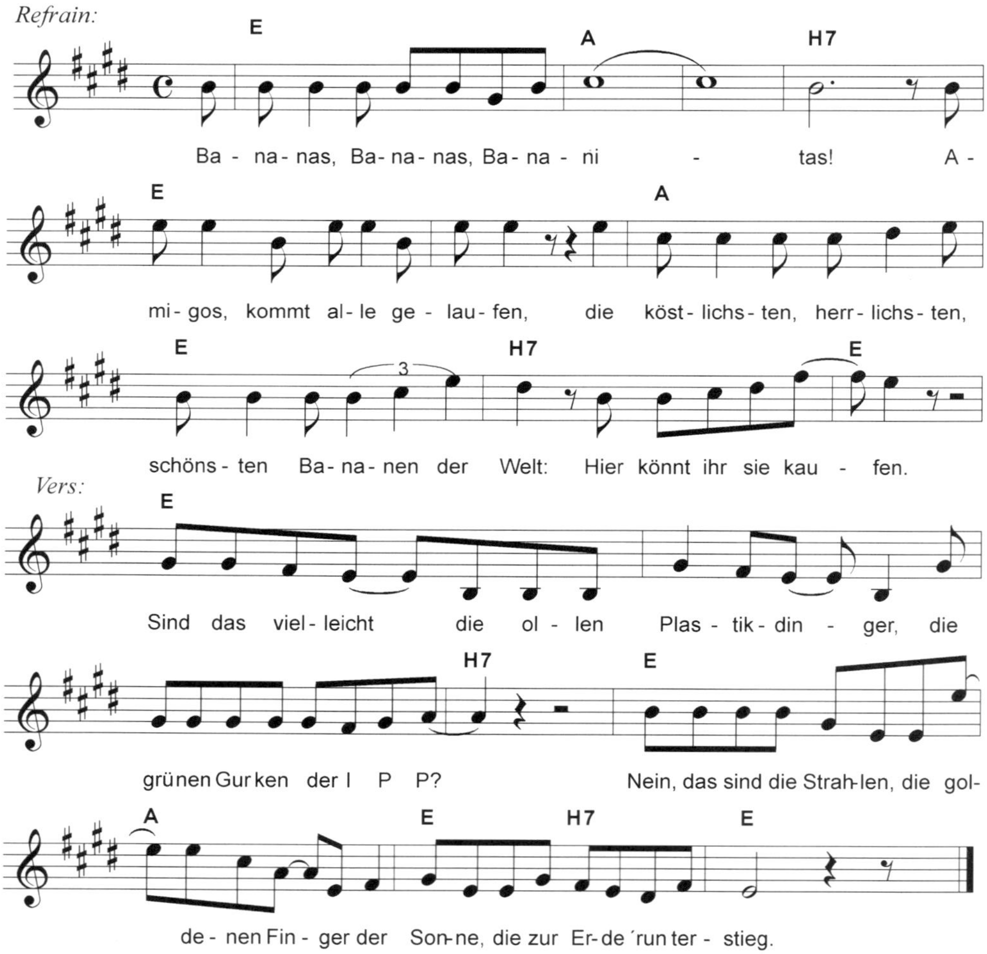

*Refrain:*

E A H7

Ba - na- nas, Ba- na - nas, Ba- na - ni - tas! A -

E A

mi- gos, kommt al- le ge - lau- fen, die köst- lichs - ten, herr - lichs - ten,

E H7 E

schöns - ten Ba- na - nen der Welt: Hier könnt ihr sie kau - fen.

*Vers:*

E

Sind das viel- leicht die ol - len Plas - tik - din - ger, die

H7 E

grünen Gur ken der I P P? Nein, das sind die Strah-len, die gol-

A E H7 E

de - nen Fin - ger der Son-ne, die zur Er- de ´run ter - stieg.

2. Bananas, Bananas, Bananitas!
Amigos, kommt alle gelaufen!
Die allergewaltigsten, besten Bananen
der Welt - hier könnt ihr sie kaufen!

Die Arena steht Kopf, der Stier gewinnt!
Denn solche Hörner gab es noch nie!
Der alte Torero denkt, er spinnt!
Zieht den Schwanz ein und fällt auf die Knie!

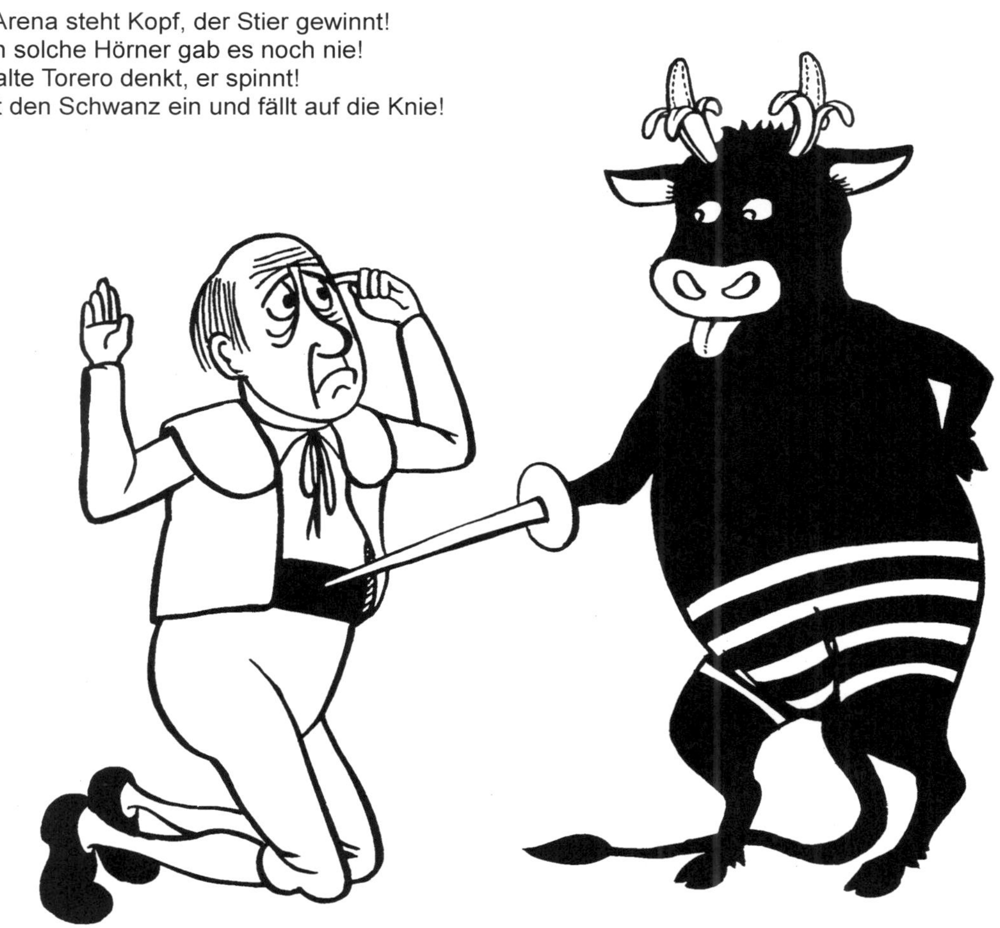

# Blip Blip

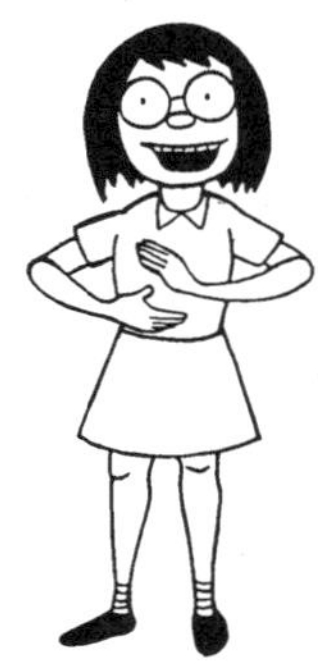

*Dieses Lied solltet ihr mit allen greifbaren Rhythmusinstrumenten begleiten (Löffel, Gläser, Deckel, Handflächen auf den Tisch usw.)*

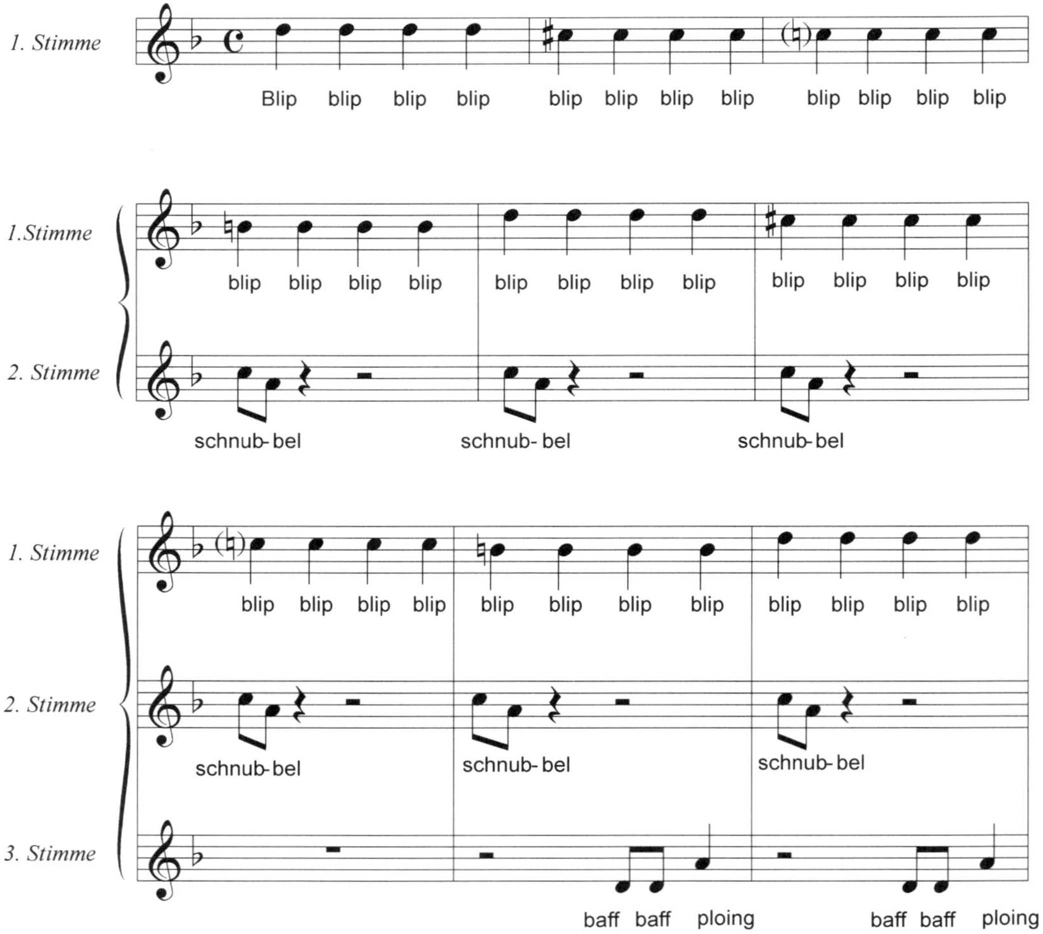

1. Stimme
Blip blip blip blip blip blip blip blip blip blip blip blip

1. Stimme
blip blip blip blip blip blip blip blip blip blip blip blip

2. Stimme
schnub- bel schnub- bel schnub- bel

1. Stimme
blip blip blip blip blip blip blip blip blip blip blip blip

2. Stimme
schnub- bel schnub- bel schnub- bel

3. Stimme
baff baff ploing baff baff ploing

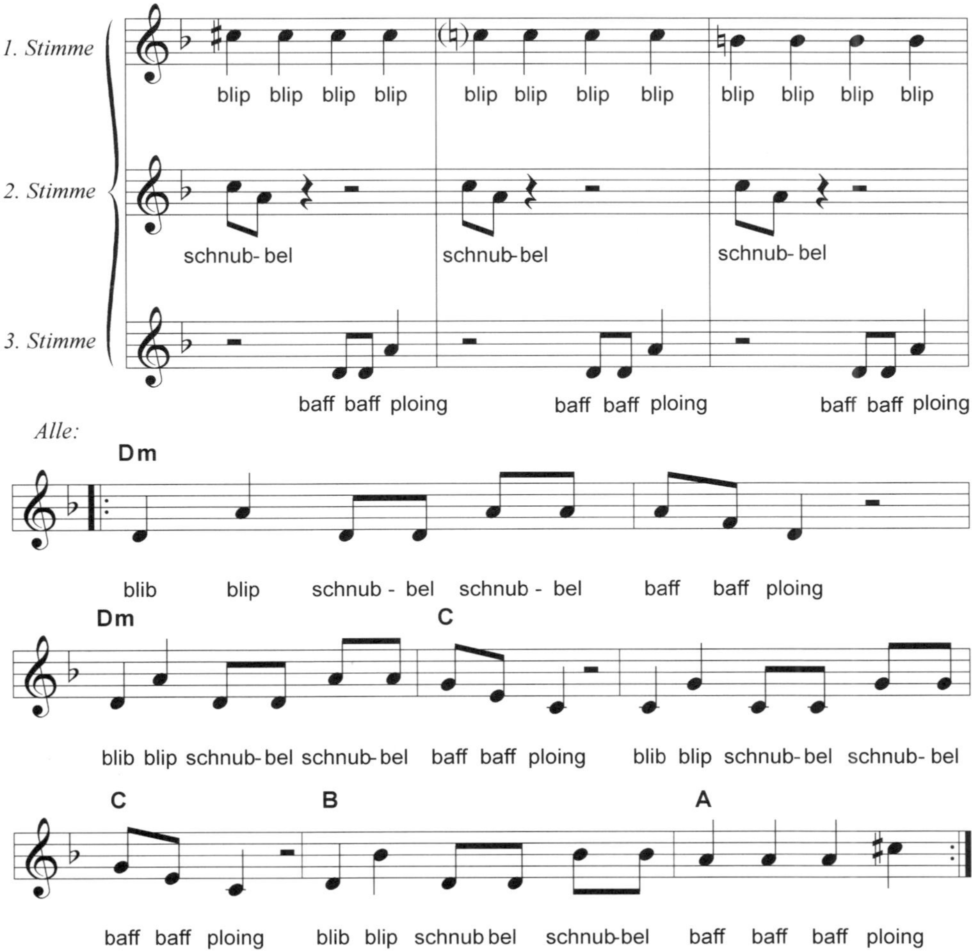
1. Stimme
blip blip blip blip
(♮) blip blip blip blip
blip blip blip blip
2. Stimme
schnub- bel
schnub-bel
schnub- bel
3. Stimme
baff baff ploing
baff baff ploing
baff baff ploing
Alle:
Dm
blib blip schnub - bel schnub - bel baff baff ploing
Dm
C
blib blip schnub-bel schnub-bel baff baff ploing blib blip schnub-bel schnub- bel
C
B
A
baff baff ploing blib blip schnub bel schnub-bel baff baff baff ploing

# Bratkartoffellied

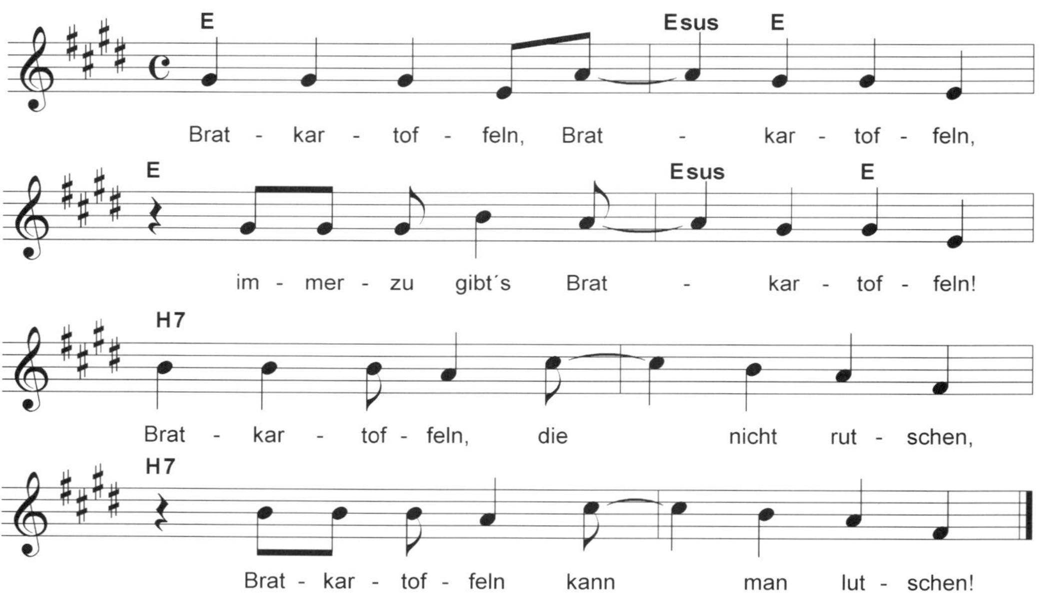


2. Bratkartoffeln mit Melone,
   Bratkartoffeln mit Zitrone,
   Bratkartoffeln in Gelee-
   dazu Bratkartoffeltee.

3. Einen Bratkartoffelkuchen
   soll man besser nicht versuchen.
   Bratkartoffeln mit Kastanien,
   Bratkartoffeln mit Geranien.

4. Haufenweise Bratkartrümmer
   türmen sich im Bratkarzimmer.
   Bratkartoffeln mit Papier -
   dazu Bratkartoffelbier.

5. Wir sind bratkartoffverloren:
   Ich krieg´ Bratkartoffelohren,
   feiste Bratkartoffelbacken,
   einen Bratkartoffelnacken.

6. Bratkartante fehl´n die Worte:
   Nachmittags gibt´s Bratkartorte,
   morgen gibt es Bratkartoast -
   seid ihr noch bei Bratkartrost?

*Die letzte Strophe:*

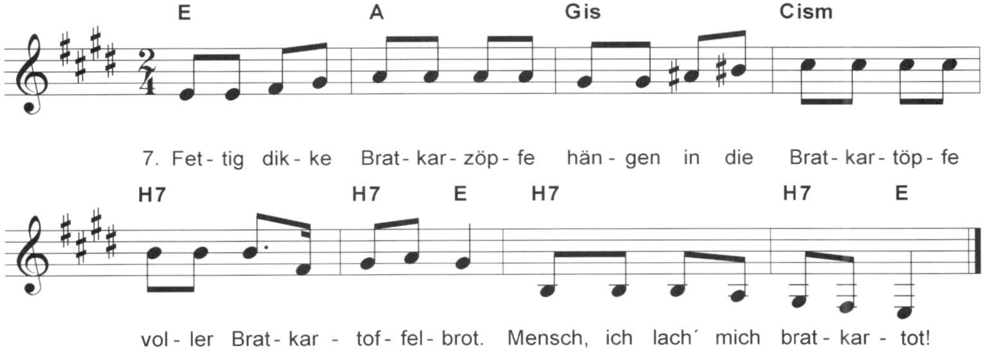

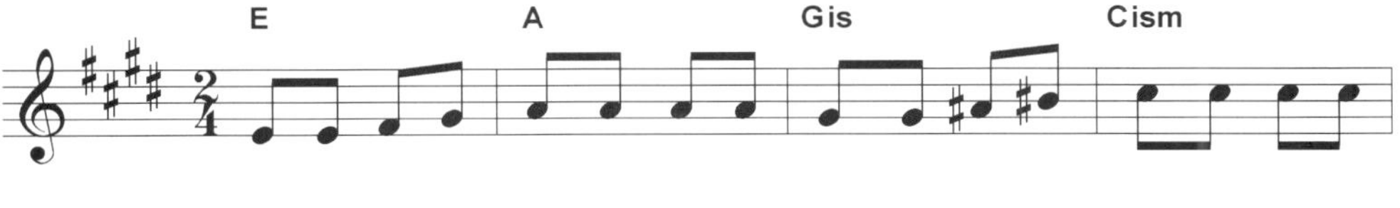


7. Fet - tig dik - ke Brat - kar - zöp - fe hän - gen in die Brat - kar - töp - fe

H7 H7 E H7 H7 E

vol - ler Brat - kar - tof - fel - brot. Mensch, ich lach´ mich brat - kar - tot!

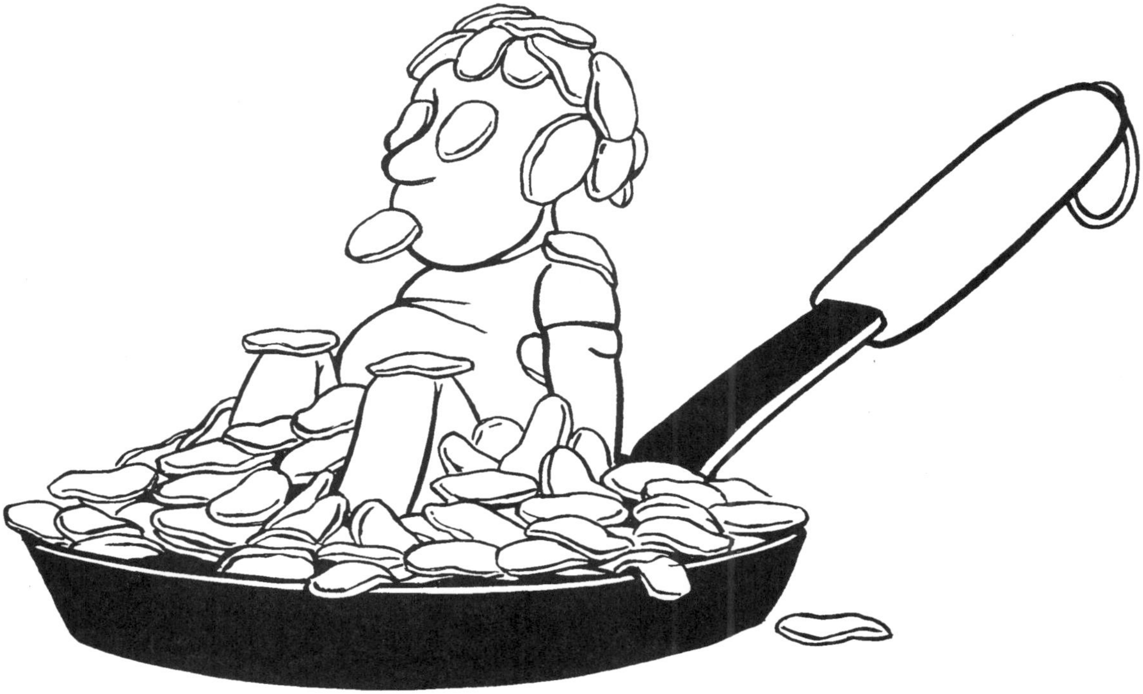

# Das, was der hat, will ich haben

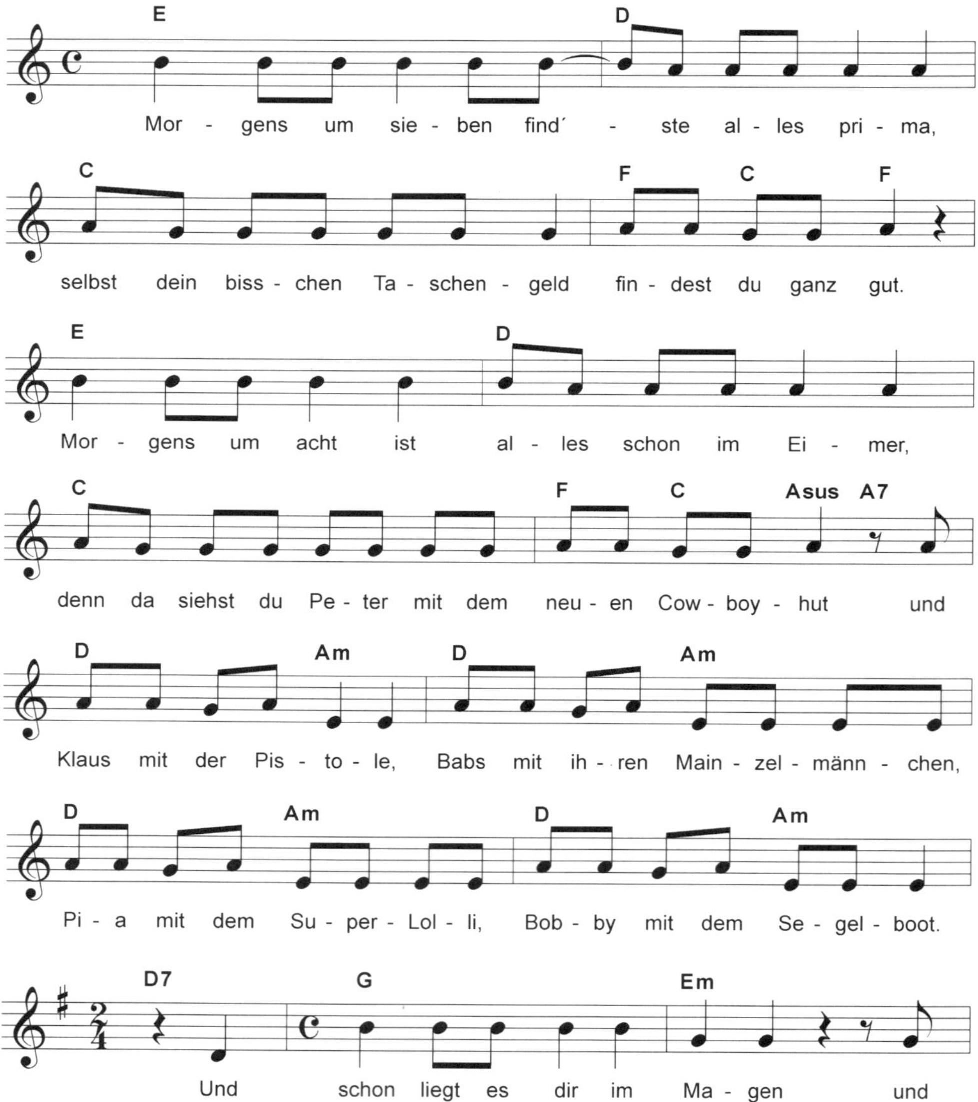

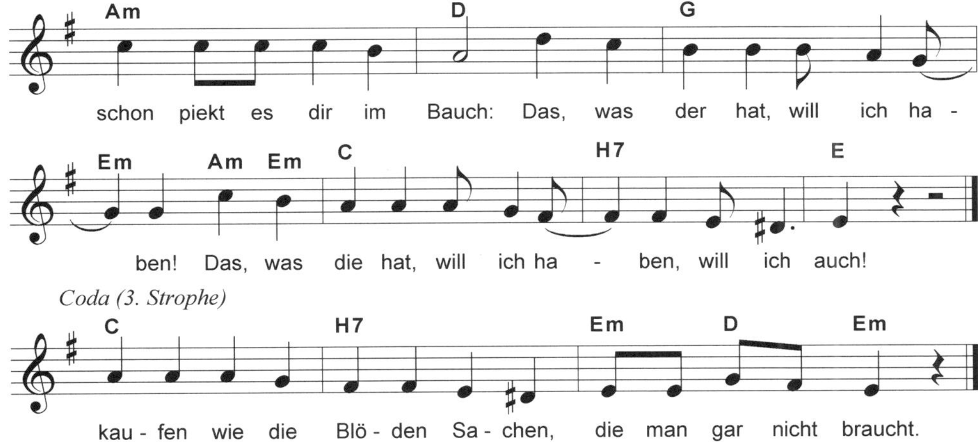


2. Manche Leute könn´ sich alles kaufen,
was gerade schick und Mode ist:
Autos, Farbfernseher, Möbel, Kleider -
jeden neuen Spaß und jeden Mist.
Nur wir soll´n ewig sparen
und nicht in Urlaub fahren,
wo doch die Werbefritzen
uns so im Nacken sitzen.

Und schon liegt es dir im Magen,
und schon piekt es dir im Bauch:
Das, was der hat, will ich haben,
das, was die hat, will ich haben,
will ich auch!

3. Mensch, warum fall´n wir immer wieder
auf die Tricks von anderen Leuten rein?
Die versuchen, uns was anzudrehen,
und wir gehen ihnen dauernd auf den Leim.
Allen, die mit teuren Sachen
so gemein Reklame machen,
all den ollen Modetanten
und den Spielzeugfabrikanten:

Die da reiben sich den Magen,
hau´n sich lachend auf den Bauch,
und wir schuften wie die Blöden,
und wir kaufen wie die Blöden
Sachen, die man gar nicht braucht.

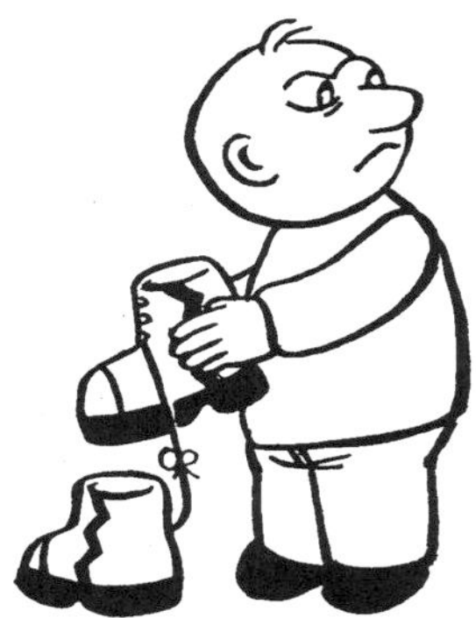

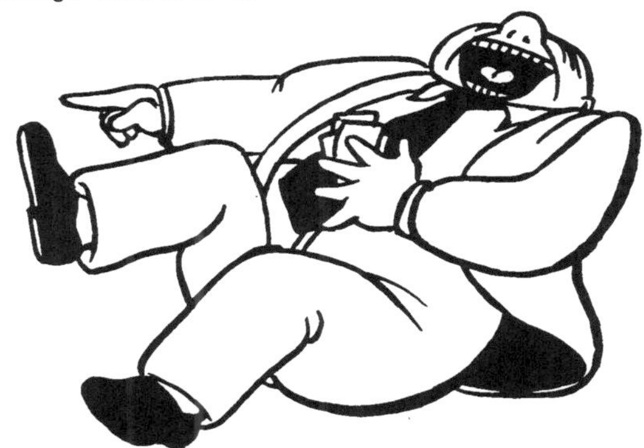

# Das werden wir ja seh'n

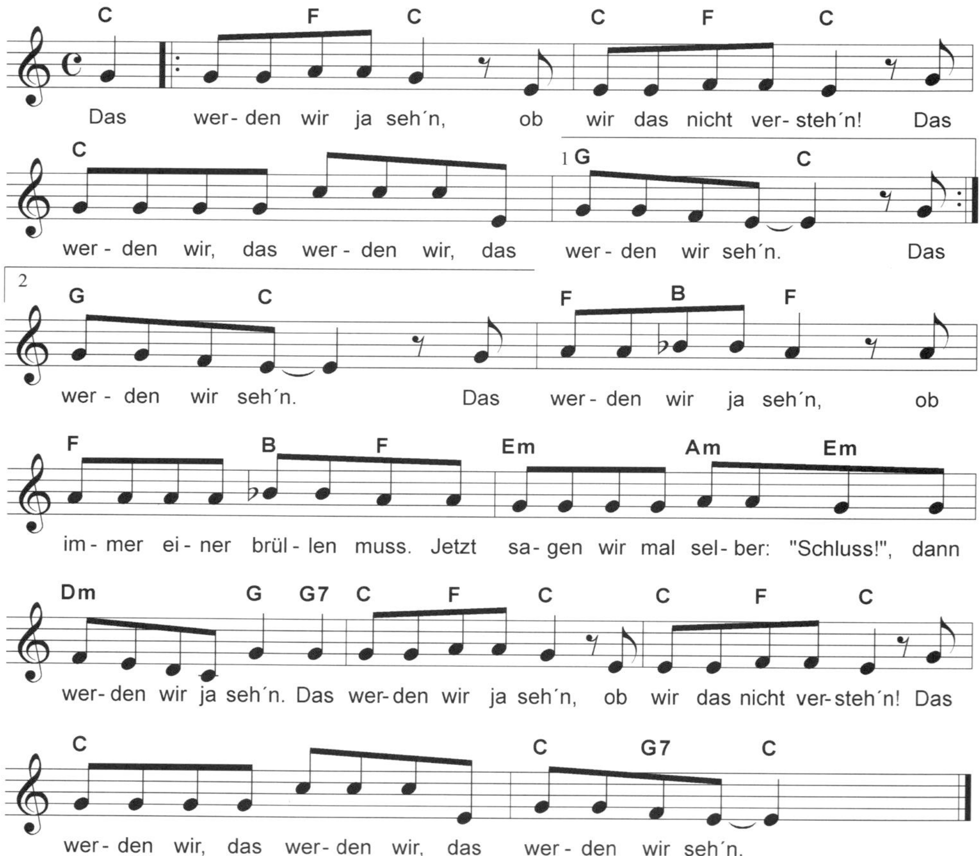


2. Das werden wir ja seh´n,
ob wir das nicht versteh´n!
Das werden wir, das werden wir,
das werden wir seh´n.

Das werden wir ja seh´n!
Wir hatten lang genug Geduld,
wer sich nicht wehrt, ist selber schuld.
Das werden wir ja seh´n.

Das werden wir ja seh´n,
ob wir das nicht versteh´n!
Das werden wir, das werden wir,
das werden wir seh´n.

# Doof gebor'n ist keiner

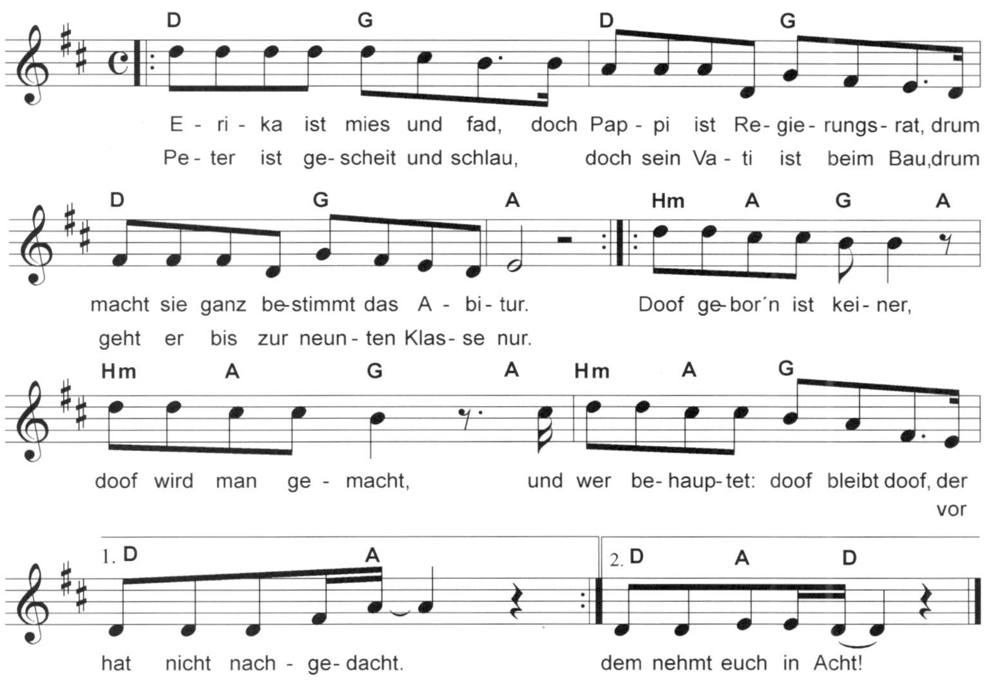


2. Einigen hilft alle Welt,
doch den meisten fehlt das Geld,
die müssen dauernd kämpfen um ihr Recht.
Darum, Kinder, aufgepasst,
daß ihr euch nichts gefallen lasst,
denn keiner ist von ganz alleine schlecht.

Doof gebor´n ist keiner...

# Drecklied

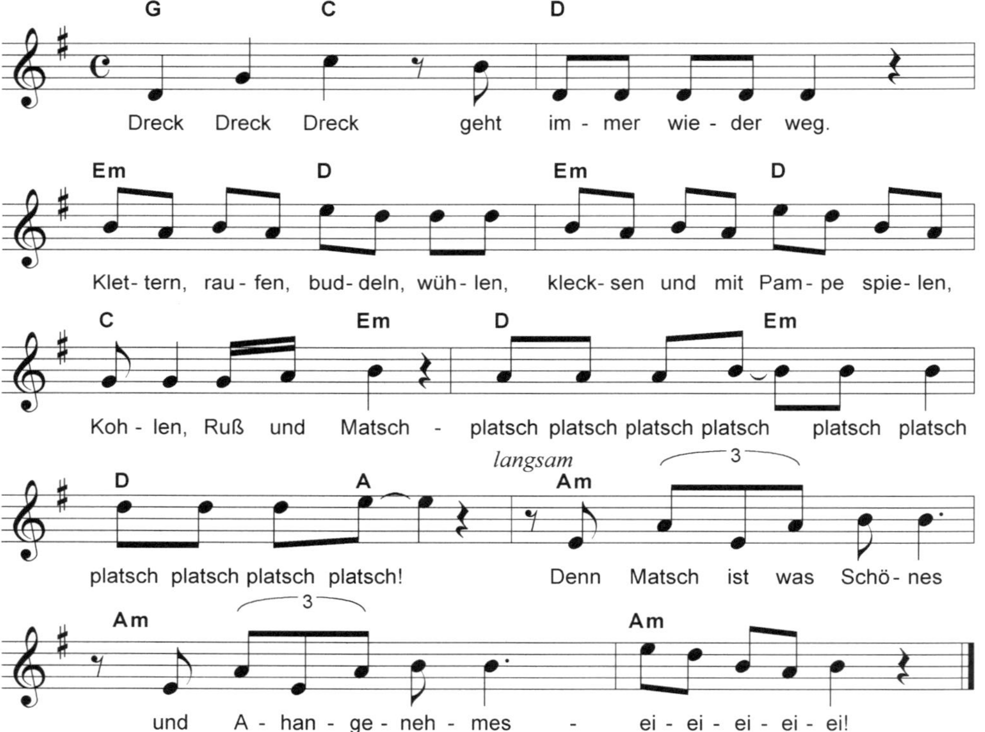


2. Krach bumm quiek,
   wir lieben die Musik.
   Trommeln, singen, pfeifen, flöten,
   klopfen, klingeln, zupfen, tröten -
   alles stimmt mit ein:
   Rumtata rumtata
   plingplang peng boing!
   Musik ist was Schönes
   und Angenehmes - dingeldingeldoing!

3. Pust keuch schnauf,
   heut´ bleiben wir noch auf.
   Laufen, springen, toben, rennen,
   besser als die Zeit verpennen,
   Kriegen und Versteck:
   Runter und raufgewetzt,
   rüber und weg!
   Dann geh´n wir nach oben,
   schön müde vom Toben - *Gegähne*

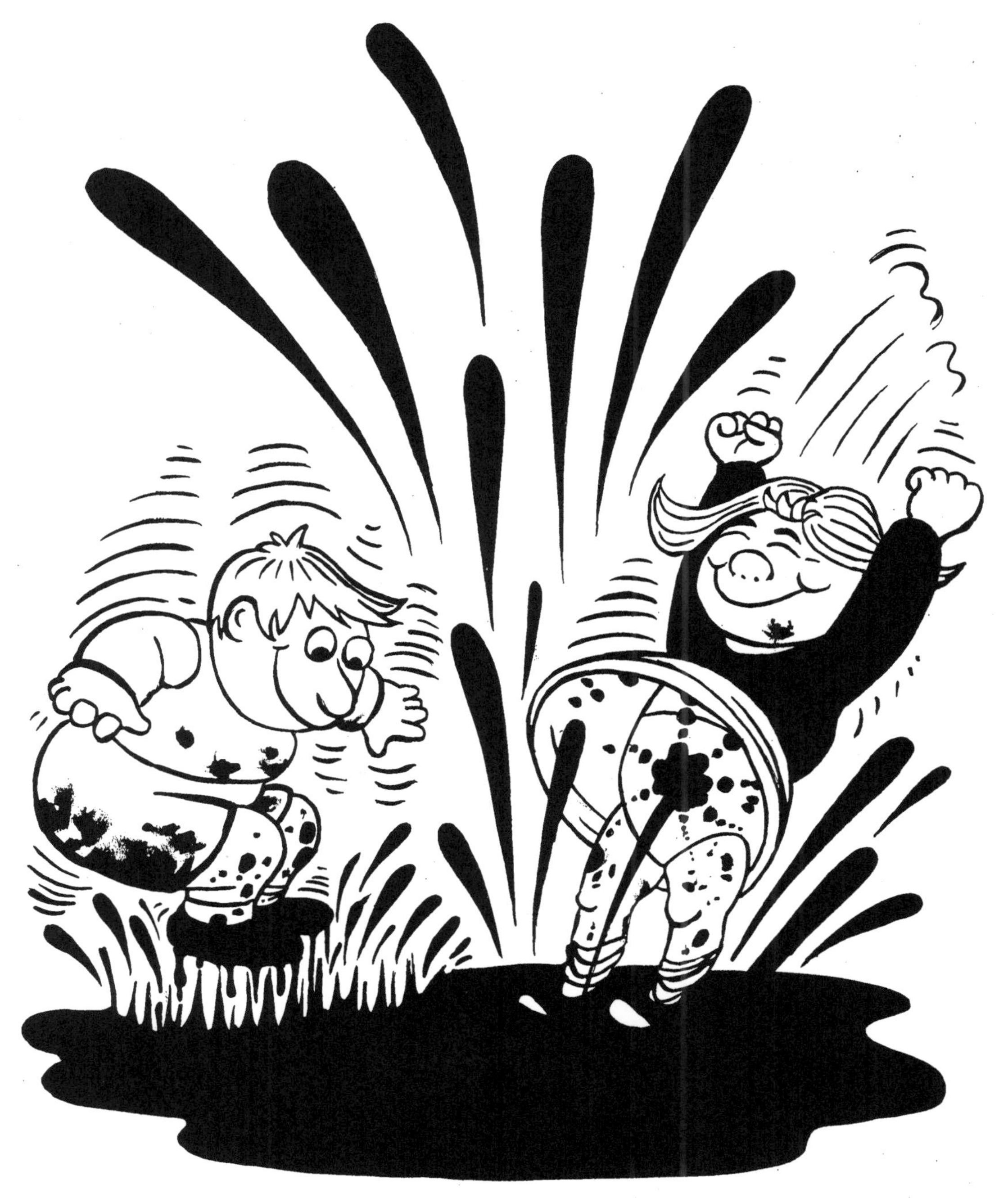

# Einer ist keiner

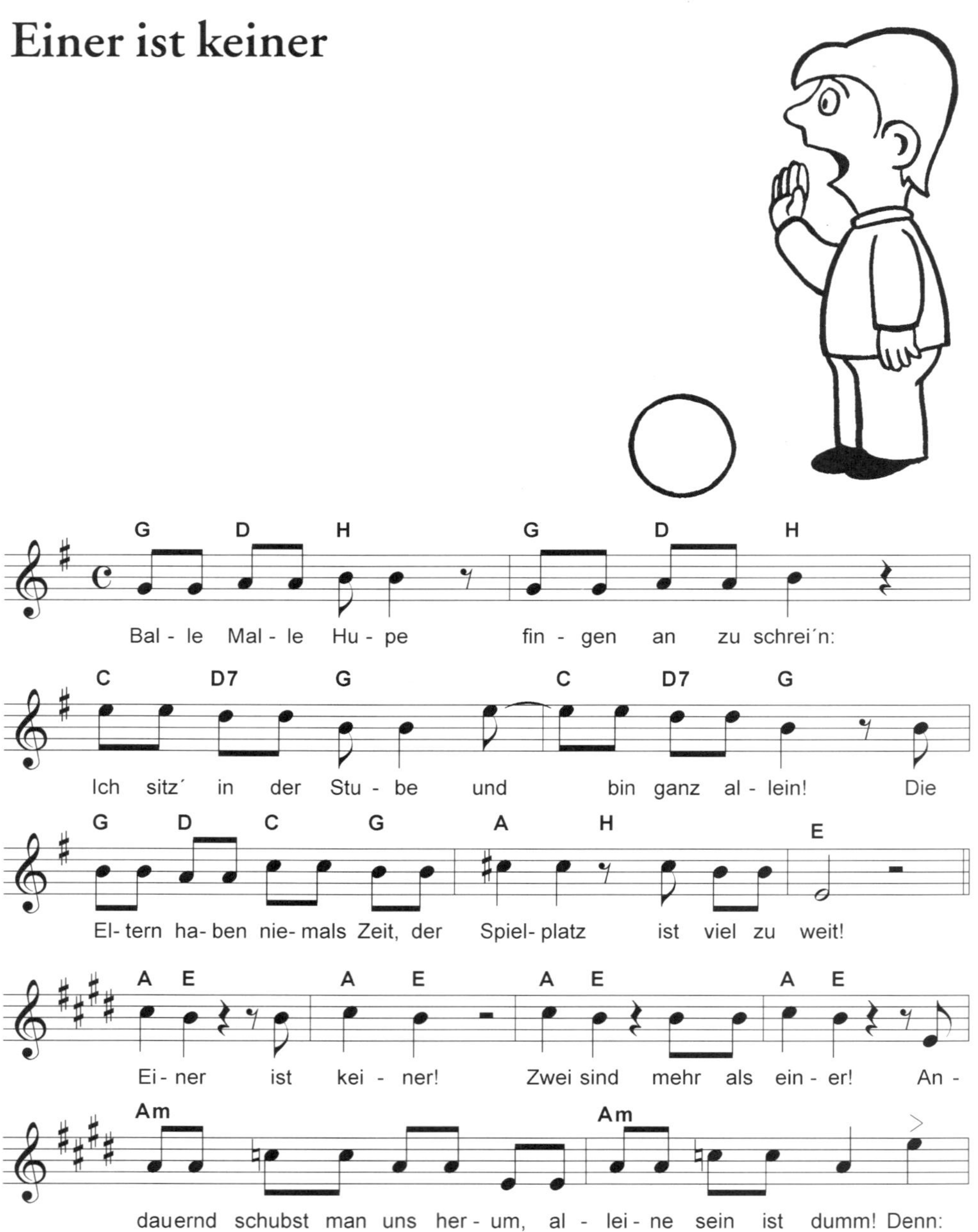

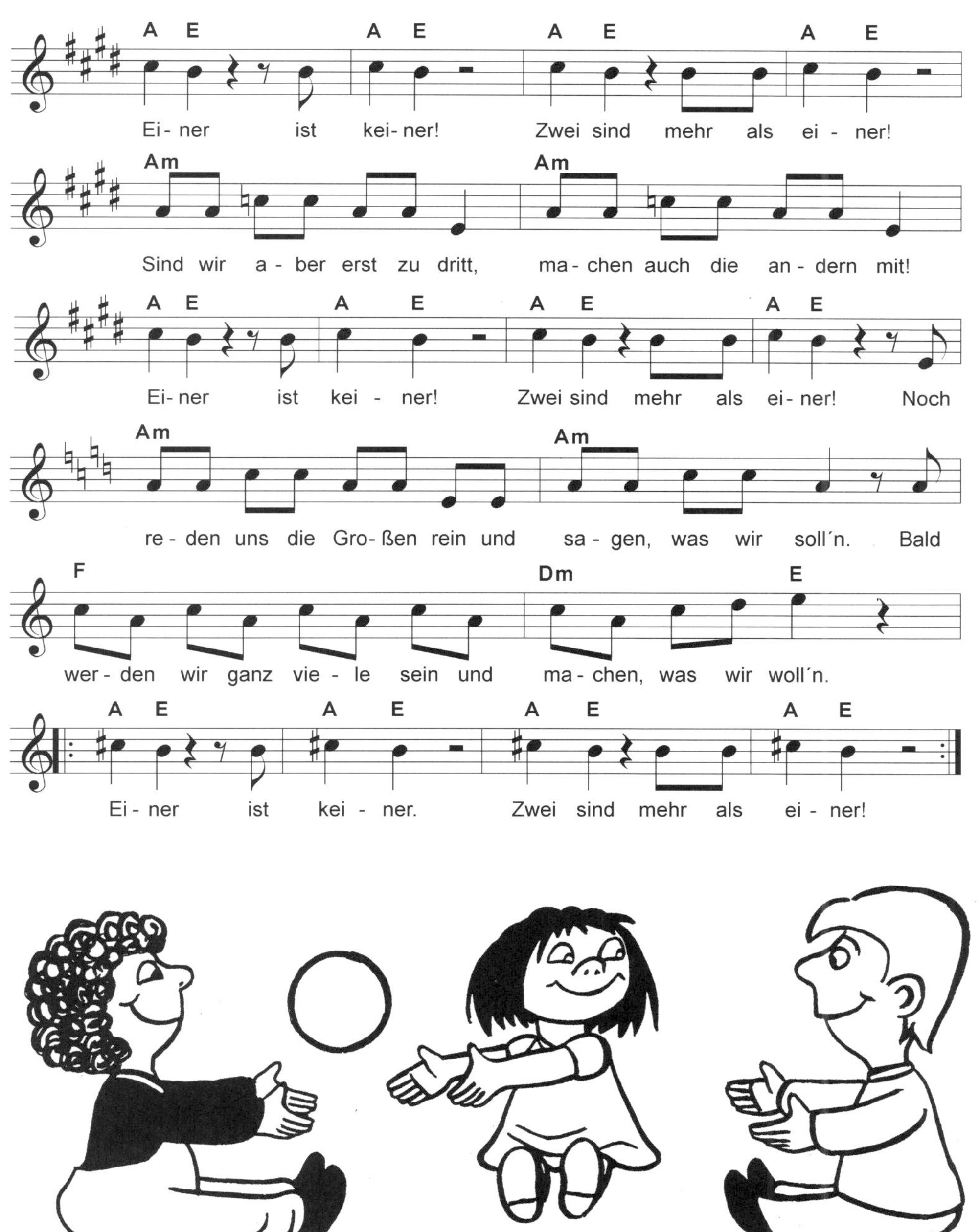
A E A E A E A E
Ei- ner ist kei- ner! Zwei sind mehr als ei - ner!
Am Am
Sind wir a - ber erst zu dritt, ma - chen auch die an - dern mit!
A E A E A E A E
Ei- ner ist kei - ner! Zwei sind mehr als ei - ner! Noch
Am Am
re - den uns die Gro - ßen rein und sa - gen, was wir soll´n. Bald
F Dm E
wer - den wir ganz vie - le sein und ma - chen, was wir woll´n.
A E A E A E A E
Ei - ner ist kei - ner. Zwei sind mehr als ei - ner!

# Es war einmal ein Blinddarm

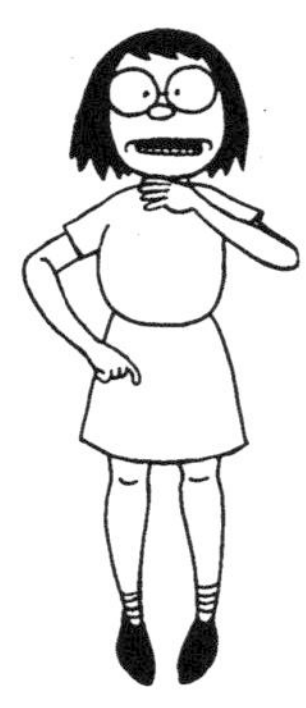

*Diese schöne Geschichte haben sich zwei Kinder im Krankenhaus ausgedacht. Einem wurden die Mandeln, dem anderen der Blinddarm rausoperiert. Sie hatten viel Spaß miteinander.*

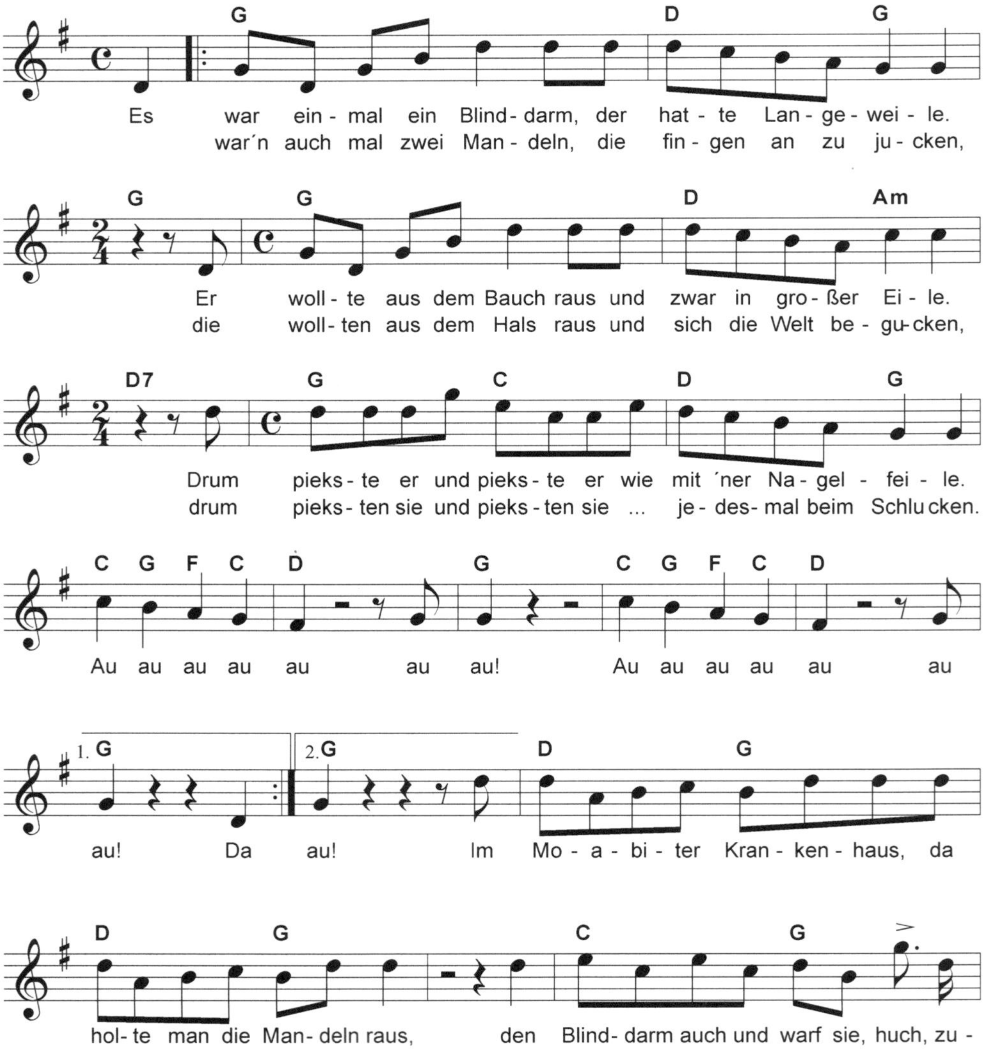

G D G

Es war ein - mal ein Blind - darm, der hat - te Lan - ge - wei - le.
war´n auch mal zwei Man - deln, die fin - gen an zu ju - cken,

G G D Am

Er woll - te aus dem Bauch raus und zwar in gro - ßer Ei - le.
die woll - ten aus dem Hals raus und sich die Welt be - gu-cken,

D7 G C D G

Drum pieks - te er und pieks - te er wie mit ´ner Na - gel - fei - le.
drum pieks - ten sie und pieks - ten sie ... je - des - mal beim Schlu cken.

C G F C D G C G F C D

Au au au au au au au! Au au au au au au

1. G 2. G D G

au! Da au! Im Mo - a - bi - ter Kran - ken - haus, da

D G C G

hol - te man die Man - deln raus, den Blind - darm auch und warf sie, huch, zu -

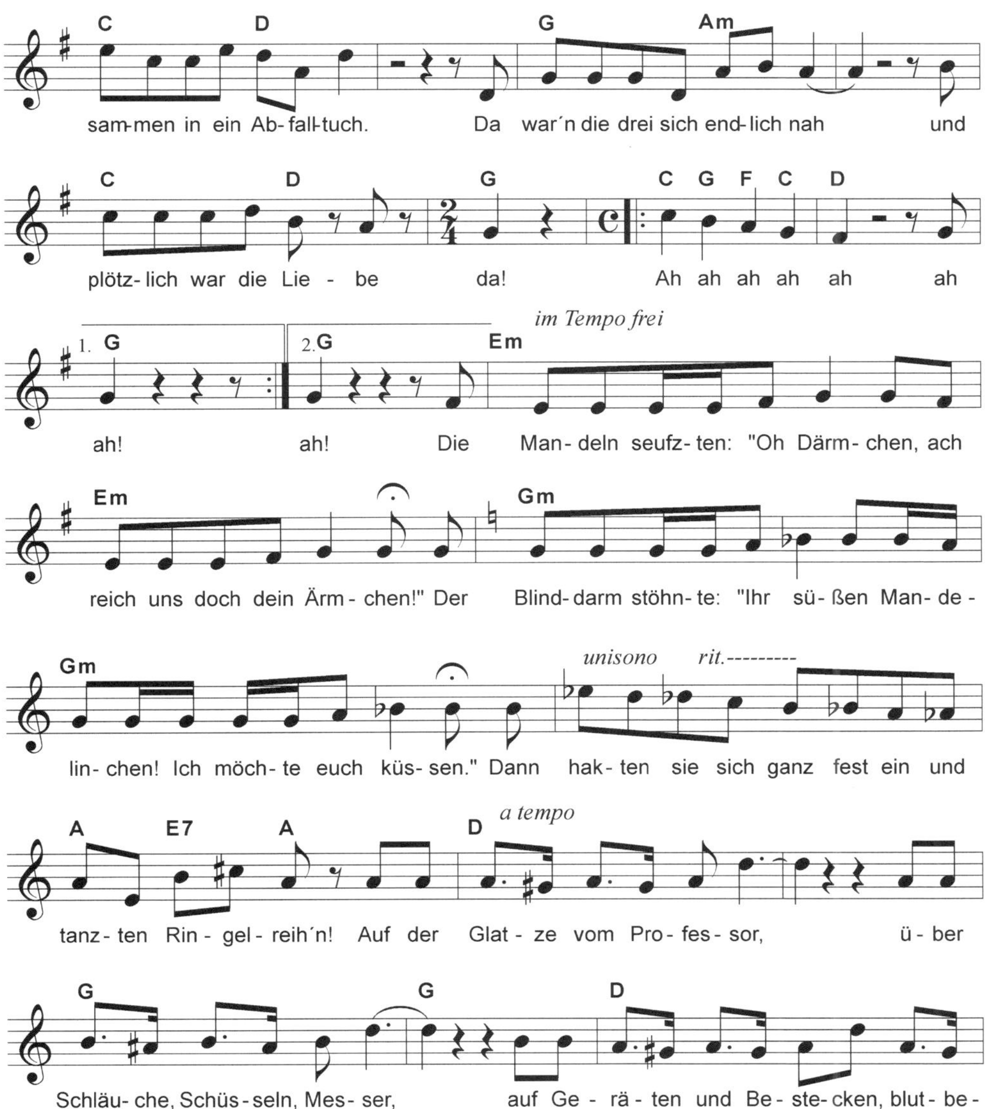

C D G Am
sam-men in ein Ab-fall-tuch. Da war´n die drei sich end-lich nah und
C D G C G F C D
plötz-lich war die Lie - be da! Ah ah ah ah ah ah
im Tempo frei
1. G 2. G Em
ah! ah! Die Man-deln seufz-ten: "Oh Därm-chen, ach
Em Gm
reich uns doch dein Ärm-chen!" Der Blind-darm stöhn-te: "Ihr sü-ßen Man-de-
Gm unisono rit.
lin-chen! Ich möch-te euch küs-sen." Dann hak-ten sie sich ganz fest ein und
A E7 A D a tempo
tanz-ten Rin-gel-reih´n! Auf der Glat-ze vom Pro-fes-sor, ü-ber
G G D
Schläu-che, Schüs-seln, Mes-ser, auf Ge-rä-ten und Be-ste-cken, blut-be-

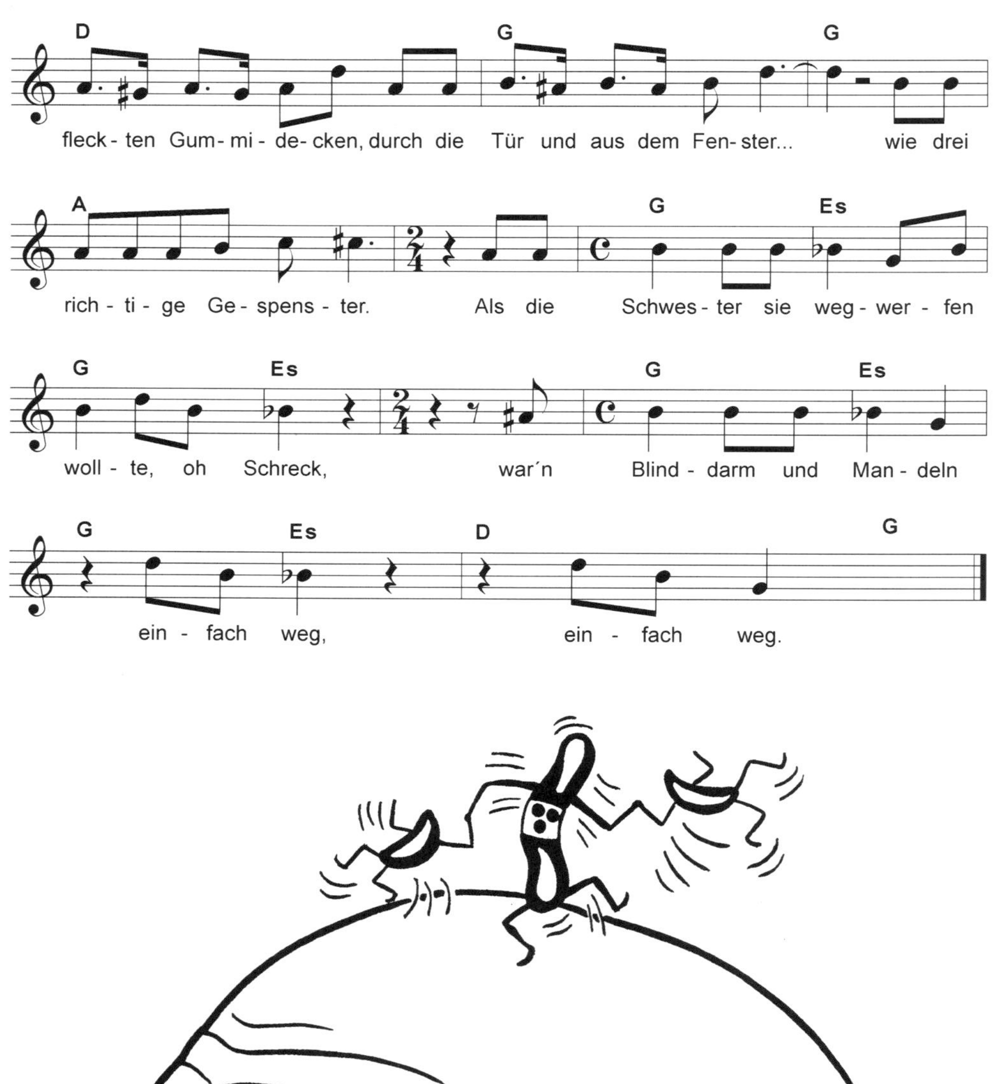
D G G
fleck - ten Gum - mi - de - cken, durch die Tür und aus dem Fen - ster... wie drei
A G Es
rich - ti - ge Ge - spens - ter. Als die Schwes - ter sie weg - wer - fen
G Es G Es
woll - te, oh Schreck, war´n Blind - darm und Man - deln
G Es D G
ein - fach weg, ein - fach weg.

# Fernsehlied

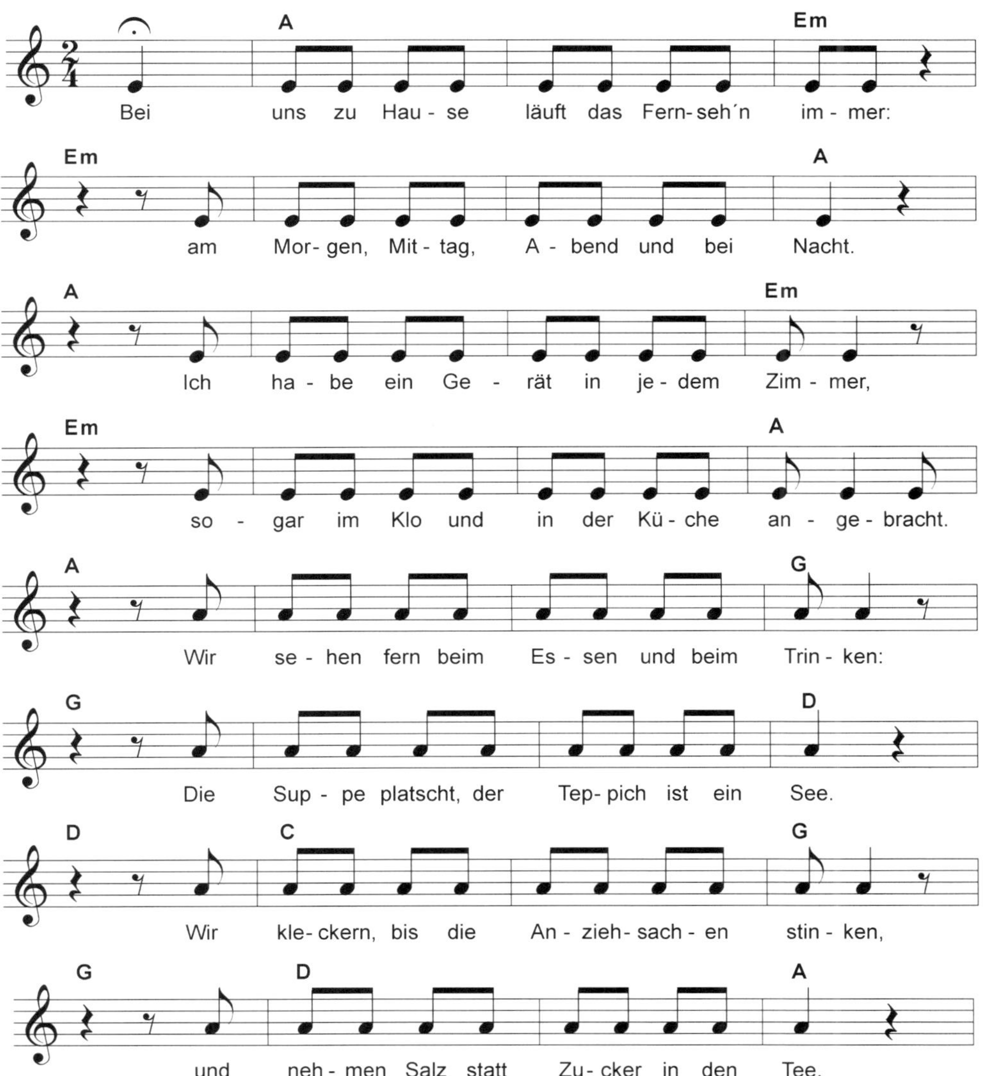

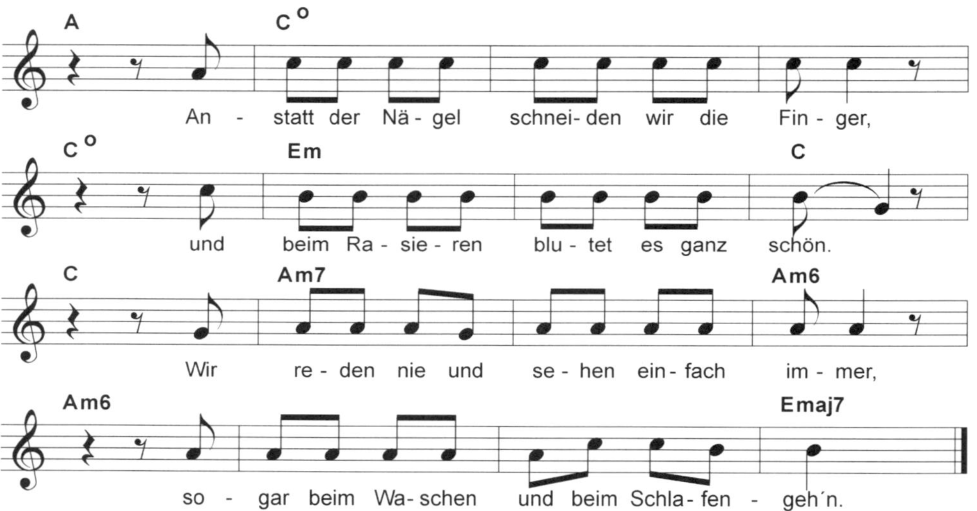
A
C°
An - statt der Nä - gel schnei- den wir die Fin - ger,
C°
Em
C
und beim Ra - sie - ren blu - tet es ganz schön.
C
Am7
Am6
Wir re - den nie und se - hen ein- fach im - mer,
Am6
Emaj7
so - gar beim Wa- schen und beim Schla- fen - geh´n.

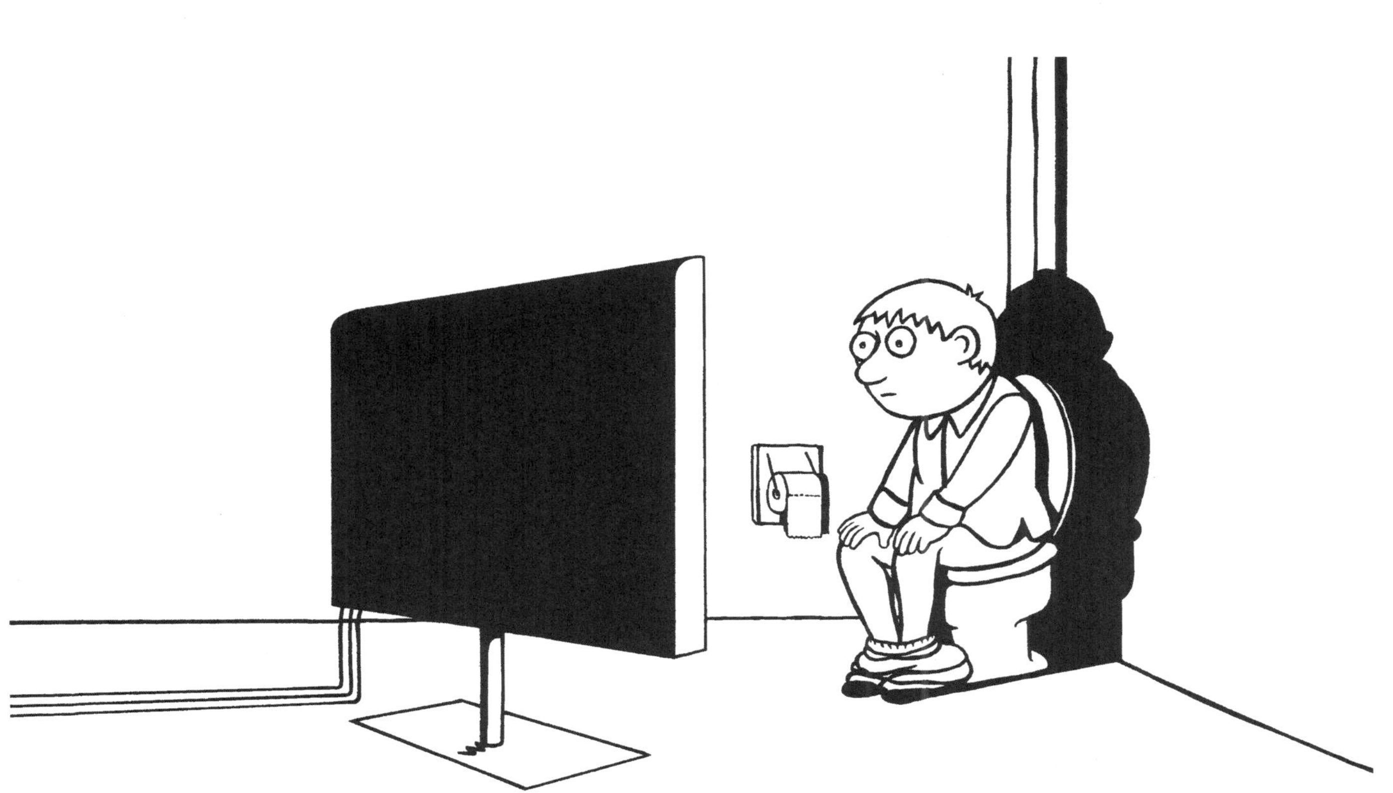

# Freunde sind gute Geister

Musik: Thomas Zaufke

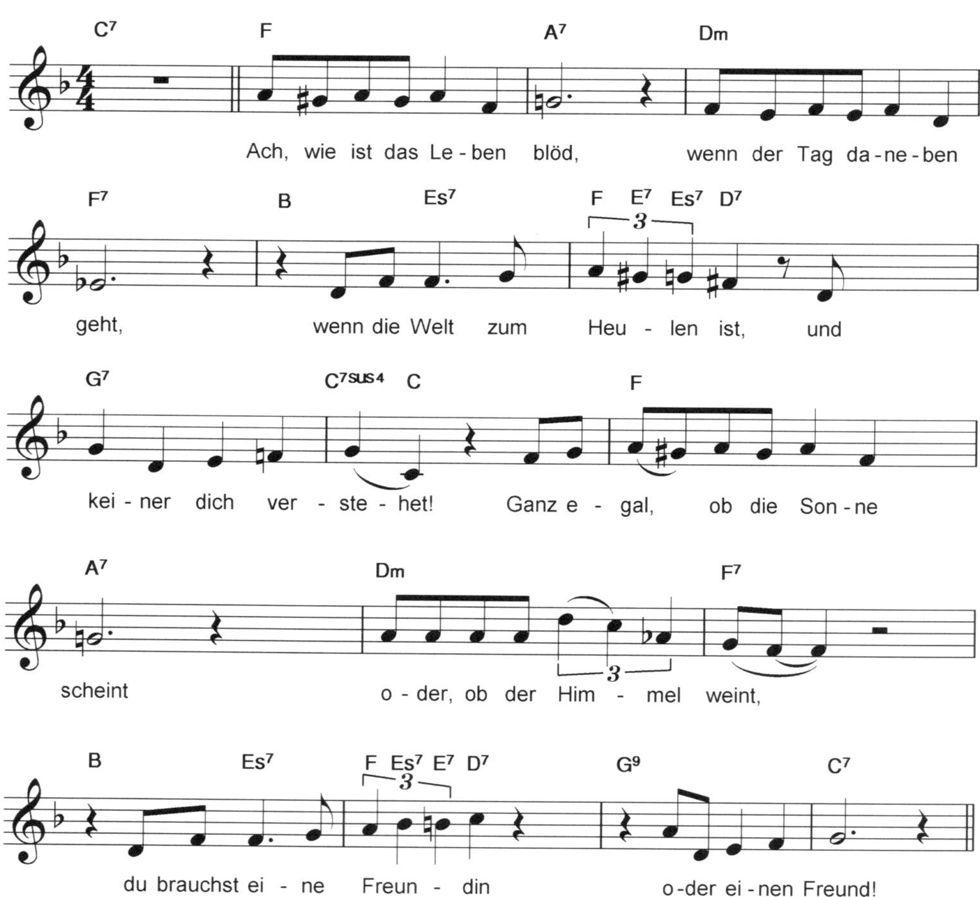

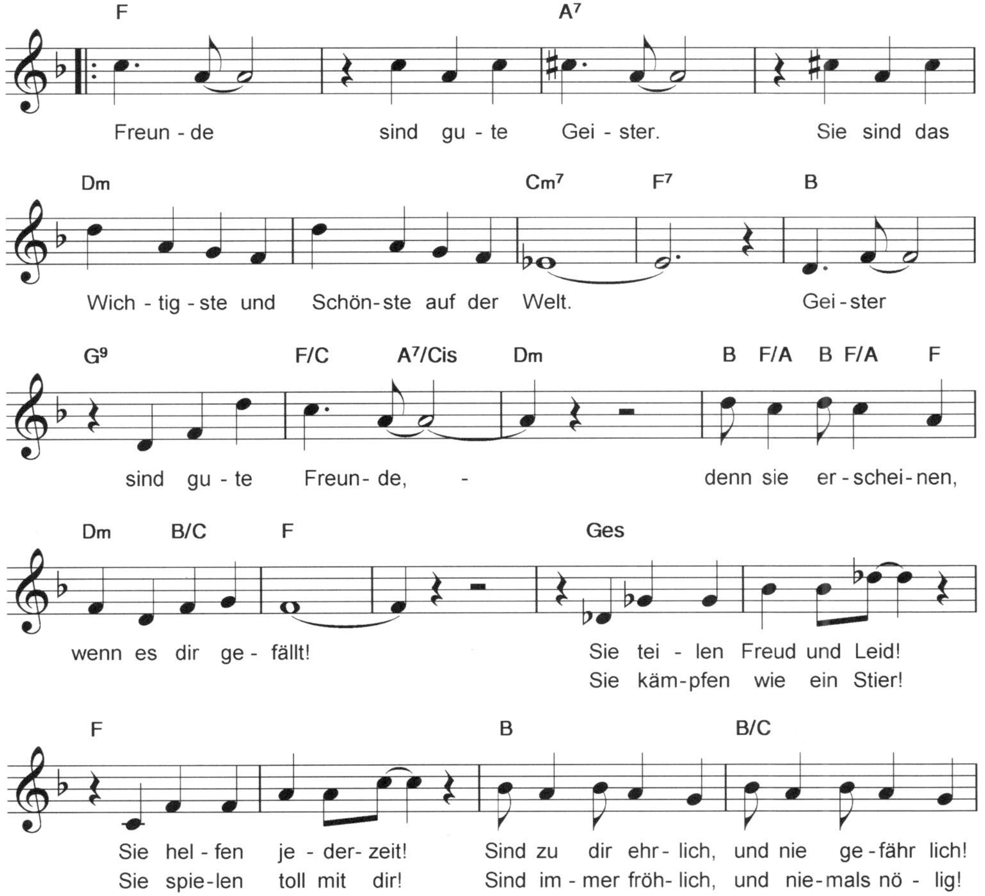
F A7
Freun - de sind gu - te Gei - ster. Sie sind das
Dm Cm7 F7 B
Wich - tig - ste und Schön - ste auf der Welt. Gei - ster
G9 F/C A7/Cis Dm B F/A B F/A F
sind gu - te Freun - de, - denn sie er - schei - nen,
Dm B/C F Ges
wenn es dir ge - fällt! Sie tei - len Freud und Leid!
Sie käm - pfen wie ein Stier!
F B B/C
Sie hel - fen je - der - zeit! Sind zu dir ehr - lich, und nie ge - fähr lich!
Sie spie - len toll mit dir! Sind im - mer fröh - lich, und nie - mals nö - lig!

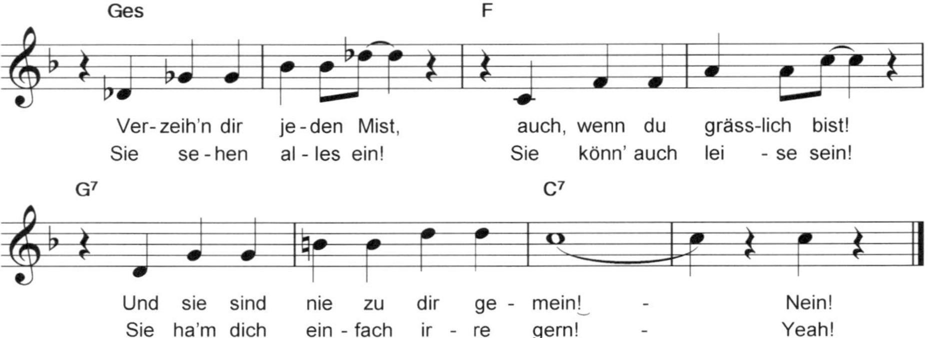
Ges
F
Ver- zeih'n dir je - den Mist, auch, wenn du gräss-lich bist!
Sie se - hen al - les ein! Sie könn' auch lei - se sein!
G7
C7
Und sie sind nie zu dir ge - mein! - Nein!
Sie ha'm dich ein - fach ir - re gern! - Yeah!

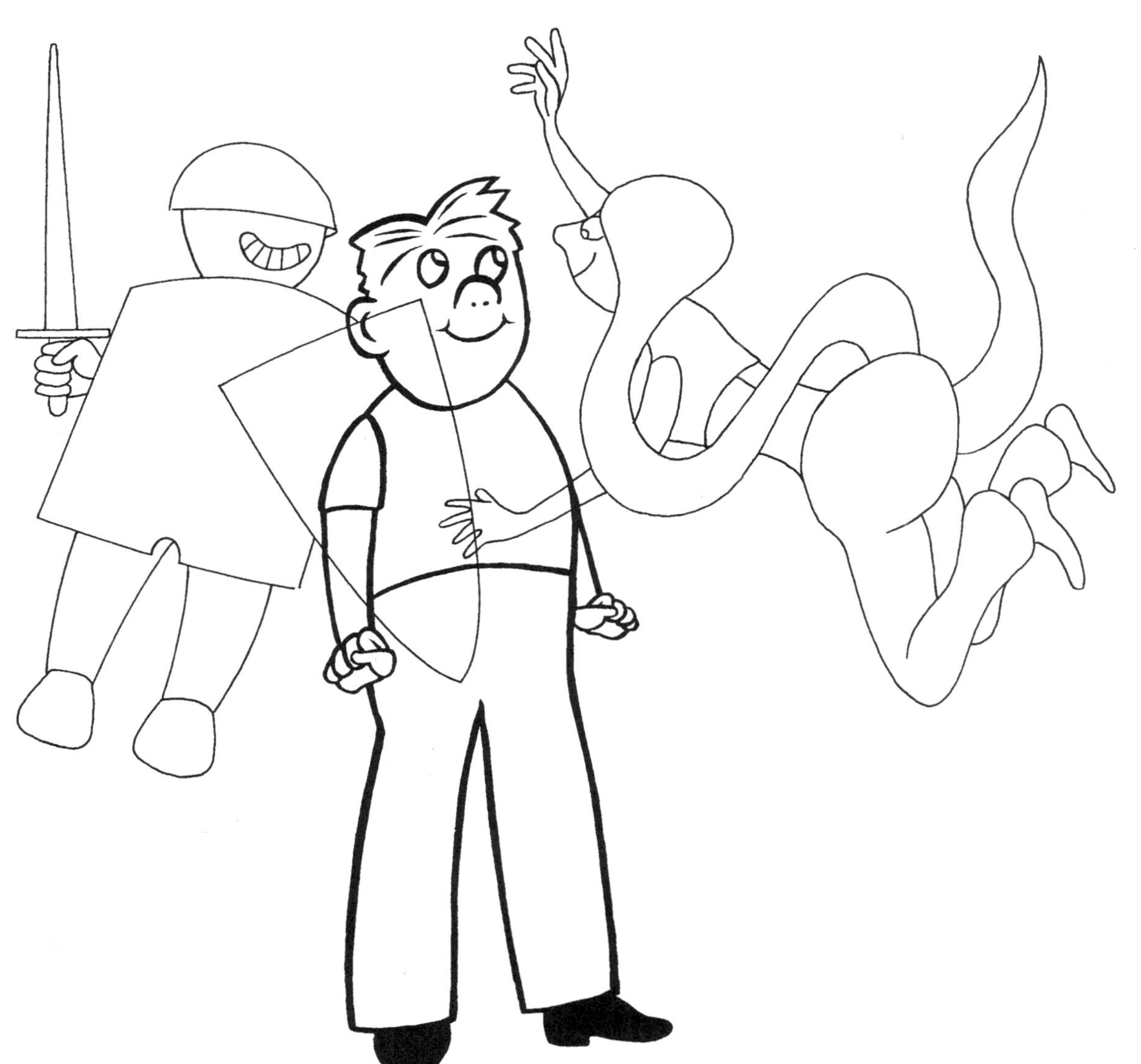

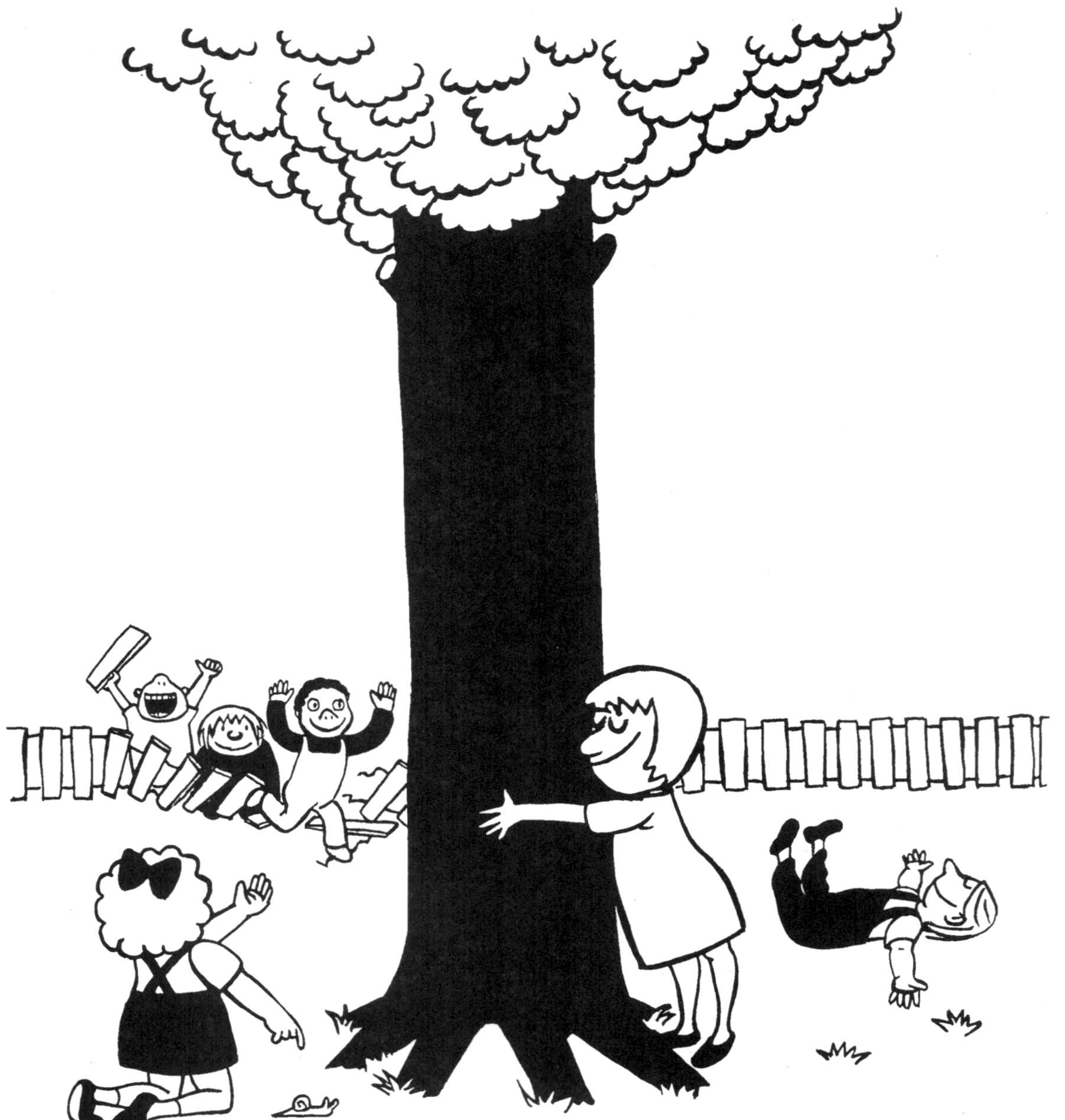

# Gartenlied

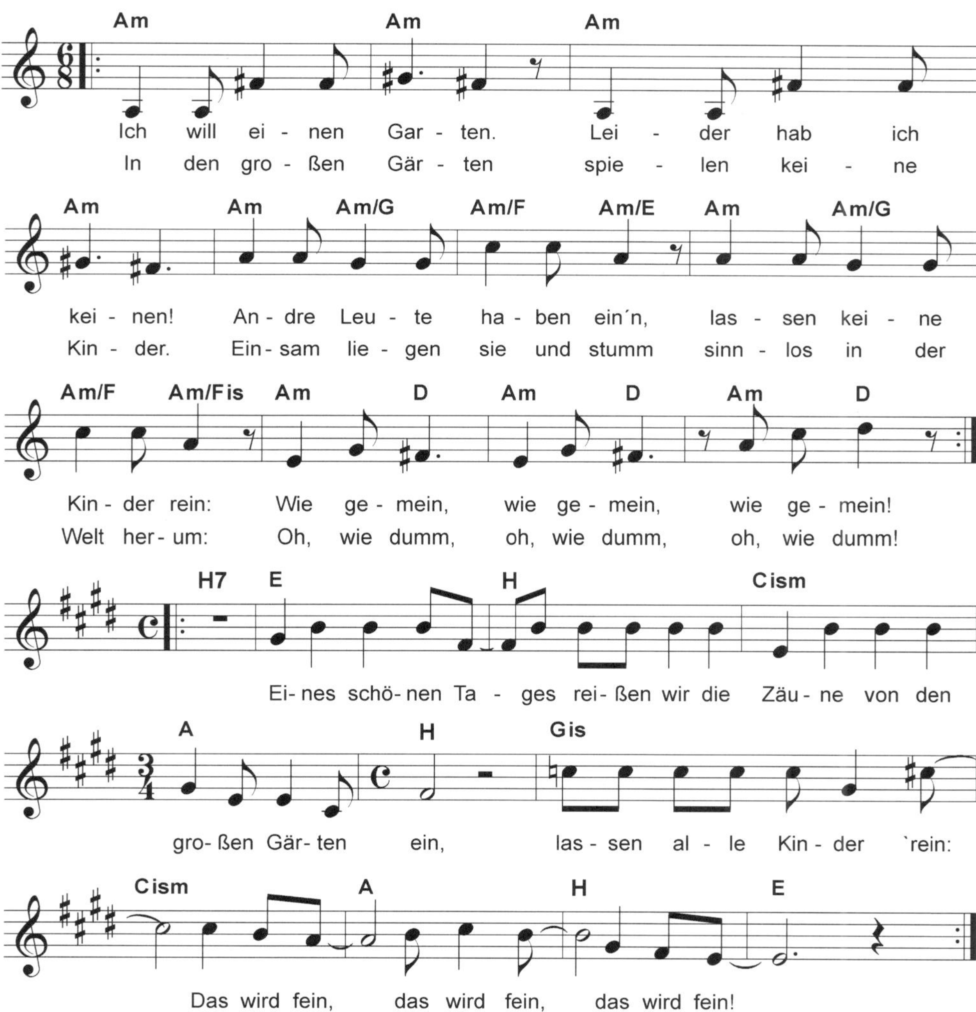

Am Am Am
Ich will ei - nen Gar - ten. Lei - der hab ich
In den gro - ßen Gär - ten spie - len kei - ne
Am Am Am/G Am/F Am/E Am Am/G
kei - nen! An - dre Leu - te ha - ben ein´n, las - sen kei - ne
Kin - der. Ein - sam lie - gen sie und stumm sinn - los in der
Am/F Am/Fis Am D Am D Am D
Kin - der rein: Wie ge - mein, wie ge - mein, wie ge - mein!
Welt her - um: Oh, wie dumm, oh, wie dumm, oh, wie dumm!
H7 E H Cism
Ei - nes schö - nen Ta - ges rei - ßen wir die Zäu - ne von den
A H Gis
gro - ßen Gär - ten ein, las - sen al - le Kin - der `rein:
Cism A H E
Das wird fein, das wird fein, das wird fein!

# Heile heile Segen

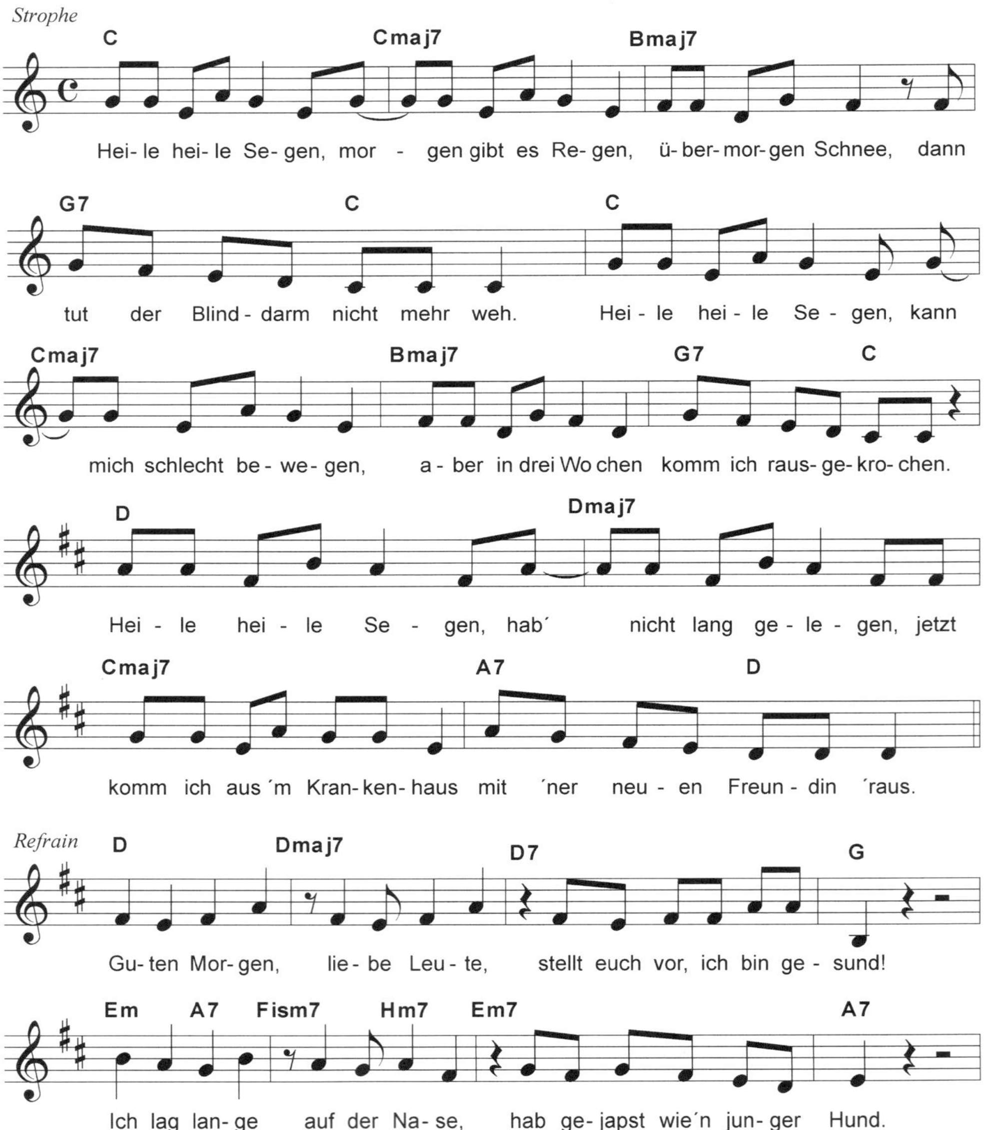

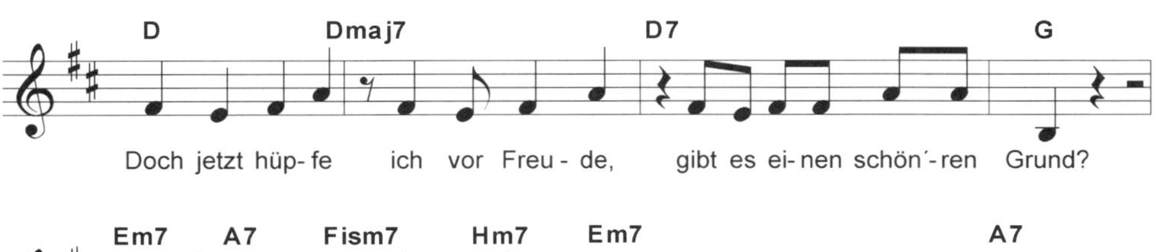
D
Dmaj7
D7
G
Doch jetzt hüp- fe ich vor Freu - de, gibt es ei- nen schön´-ren Grund?

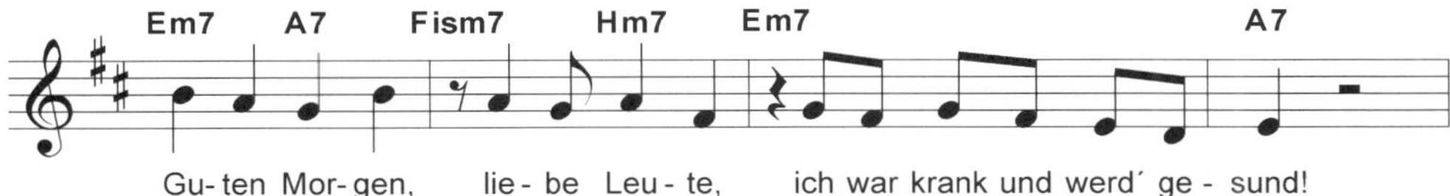
Em7
A7
Fism7
Hm7
Em7
A7
Gu- ten Mor- gen, lie- be Leu - te, ich war krank und werd´ ge - sund!

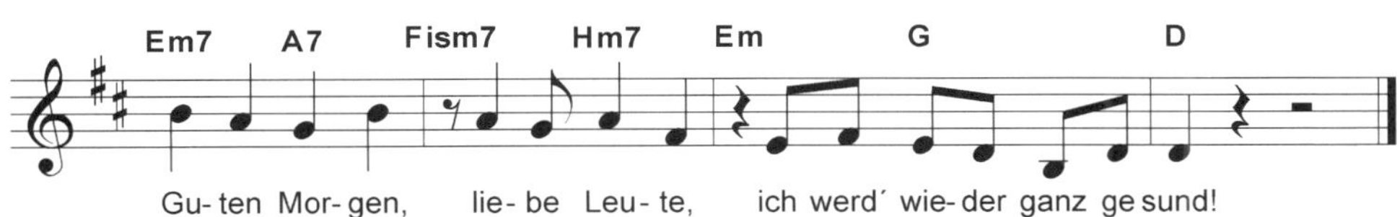
Em7
A7
Fism7
Hm7
Em
G
D
Gu- ten Mor- gen, lie- be Leu- te, ich werd´ wie- der ganz ge sund!

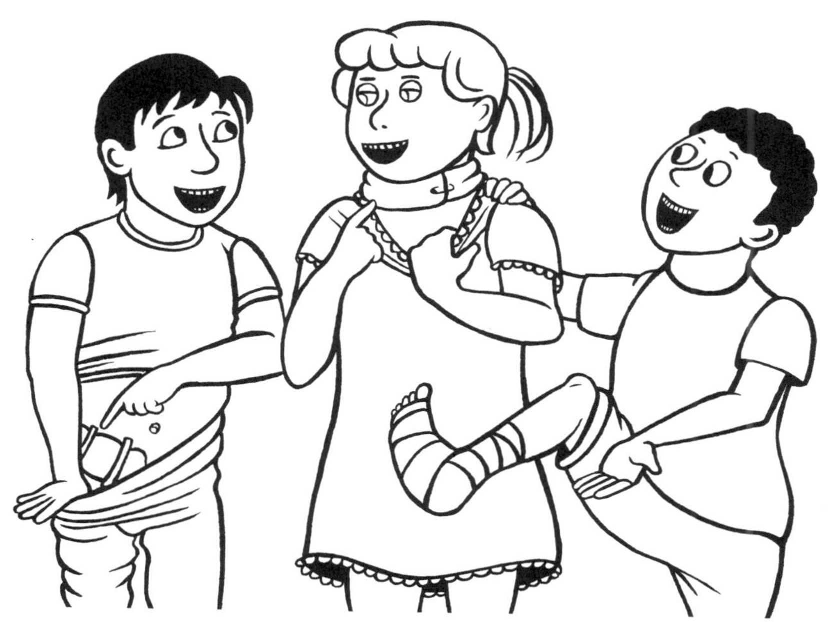

# Heimweh

Musik: Kaspar Föhres/Caspar Hachfeld

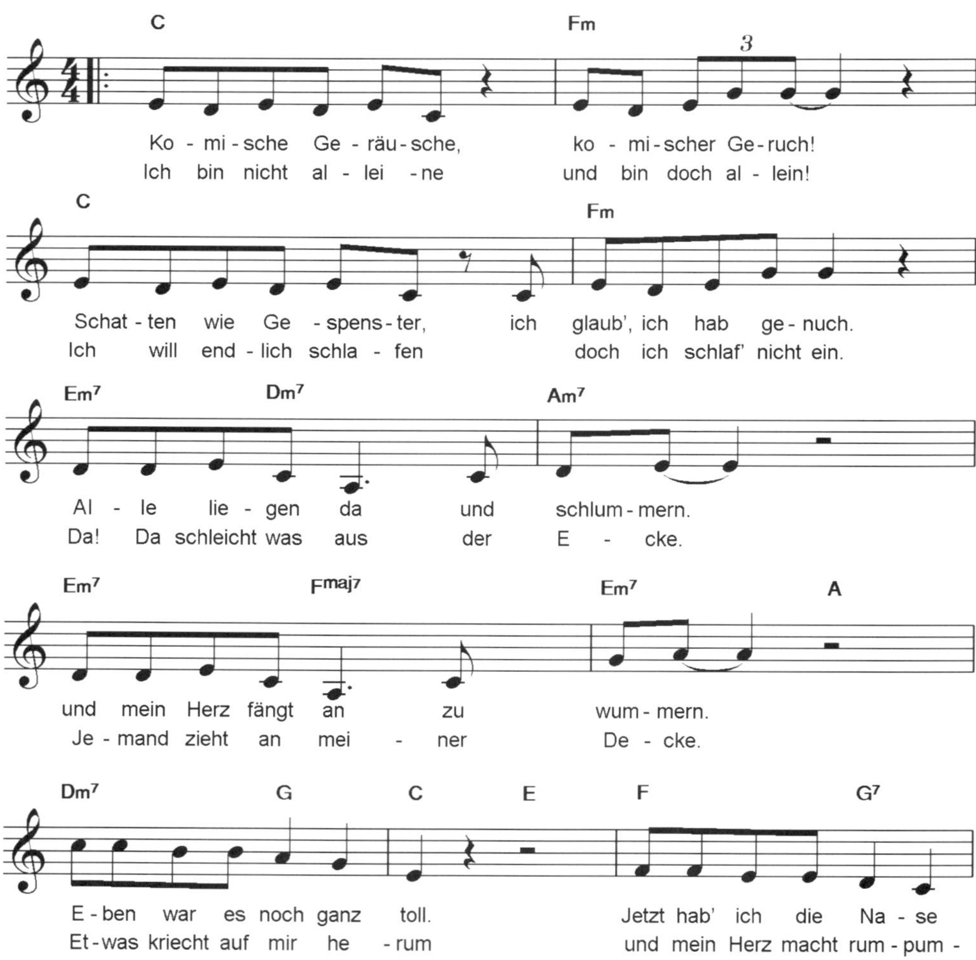

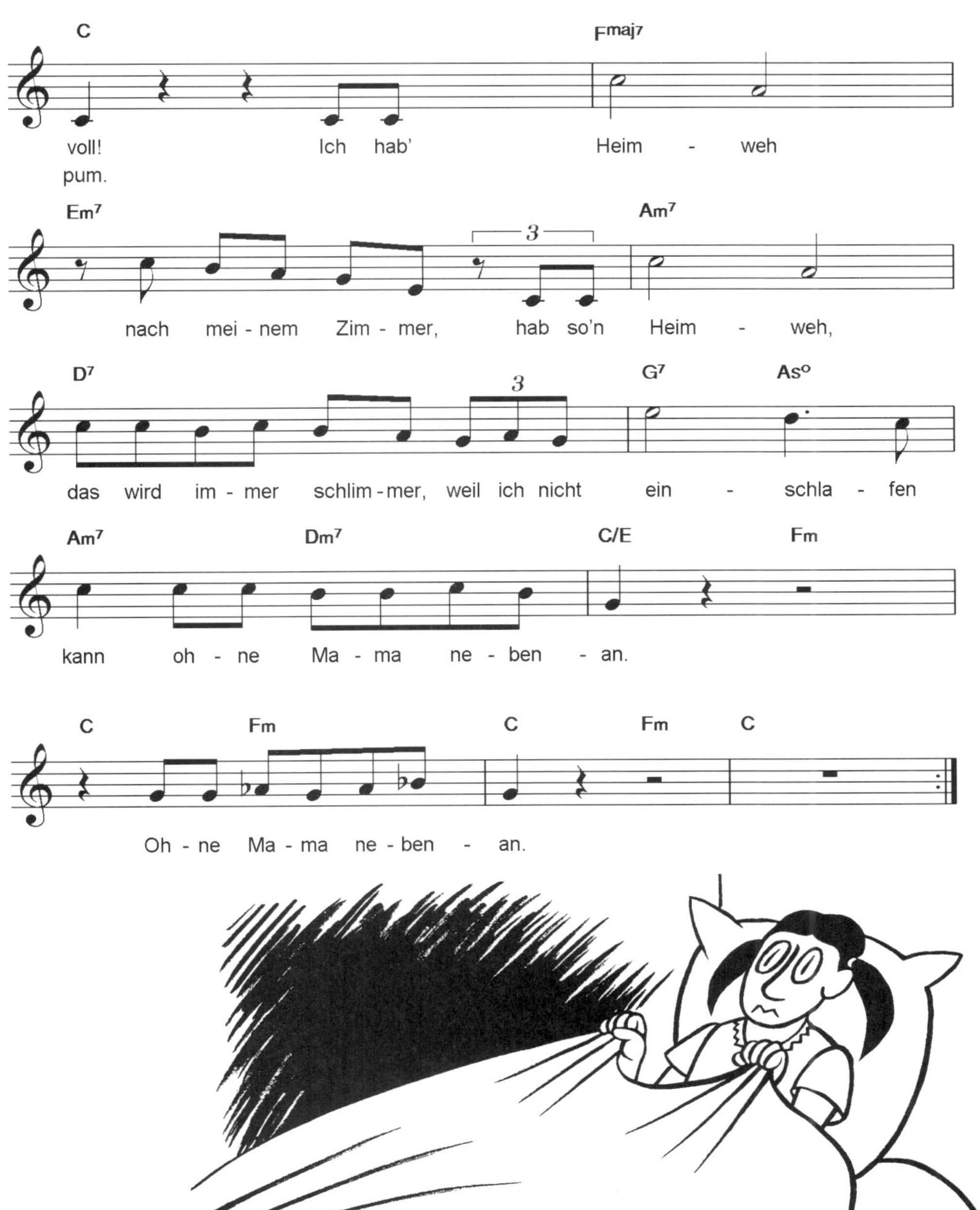
C Fmaj7
voll! Ich hab' Heim - weh
pum.
Em7 Am7
nach mei - nem Zim - mer, hab so'n Heim - weh,
D7 G7 As°
das wird im - mer schlim - mer, weil ich nicht ein - schla - fen
Am7 Dm7 C/E Fm
kann oh - ne Ma - ma ne - ben - an.
C Fm C Fm C
Oh - ne Ma - ma ne - ben - an.

# Hetzlied

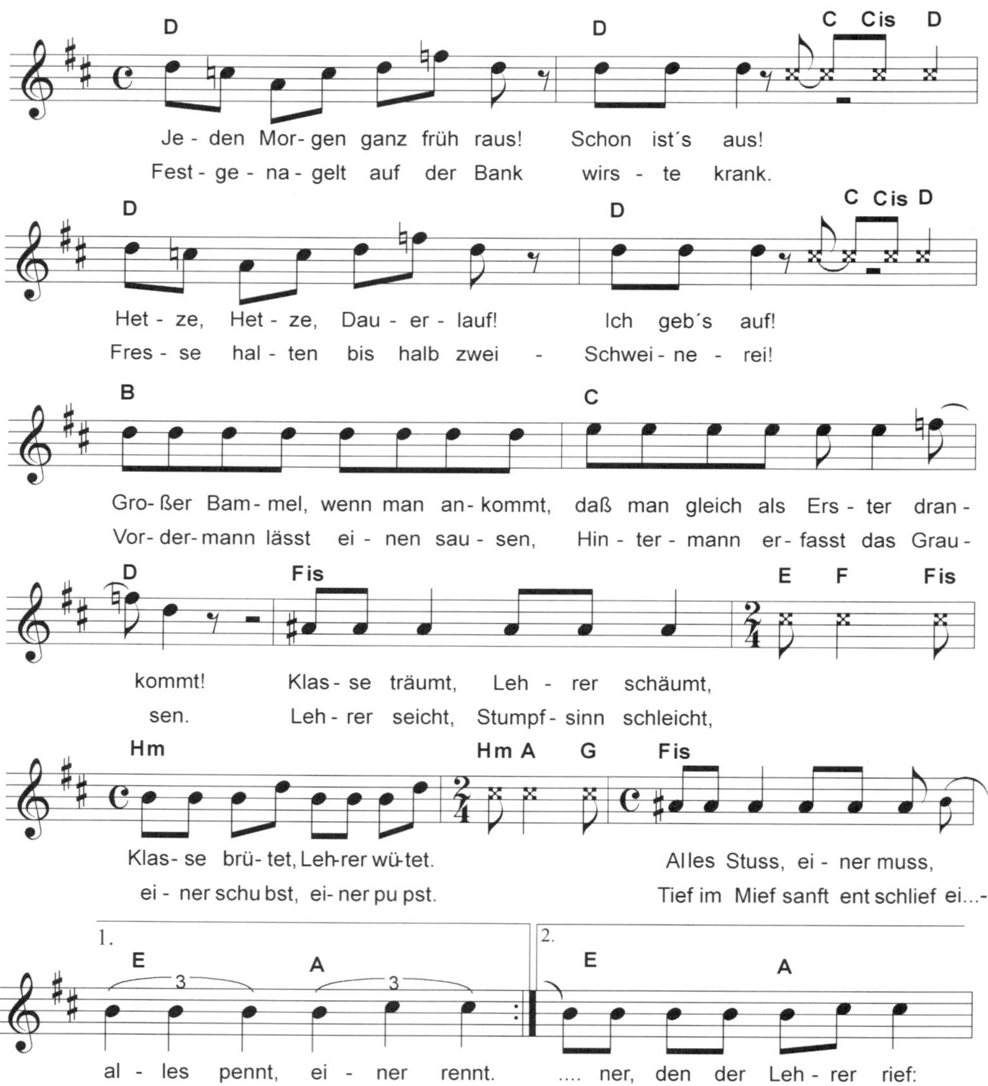
D D C Cis D
Je - den Mor- gen ganz früh raus! Schon ist´s aus!
Fest - ge - na - gelt auf der Bank wirs - te krank.
D D C Cis D
Het - ze, Het - ze, Dau - er - lauf! Ich geb´s auf!
Fres - se hal - ten bis halb zwei - Schwei - ne - rei!
B C
Gro- ßer Bam- mel, wenn man an - kommt, daß man gleich als Ers - ter dran -
Vor- der- mann lässt ei - nen sau - sen, Hin - ter - mann er- fasst das Grau -
D Fis E F Fis
kommt! Klas - se träumt, Leh - rer schäumt,
sen. Leh - rer seicht, Stumpf - sinn schleicht,
Hm Hm A G Fis
Klas- se brü- tet, Leh-rer wü-tet. Alles Stuss, ei - ner muss,
ei - ner schu bst, ei- ner pu pst. Tief im Mief sanft ent schlief ei...-
1. E A 3 3
2. E A
al - les pennt, ei - ner rennt. .... ner, den der Leh - rer rief:

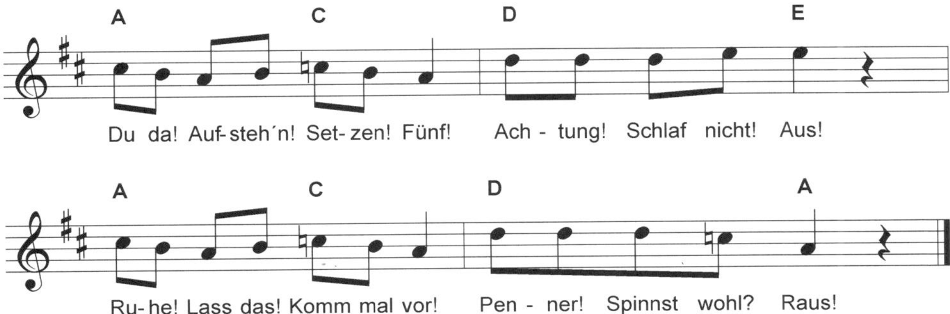
A
C
D
E
Du da! Auf-steh´n! Set-zen! Fünf! Ach - tung! Schlaf nicht! Aus!
A
C
D
A
Ru-he! Lass das! Komm mal vor! Pen - ner! Spinnst wohl? Raus!

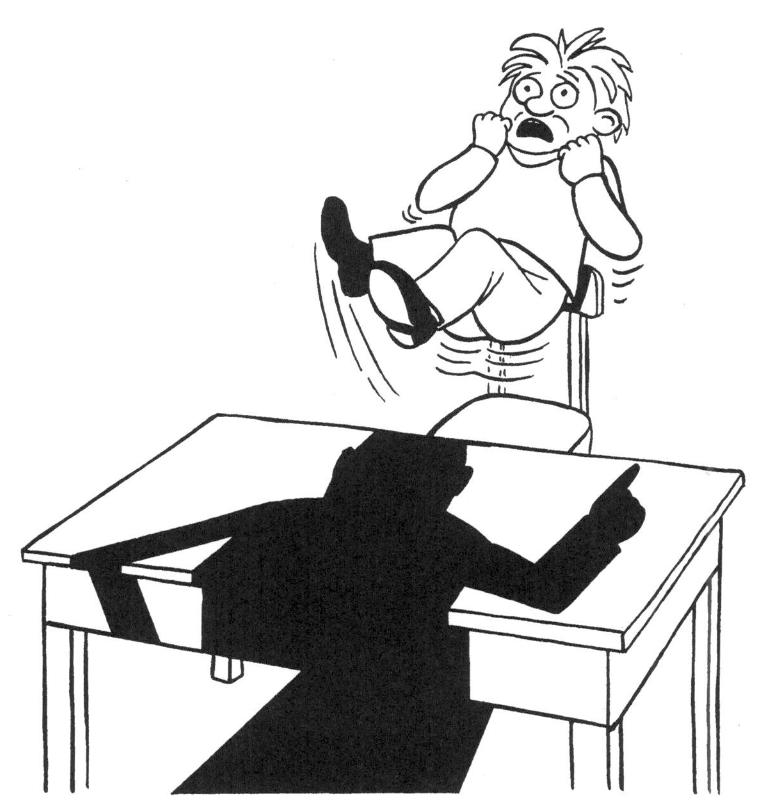

# Himmel, Erde, Luft und Meer

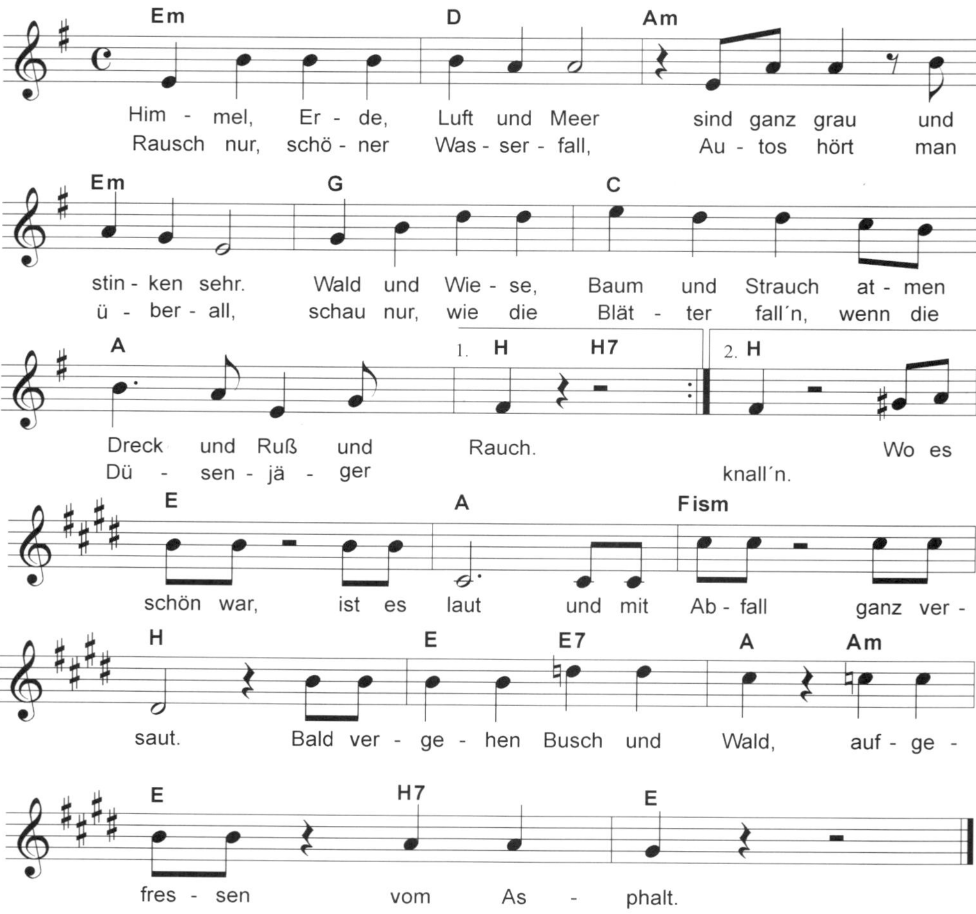

2. Himmel, Erde, Luft und Meer
sind ganz grau und stinken sehr.
Obst, Gemüse, Fleisch und Fisch
kommen giftig auf den Tisch.

Walfisch, Luchs und Haselmaus,
Elch und Uhu sterben aus.
Bald sind Storch und Wiesel dran,
dafür wächst die Autobahn.

Wo es schön war, ist es laut
und mit Abfall ganz versaut
und wir werden krank und matt
aufgefressen von der Stadt.

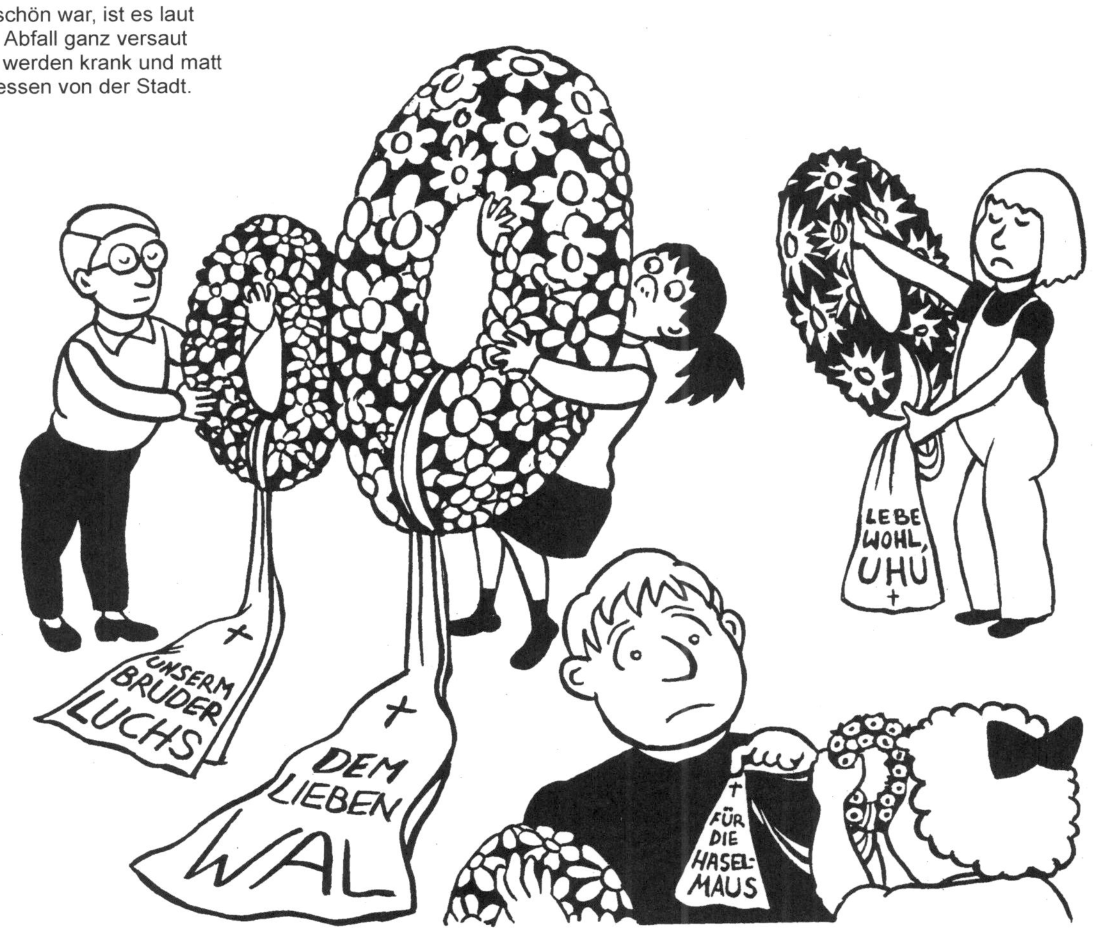

# Ich hab' ein Kuscheltier

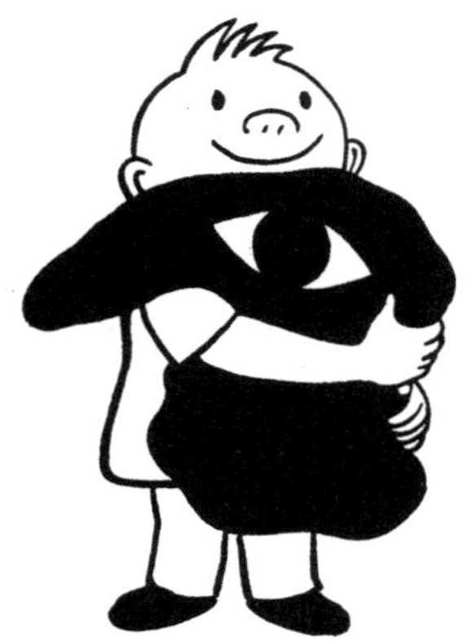

Ich hab´ ein Ku - schel - tier, das ist ganz lieb zu mir, ich
halt´s in mein - nem Arm, da liegt es weich und warm.
Ich hab´ ein Ku - schel - tier, das ist ganz
lieb zu mir, da bin ich nicht al - lein und schla - fe
bes - ser ein. *Fine* Manch - mal ist die Mut - ti weg und
ich bin ganz al - lein. Ach, das kann ich gar nicht lei - den,

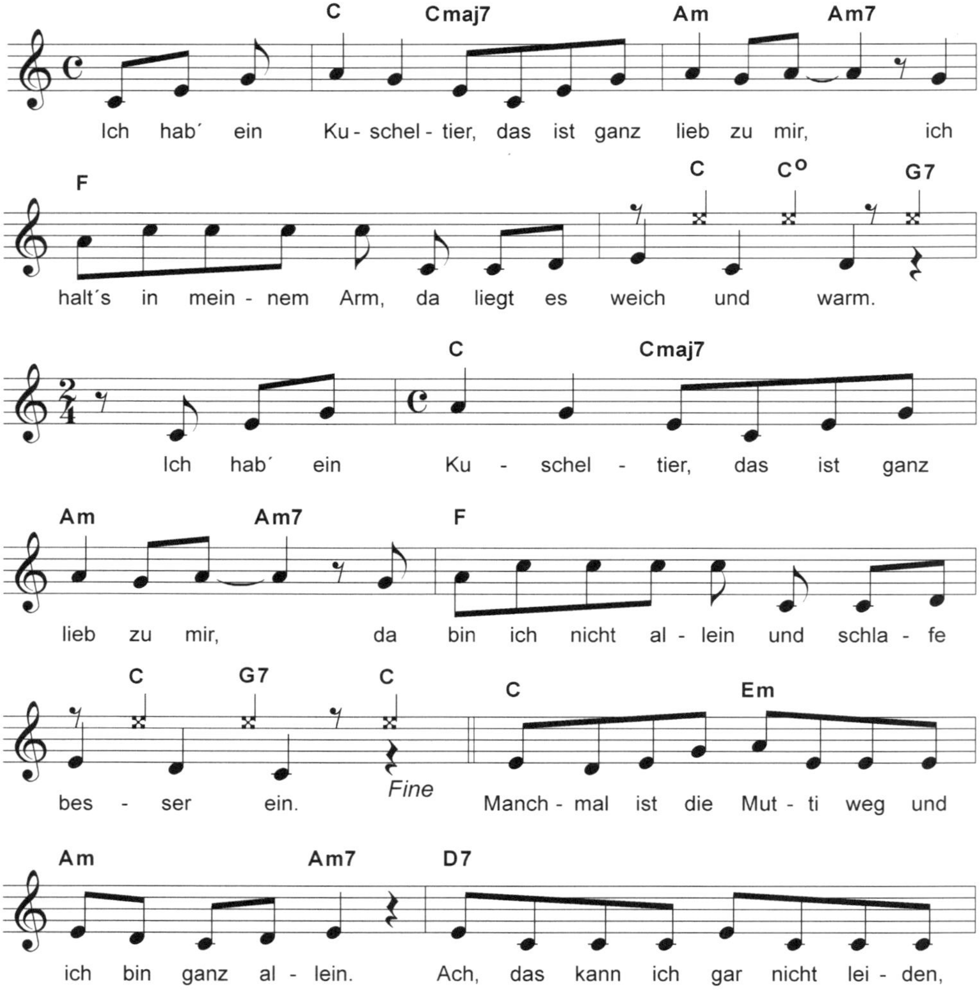

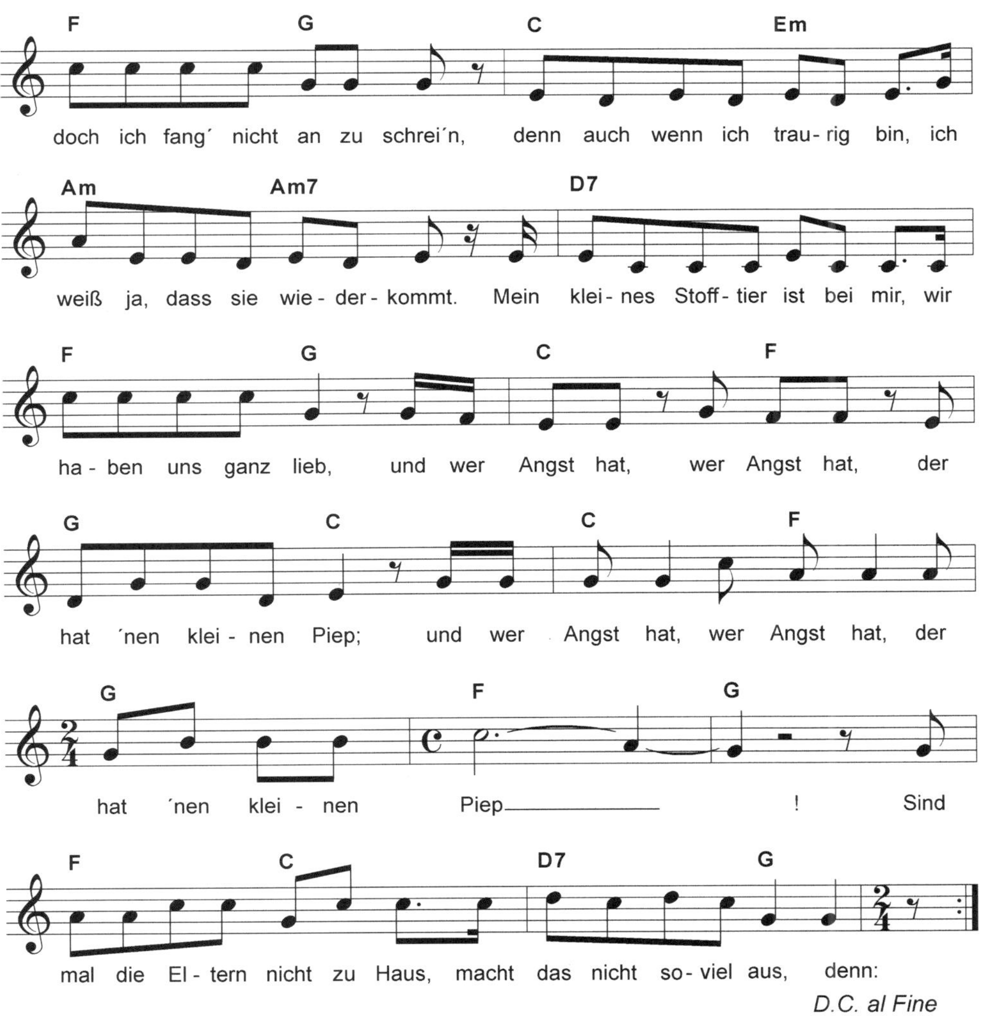
F G C Em
doch ich fang´ nicht an zu schrei´n, denn auch wenn ich trau-rig bin, ich
Am Am7 D7
weiß ja, dass sie wie-der-kommt. Mein klei-nes Stoff-tier ist bei mir, wir
F G C F
ha-ben uns ganz lieb, und wer Angst hat, wer Angst hat, der
G C C F
hat ´nen klei-nen Piep; und wer Angst hat, wer Angst hat, der
G F G
hat ´nen klei-nen Piep! Sind
F C D7 G
mal die El-tern nicht zu Haus, macht das nicht so-viel aus, denn:
D.C. al Fine

# Ich träum' so gern

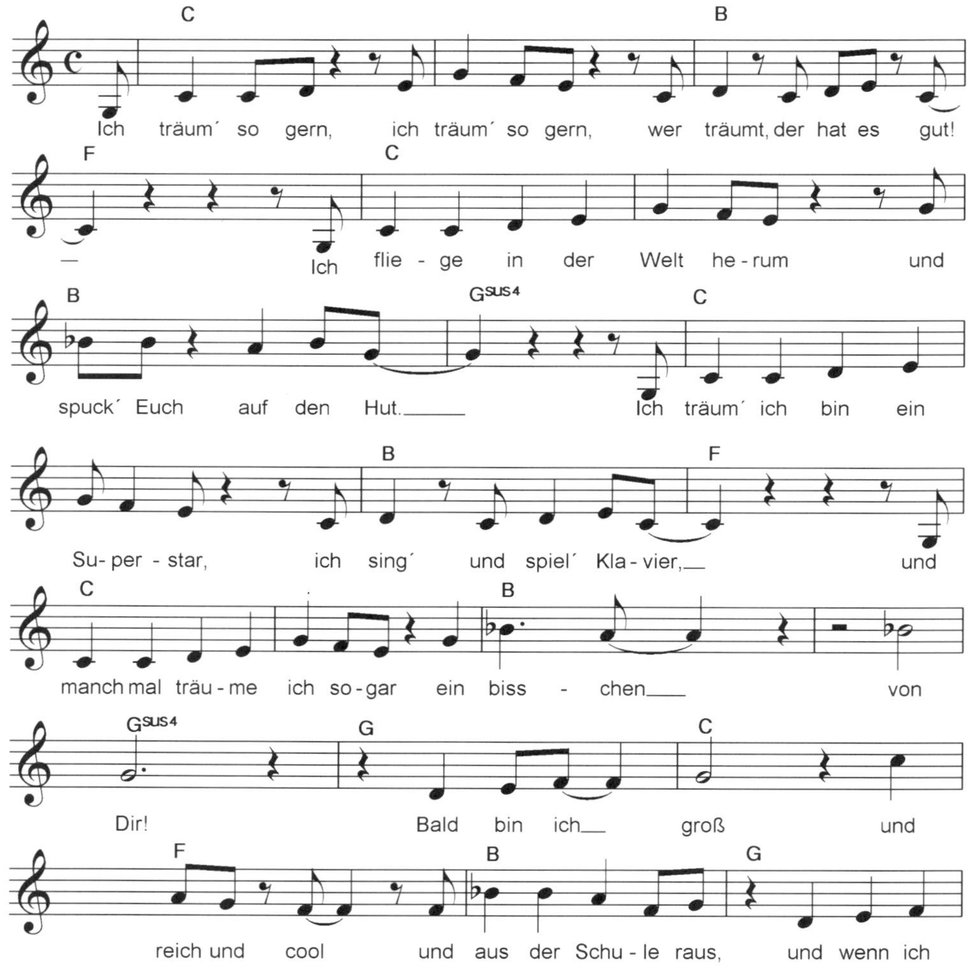

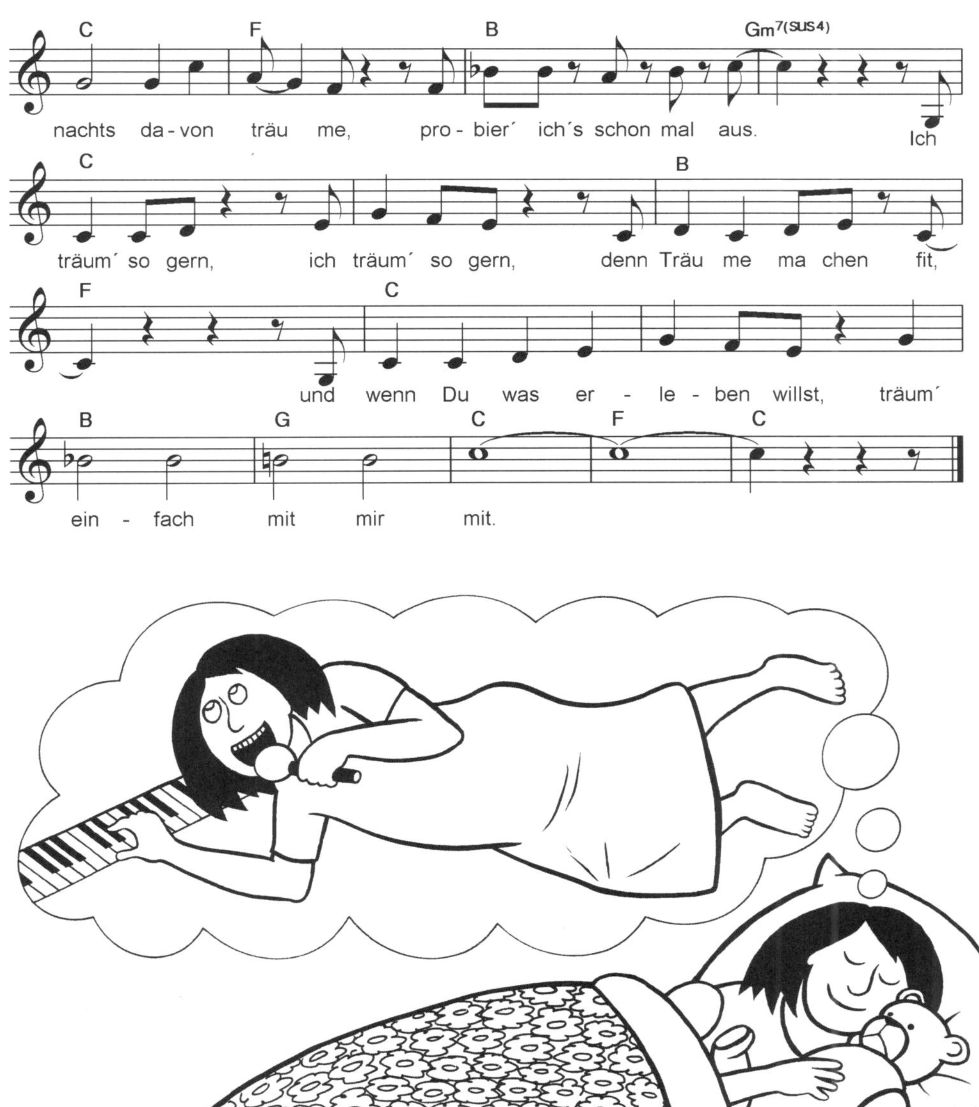
C F B Gm7(SUS4)
nachts da - von träu me, pro - bier´ ich´s schon mal aus. Ich
C B
träum´ so gern, ich träum´ so gern, denn Träu me ma chen fit,
F C
und wenn Du was er - le - ben willst, träum´
B G C F C
ein - fach mit mir mit.

# Ich will nicht alleine sein

Musik: Caspar Hachfeld/Thomas Keller

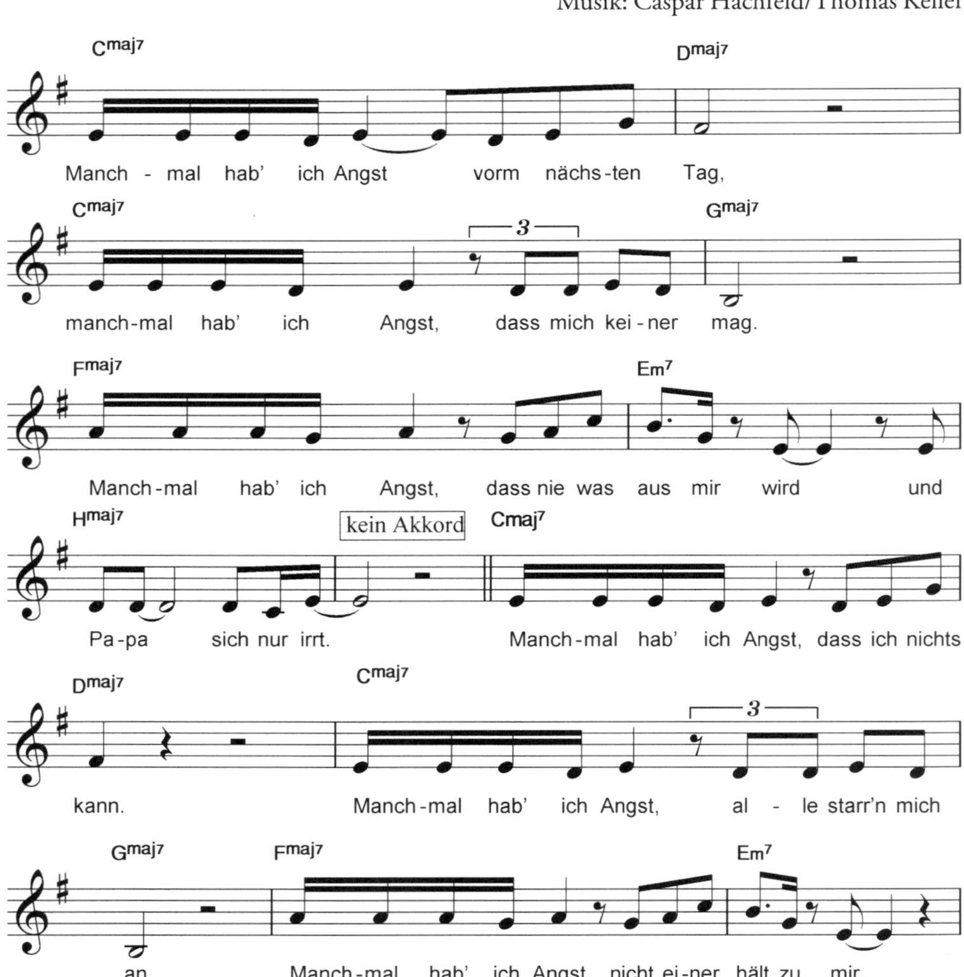

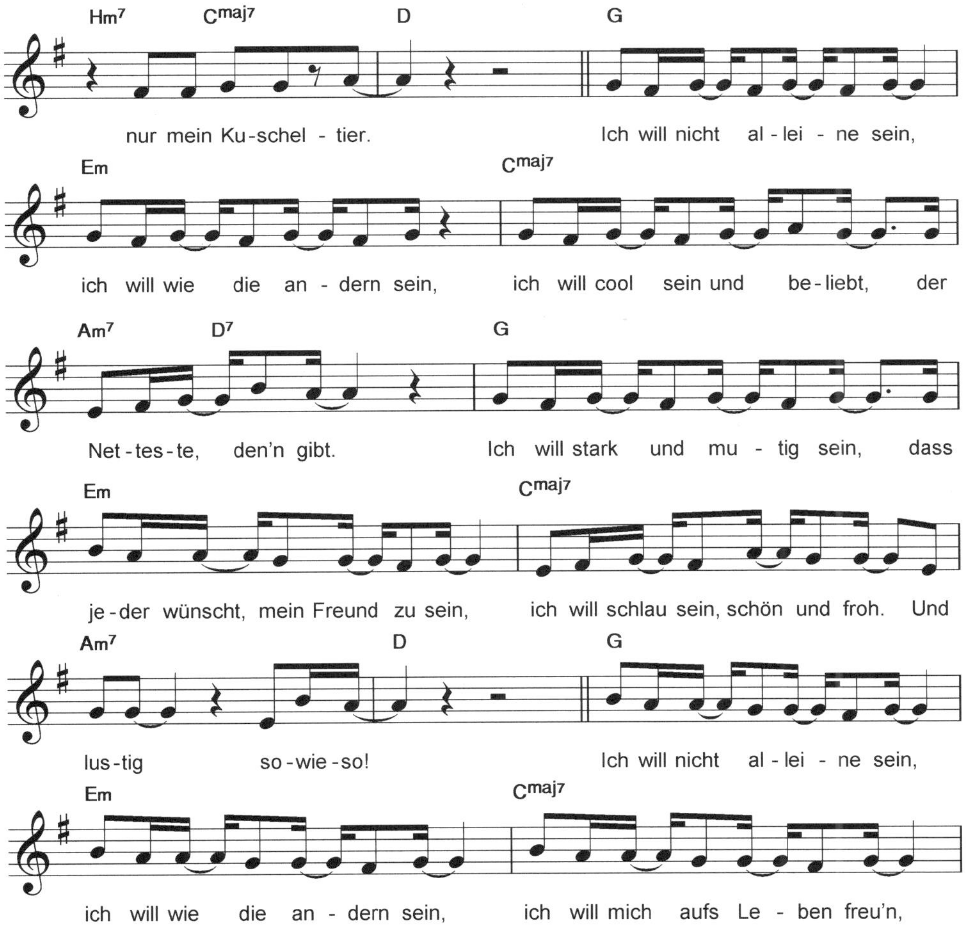
Hm7 Cmaj7 D G
nur mein Ku-schel - tier. Ich will nicht al-lei - ne sein,
Em Cmaj7
ich will wie die an - dern sein, ich will cool sein und be-liebt, der
Am7 D7 G
Net-tes-te, den'n gibt. Ich will stark und mu - tig sein, dass
Em Cmaj7
je-der wünscht, mein Freund zu sein, ich will schlau sein, schön und froh. Und
Am7 D G
lus-tig so-wie-so! Ich will nicht al-lei - ne sein,
Em Cmaj7
ich will wie die an - dern sein, ich will mich aufs Le - ben freu'n,

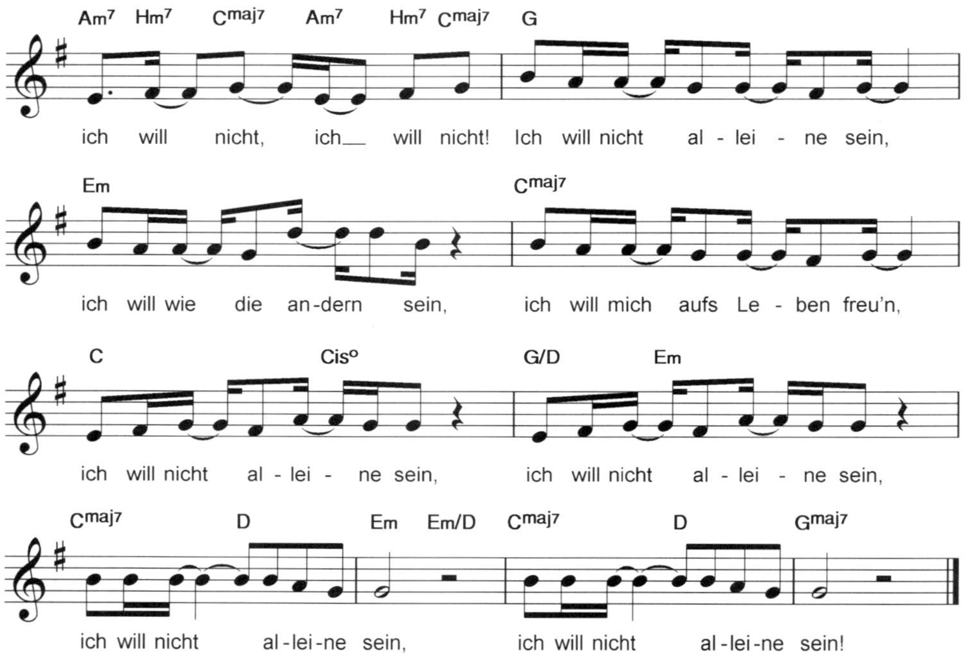
Am7 Hm7 Cmaj7 Am7 Hm7 Cmaj7 G
ich will nicht, ich__ will nicht! Ich will nicht al - lei - ne sein,
Em Cmaj7
ich will wie die an-dern sein, ich will mich aufs Le - ben freu'n,
C Ciso G/D Em
ich will nicht al - lei - ne sein, ich will nicht al - lei - ne sein,
Cmaj7 D Em Em/D Cmaj7 D Gmaj7
ich will nicht al-lei-ne sein, ich will nicht al-lei-ne sein!

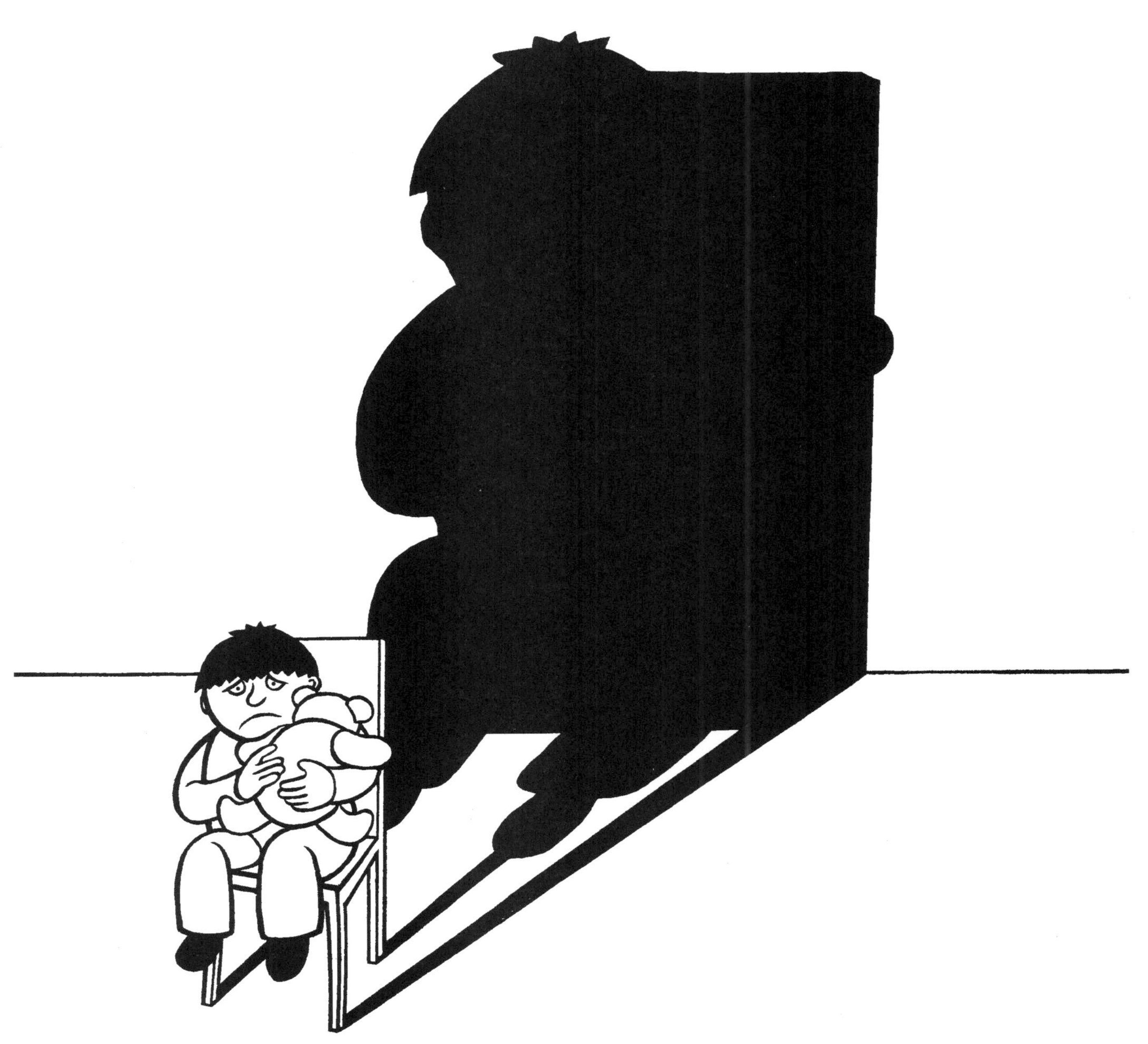

# Ich wünsch' mir einen Opa

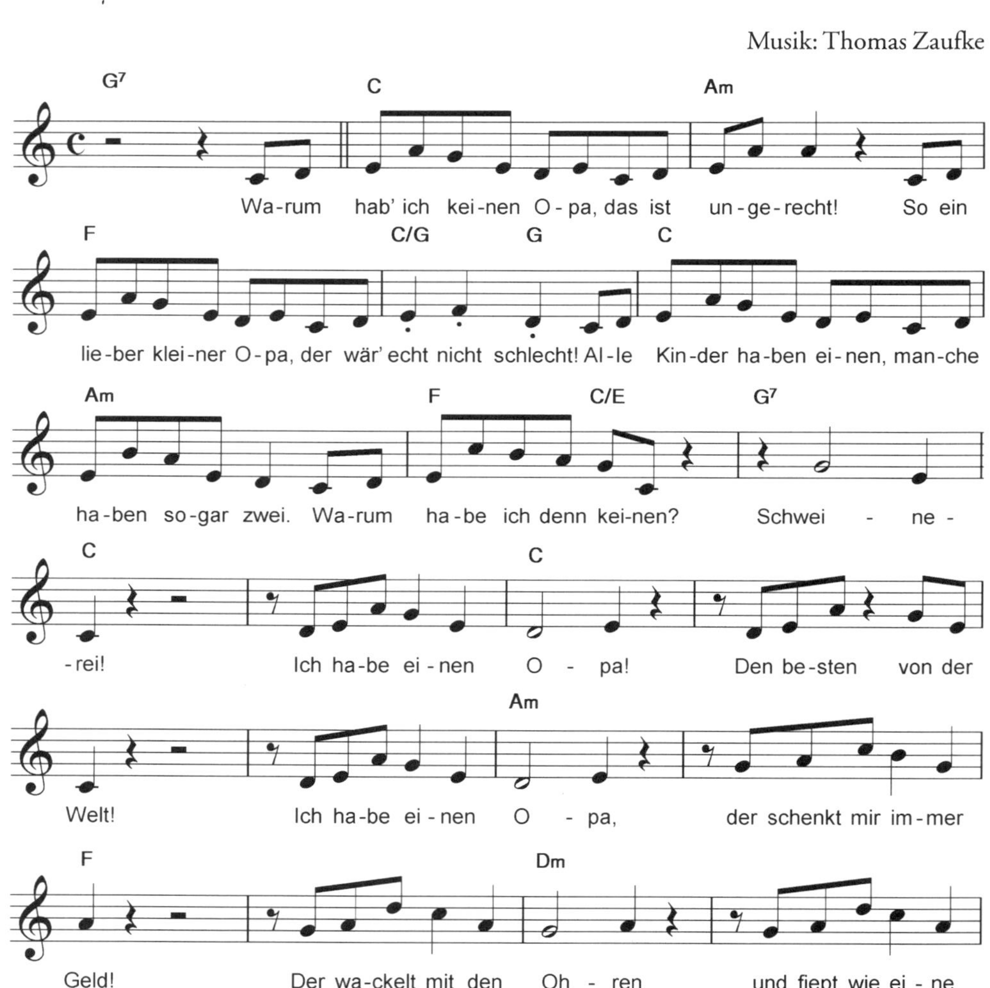

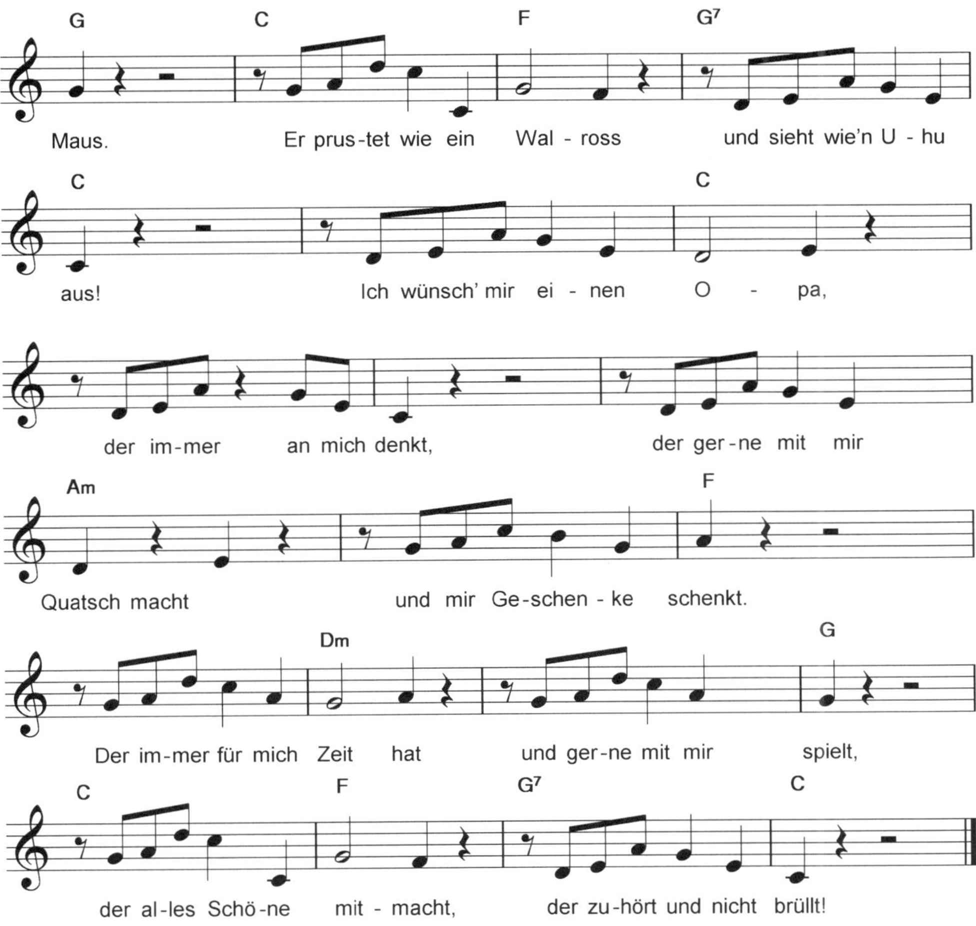
G
C
F
G7
Maus.
Er prus-tet wie ein
Wal - ross
und sieht wie'n U - hu
C
C
aus!
Ich wünsch' mir ei - nen
O - pa,
der im-mer
an mich denkt,
der ger-ne mit mir
Am
F
Quatsch macht
und mir Ge-schen - ke
schenkt.
Dm
G
Der im-mer für mich
Zeit
hat
und ger-ne mit mir
spielt,
C
F
G7
C
der al-les Schö-ne
mit - macht,
der zu-hört und nicht
brüllt!

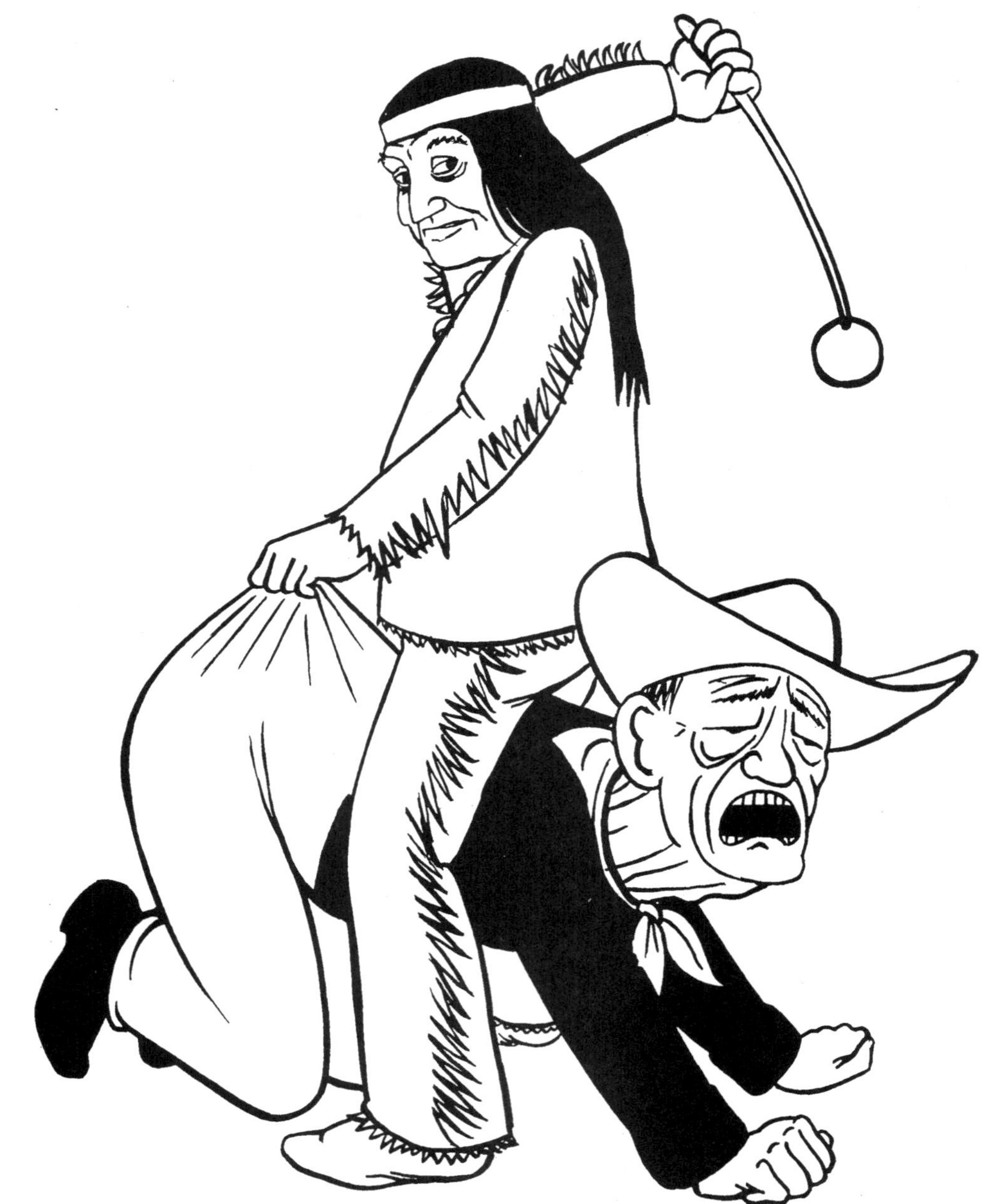

# Indianerlied

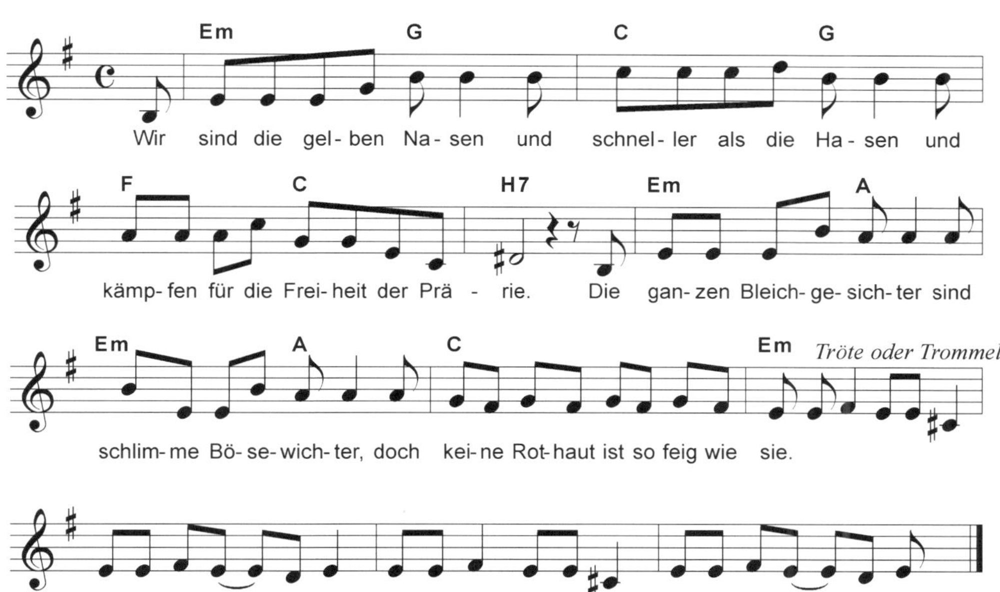


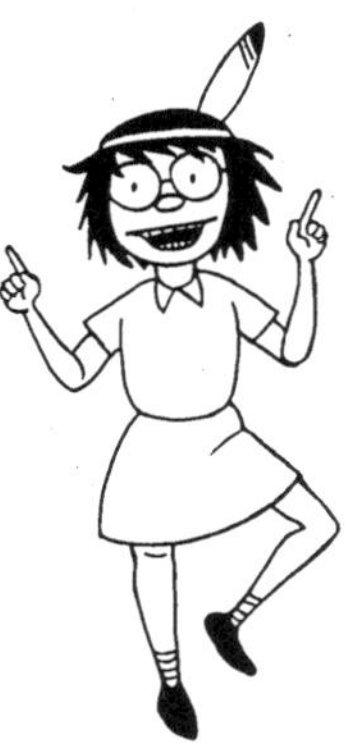

*Das ist ein Lied zum Spielen, mit Trommeln und Kriegsgeschrei! Wisst ihr, wenn ihr einen Western seht oder selbst Indianer spielt, dass die Indianer nur ihr Land verteidigen, das ihnen die Weißen wegnehmen wollen?*

2. Sie woll´n das Land uns klauen,
   drum woll´n wir sie verhauen,
   weil wir im Recht und wir die Stärk´ren sind.
   Wir schleichen wie die Schlangen
   und nehmen sie gefangen,
   dann zittern sie und jammern in den Wind.

# Kinder brauchen Platz

Text: George Kranz, Musik: George Kranz/Robert Neumann

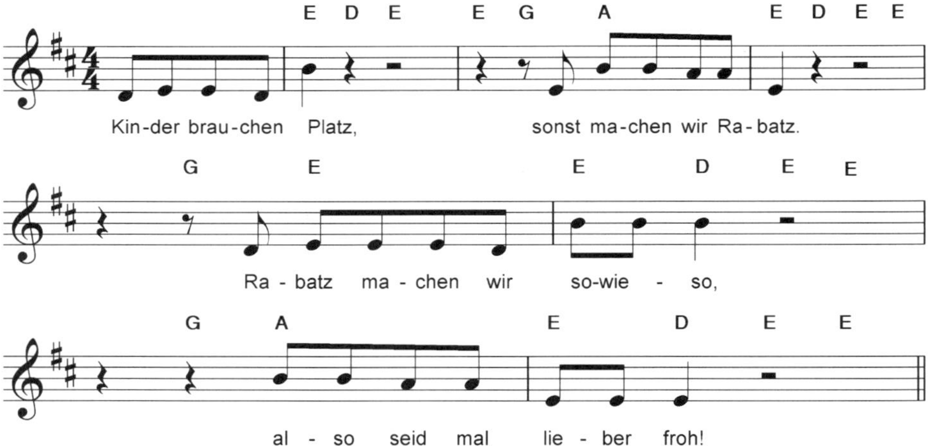


gerappt:

1. Wo de hinkiekst 'n Verbot, oder einer, der dir droht: Halt den Mund, sei endlich still, weil ich meine Ruhe will! Lass das sein, das ist kein Spaß, hör´ auf damit, sonst setzt es was! Wer hält denn sowas aus, das ist doch krass!

2. Spielen geht bald gar nicht mehr, immerzu schreit einer: Nein! Nich´ hier, nich´ da und überhaupt: Kinder sind hier nicht erlaubt. Im Hinterhof muss Ruhe sein und ich soll wieder drinne bleib'n. Sperrt uns doch nicht weg, hat keinen Zweck!

3. Unser Spielplatz ist verrostet, ach du Schreck, was das wohl kostet. Auf´m Gehweg wirste hacke, jede Menge Hundekacke. Unser Schwimmbad hat kein Wasser, trotzdem werd´ ich immer nasser: Uns're Kita hat kein Dach, echt krass!

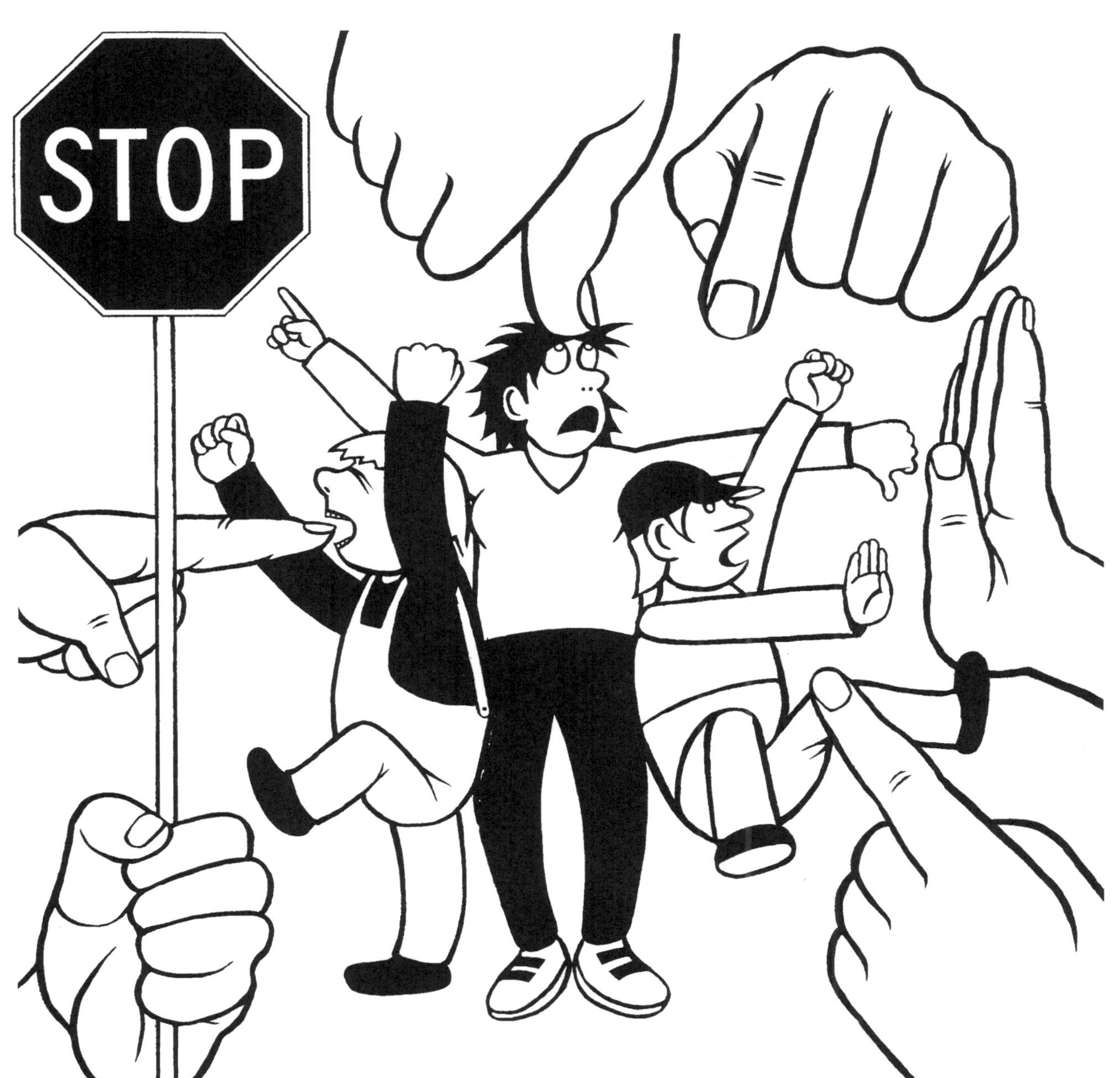
STOP

# Kleiner Baum

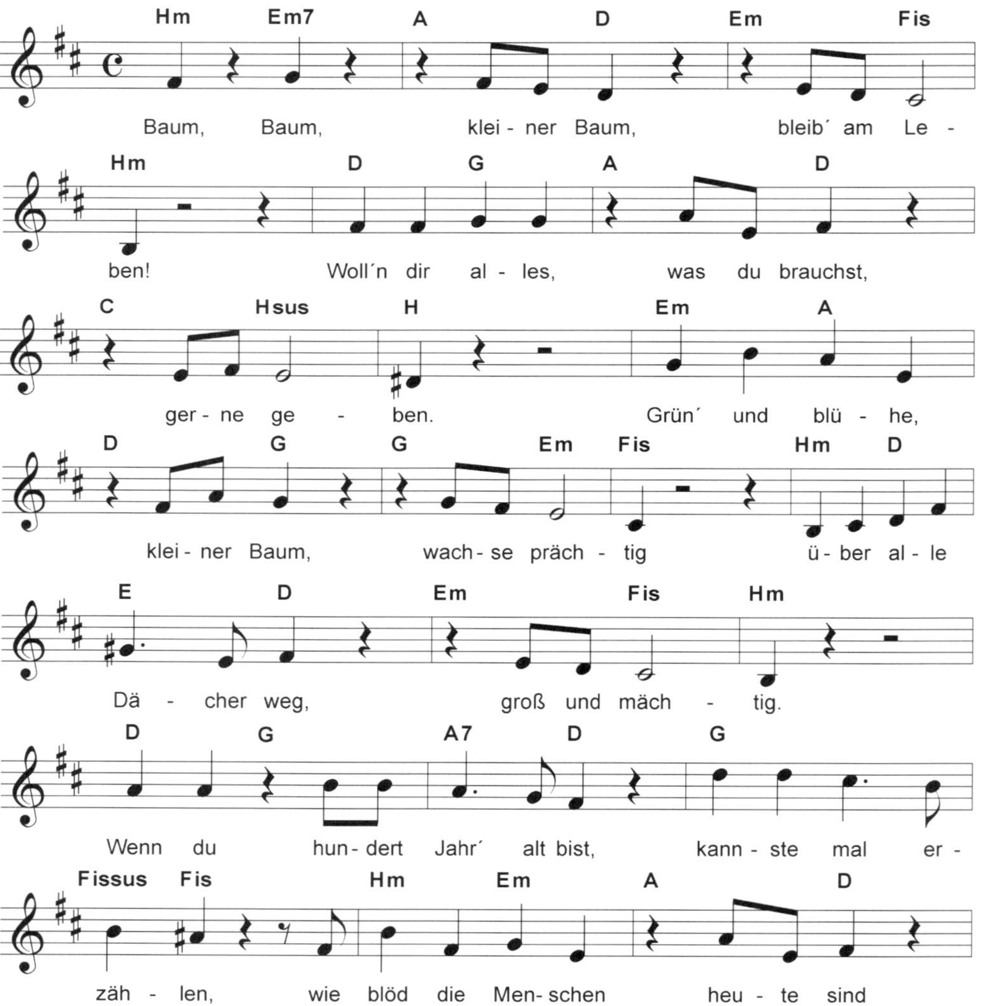

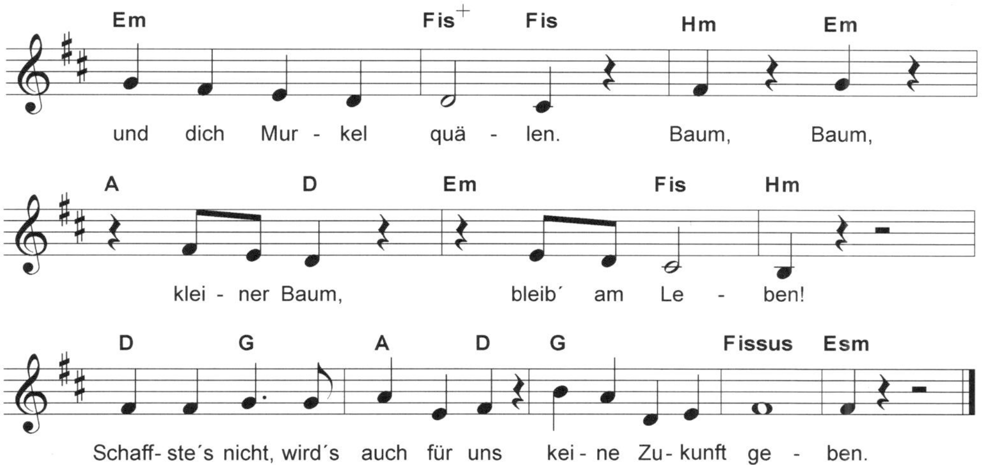
Em Fis+ Fis Hm Em
und dich Mur - kel quä - len. Baum, Baum,
A D Em Fis Hm
klei - ner Baum, bleib´ am Le - ben!
D G A D G Fissus Esm
Schaff- ste´s nicht, wird´s auch für uns kei - ne Zu - kunft ge - ben.

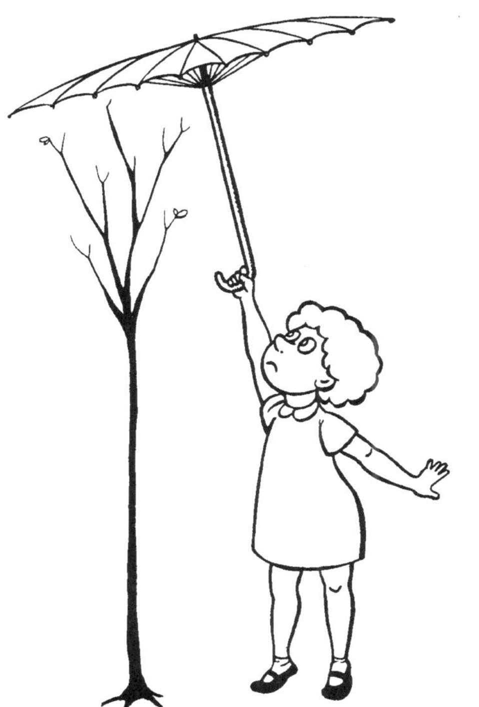

# Können kann ich manches

Text: Rainer Hachfeld

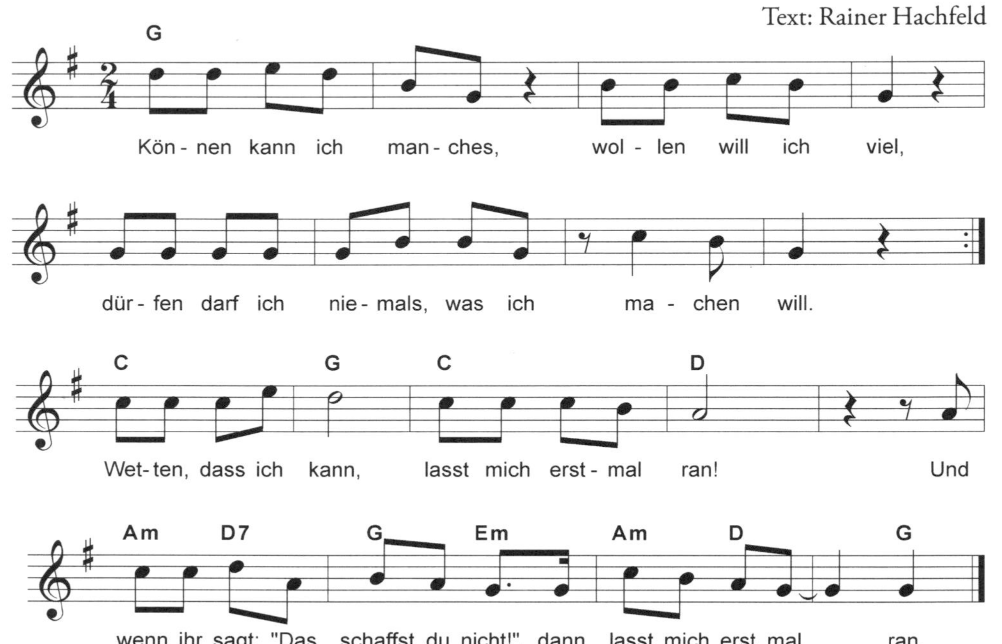


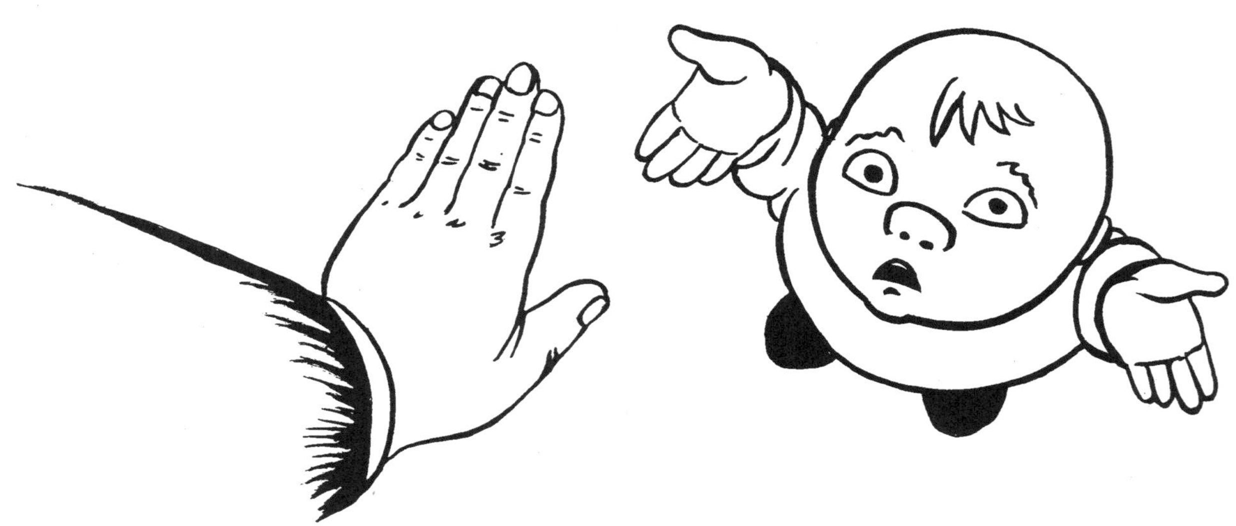

# Lied der Kinder

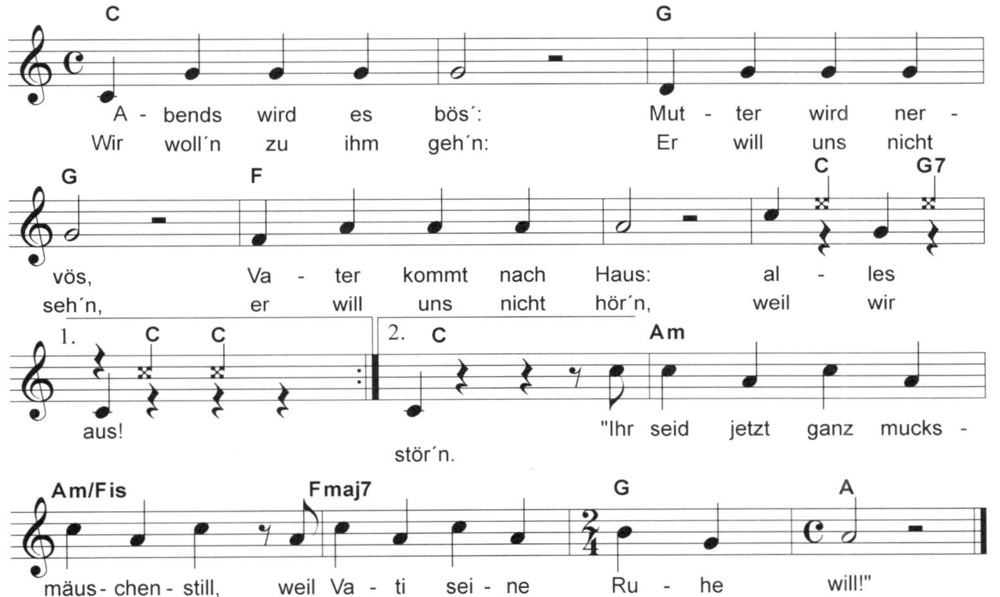


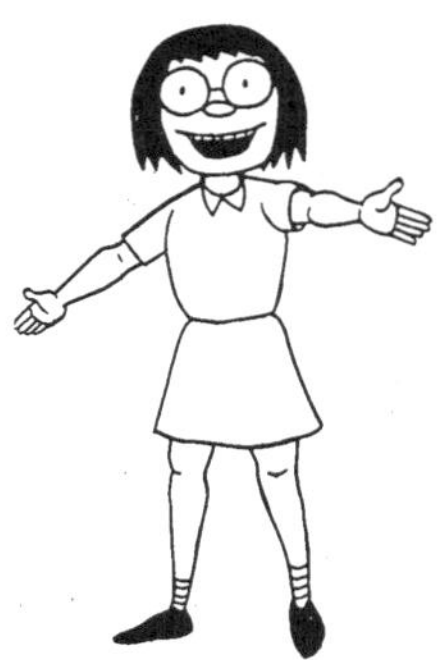

*Es macht Spaß, wenn ihr die Verse untereinander aufteilt. Und wenn eure Eltern mitmachen, lasst die doch mal die Kinderverse singen, und ihr singt die Eltern-Sprüche!*

2. Vater ist kaputt,
   seine Nerven Schutt.
   Seine Arbeit tut
   ihm nicht gut.

   Morgens haut er ab,
   abends ist er schlapp.
   Können vielleicht wir
   was dafür?

   "Ach, meine Nerven! Ruhe! Raus!
   Ich halte das nicht länger aus!"

3. Jedes dufte Spiel
   wird Mama zuviel.
   Was zum Lachen ist,
   nennt sie Mist.

   Ist dann mal was los,
   und der Spaß ist groß,
   brüllt sie gar nicht nett:
   "Marsch, ins Bett!"

# Lied der Eltern

*Nach der Melodie von „Lied der Kinder“*

Vater sein ist schwer,
Mutter sein noch mehr.
Manchmal hab ich glatt
alles satt!

Wohnung ist versaut,
immer ist es laut.
Überall ist Dreck:
Ich räum´ weg!

Wir haben Sinn für Spaß und Spiel -
doch was zuviel ist, ist zuviel!

Nix als Schweinerei´n
fallen ihnen ein.
Hecken sie was aus,
ist´s ein Graus.

Sie sind nicht ganz dicht,
wir versteh´n sie nicht.
Wären sie doch bloß
endlich groß!

Auch wir sind sehr für Fröhlichkeit -
doch was zu weit geht, geht zu weit!

Kind erzieh´n ist schwer.
Es ist ein Malheur:
Wie man sich auch streckt:
Kein Respekt!

Wir soll´n ihnen trau´n,
ha´m sie nie verhau´n:
Trotzdem kuschen sie
einfach nie...
Morgen leg´ ich sie
über´s Knie!

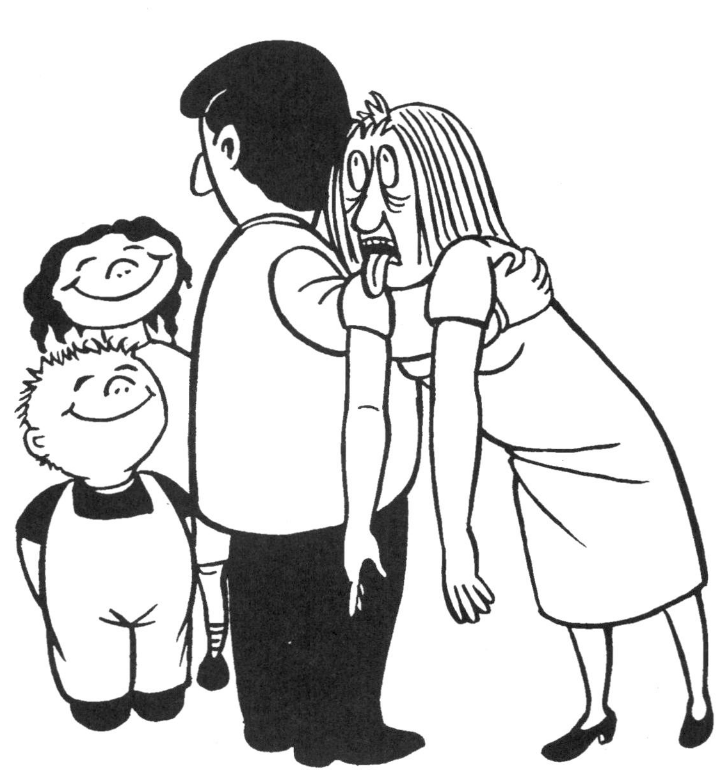

# Lied vom Älterwerden

Musik: Kaspar Föhres/Caspar Hachfeld

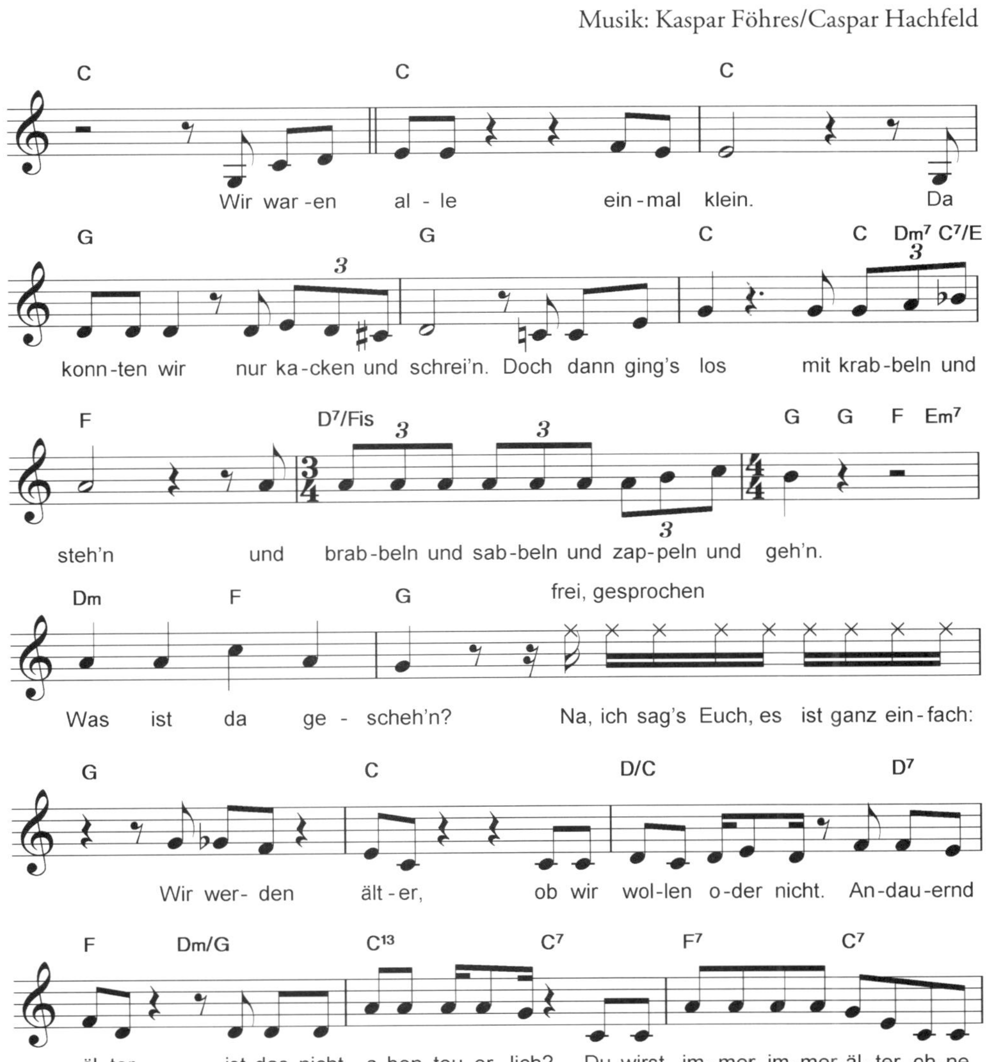

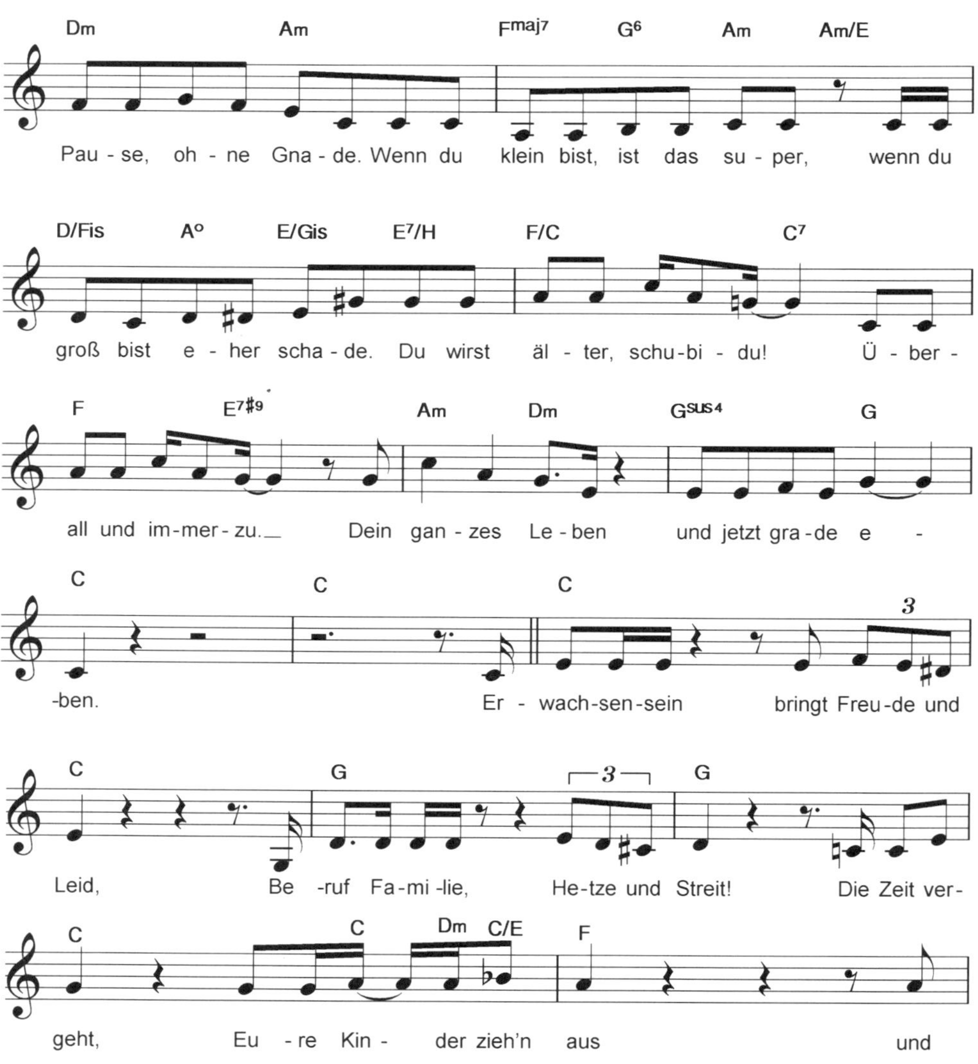
Dm Am Fmaj7 G6 Am Am/E
Pau - se, oh - ne Gna - de. Wenn du klein bist, ist das su - per, wenn du
D/Fis A° E/Gis E7/H F/C C7
groß bist e - her scha - de. Du wirst äl - ter, schu-bi - du! Ü - ber -
F E7♯9 Am Dm Gsus4 G
all und im-mer-zu. Dein gan - zes Le - ben und jetzt gra-de e -
C C C
-ben. Er - wach-sen-sein bringt Freu-de und
C G G
Leid, Be -ruf Fa-mi -lie, He-tze und Streit! Die Zeit ver-
C C Dm C/E F
geht, Eu - re Kin - der zieh'n aus und

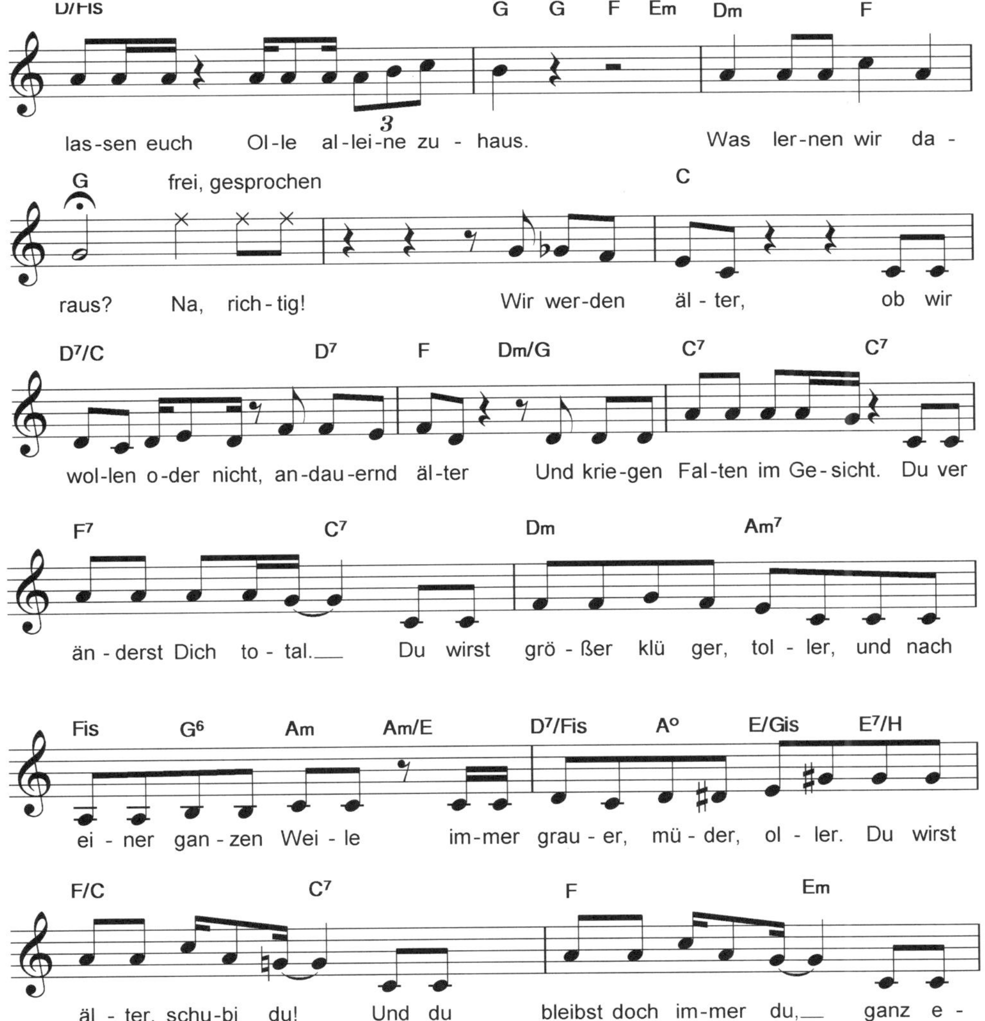
D/Fis G G F Em Dm F
las-sen euch Ol-le al-lei-ne zu - haus. Was ler-nen wir da -
3
G frei, gesprochen C
raus? Na, rich-tig! Wir wer-den äl-ter, ob wir
D7/C D7 F Dm/G C7 C7
wol-len o-der nicht, an-dau-ernd äl-ter Und krie-gen Fal-ten im Ge-sicht. Du ver
F7 C7 Dm Am7
än-derst Dich to-tal.__ Du wirst grö-ßer klü ger, tol-ler, und nach
Fis G6 Am Am/E D7/Fis A° E/Gis E7/H
ei-ner gan-zen Wei-le im-mer grau-er, mü-der, ol-ler. Du wirst
F/C C7 F Em
äl-ter, schu-bi du! Und du bleibst doch im-mer du,__ ganz e -

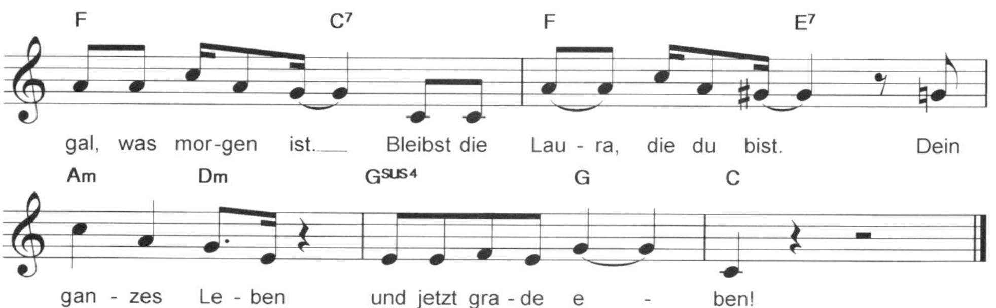
F C7 F E7
gal, was mor-gen ist.__ Bleibst die Lau - ra, die du bist. Dein
Am Dm Gsus4 G C
gan - zes Le - ben und jetzt gra - de e - ben!

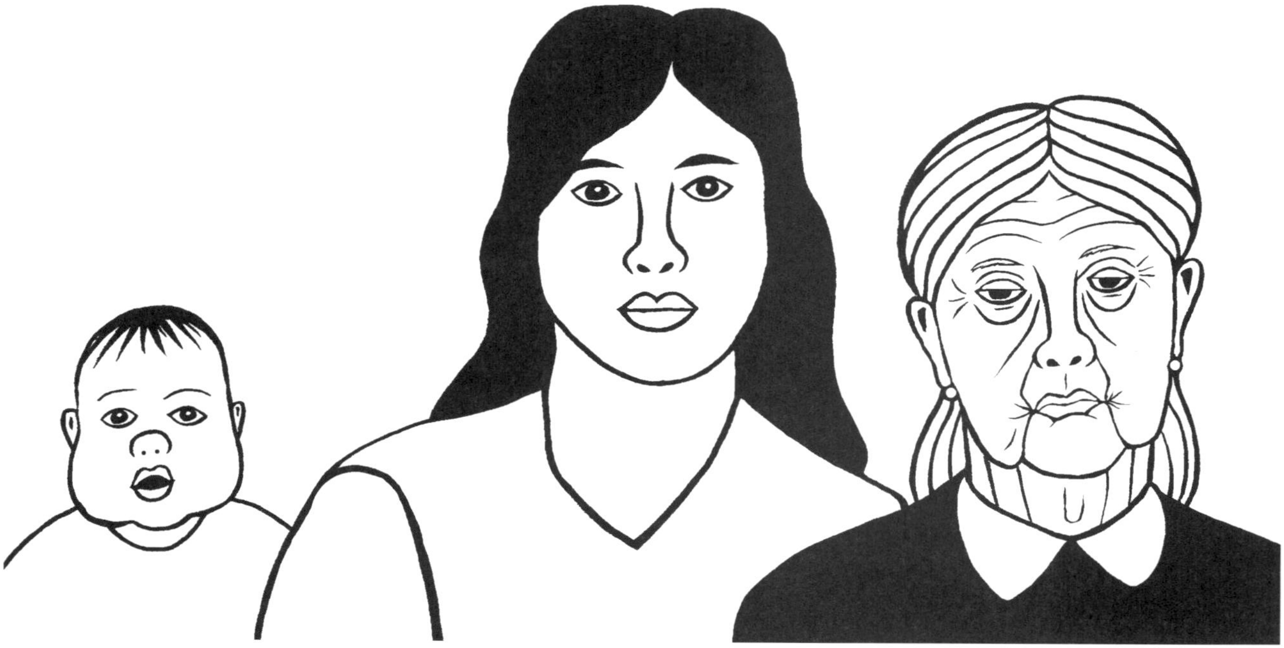

# Lied vom Mischmasch

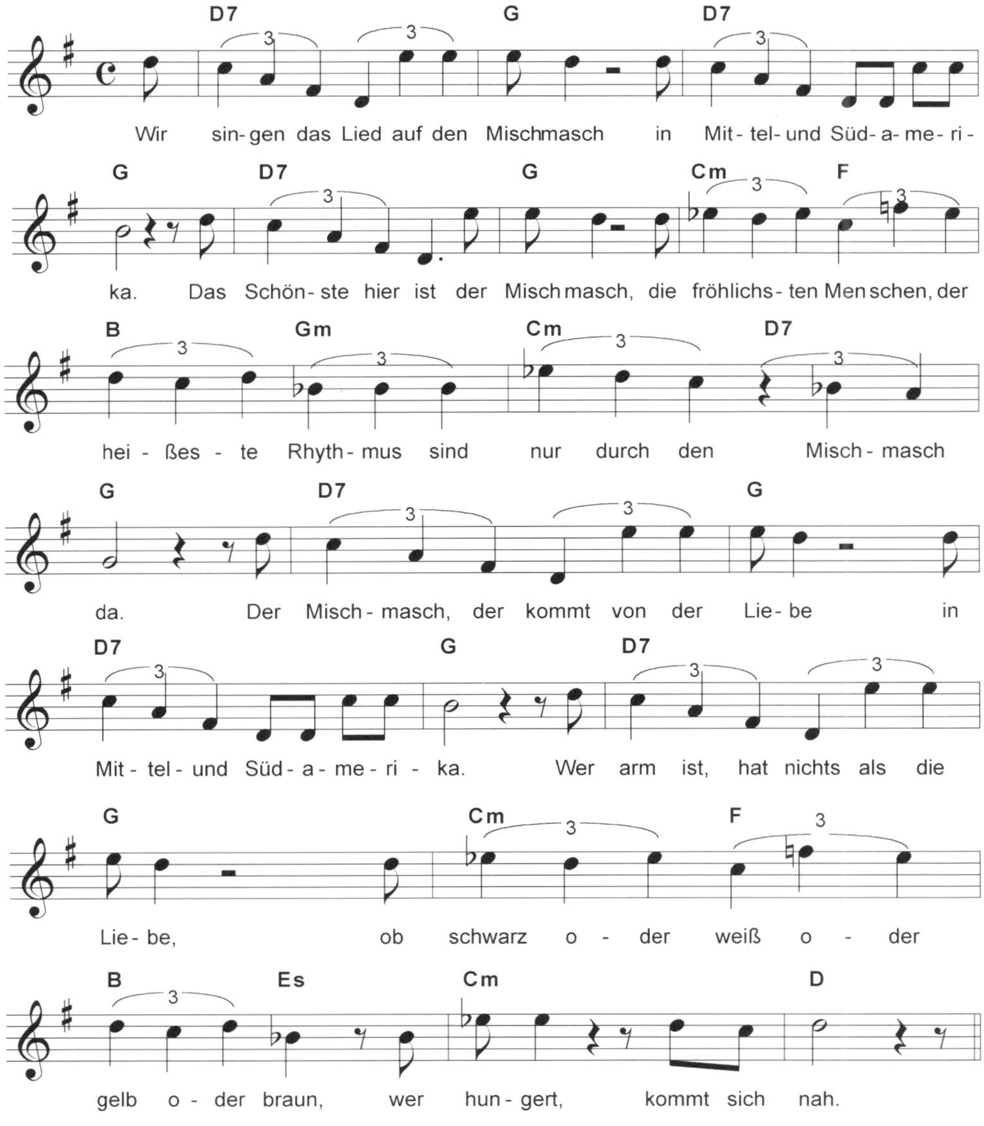

D7 G D7
Wir sin-gen das Lied auf den Mischmasch in Mit-tel- und Süd-a-me-ri-

G D7 G Cm F
ka. Das Schön-ste hier ist der Mischmasch, die fröhlichs-ten Menschen, der

B Gm Cm D7
hei-ßes-te Rhyth-mus sind nur durch den Misch-masch

G D7 G
da. Der Misch-masch, der kommt von der Lie-be in

D7 G D7
Mit-tel- und Süd-a-me-ri-ka. Wer arm ist, hat nichts als die

G Cm F
Lie-be, ob schwarz o-der weiß o-der

B Es Cm D
gelb o-der braun, wer hun-gert, kommt sich nah.

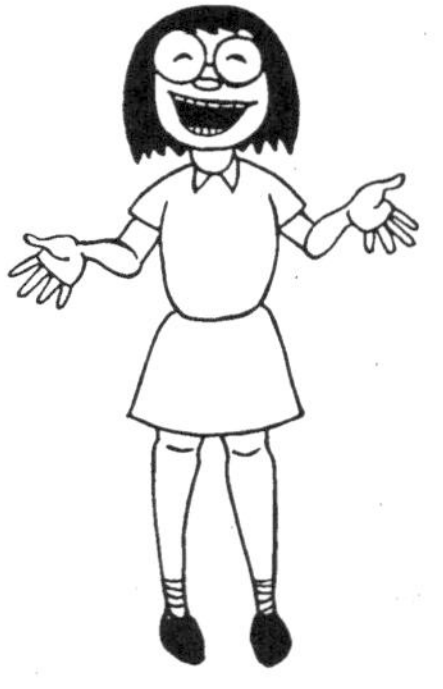

*Bei Amerika denkt jedes Kind an die Rothäute Nordamerikas oder an New York. Die meisten Amerikaner aber leben im armen Südamerika, z. B. in Brasilien, wo Schwarze, Weiße, Braune, Rote und Gelbe friedlich zusammenleben und wunderbare Musik machen.*

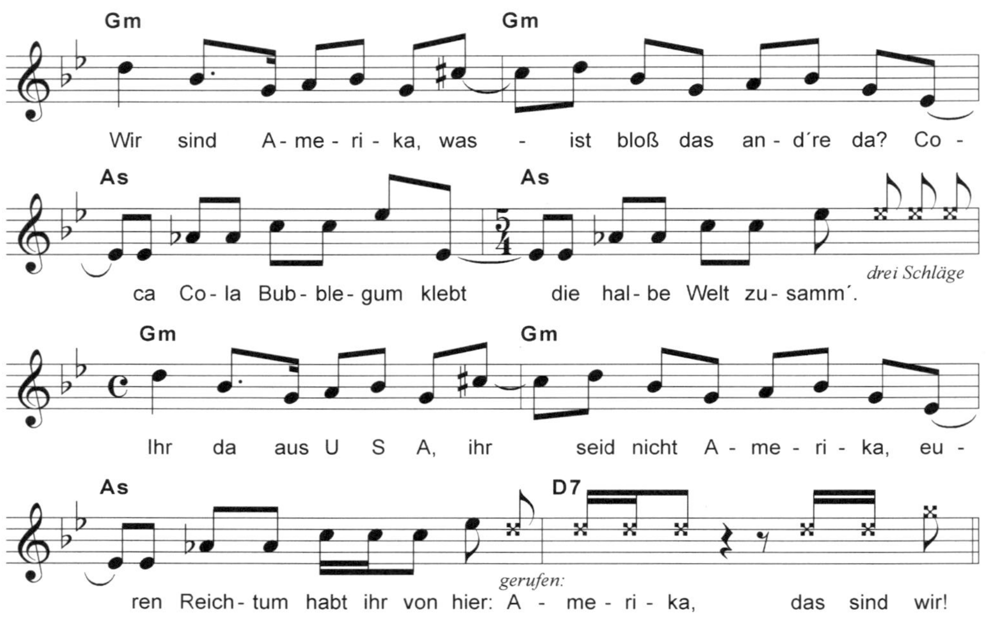


2. Wir singen das Lied auf den Mischmasch,
der schuften muss für die reiche Welt.
Die Zukunft gehört dem Mischmasch:
den Indios, Latinos, den Sklaven Amerikas,
ganz egal, ob das gefällt.

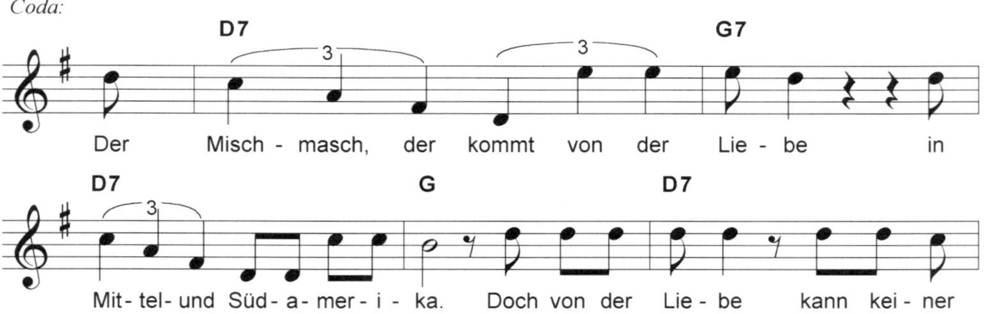

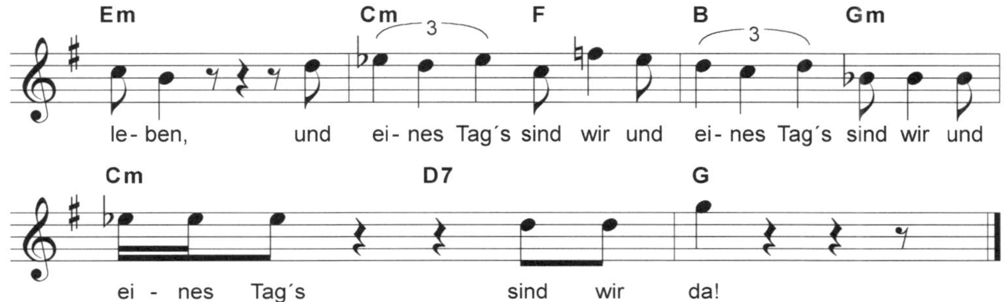
Em Cm F B Gm
3 3
le- ben, und ei- nes Tag´s sind wir und ei- nes Tag´s sind wir und
Cm D7 G
ei - nes Tag´s sind wir da!

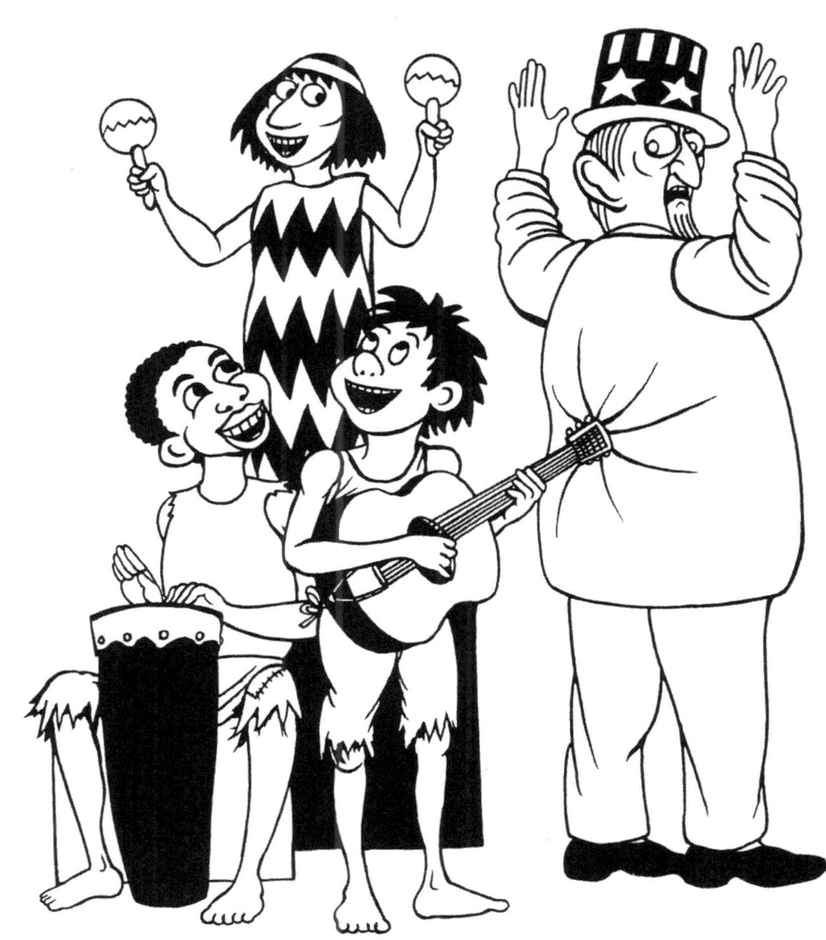

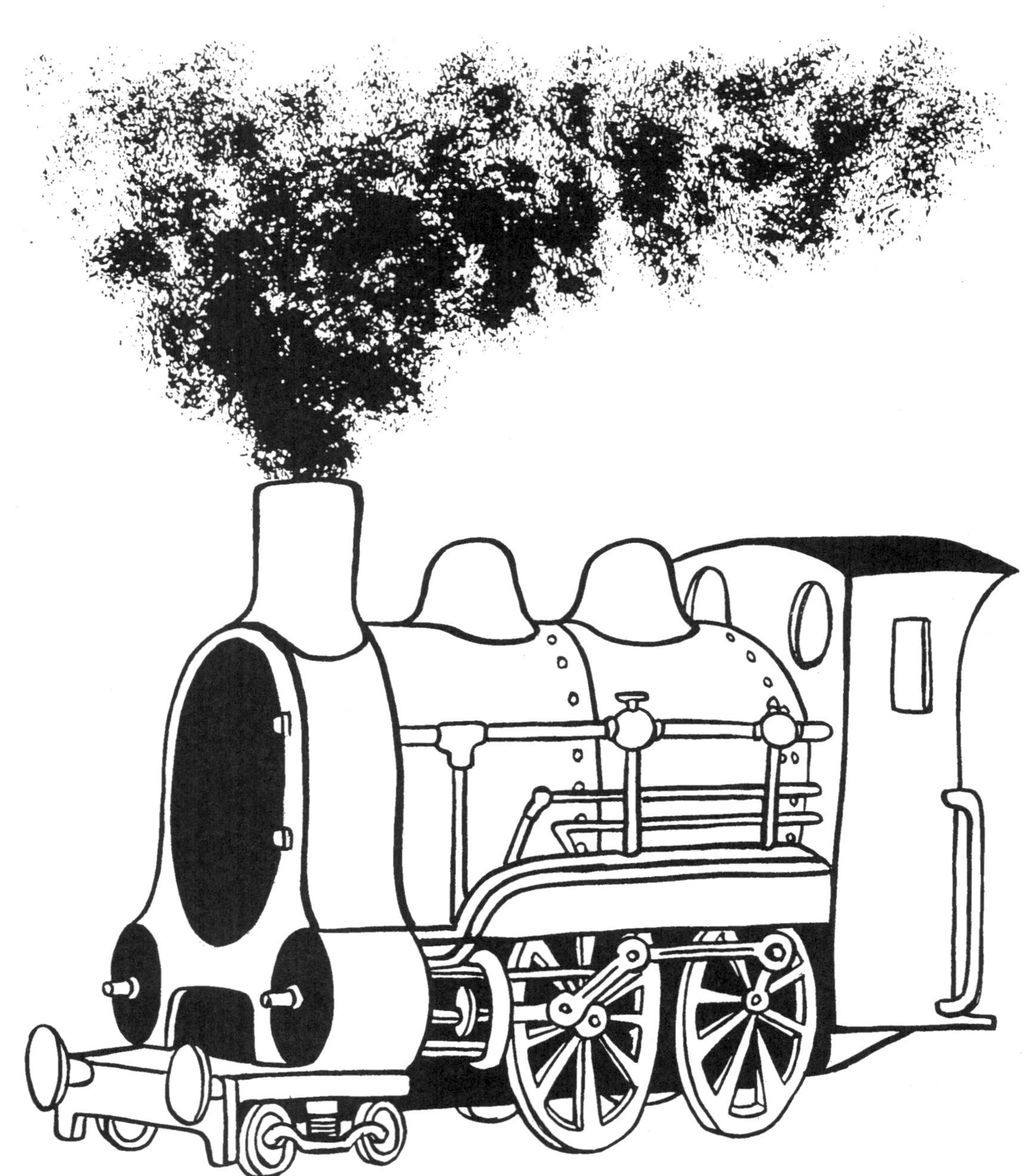

# Lokolieschen

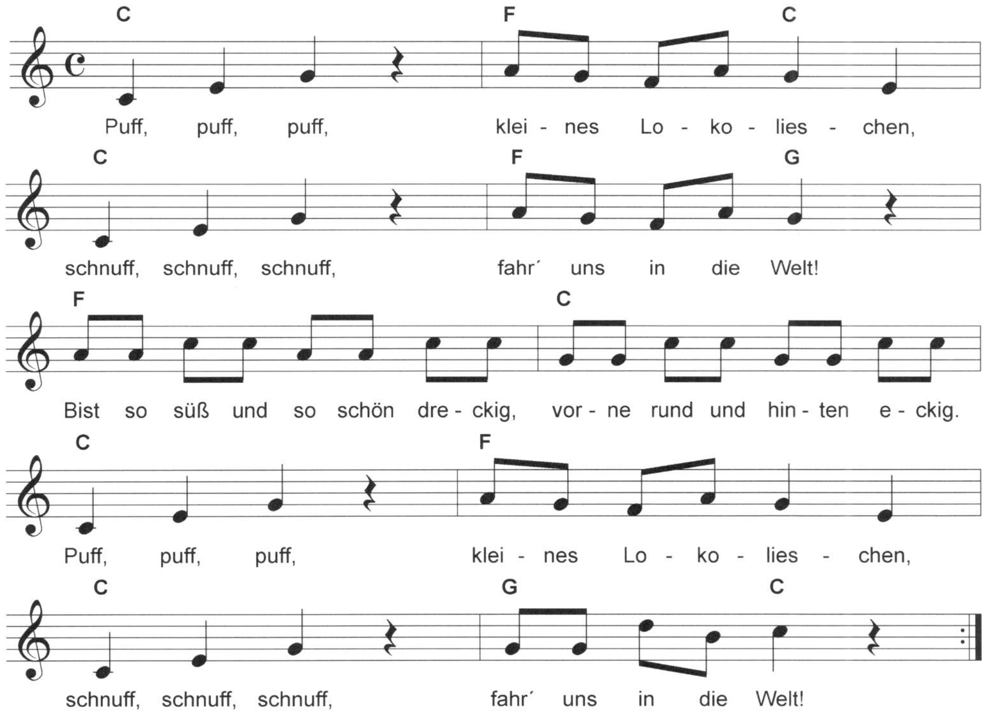


2. Puff, puff, puff,
   kleines Lokolieschen,
   schnuff, schnuff, schnuff,
   nimm uns alle mit!
   Kriegst den schönsten Koks zu fressen:
   Bitte pfeif, wenn wir´s vergessen!

   Puff, puff, puff,
   kleines Lokolieschen,
   schnuff, schnuff, schnuff,
   nimm uns alle mit!

# Mädchen, lasst euch nichts erzählen

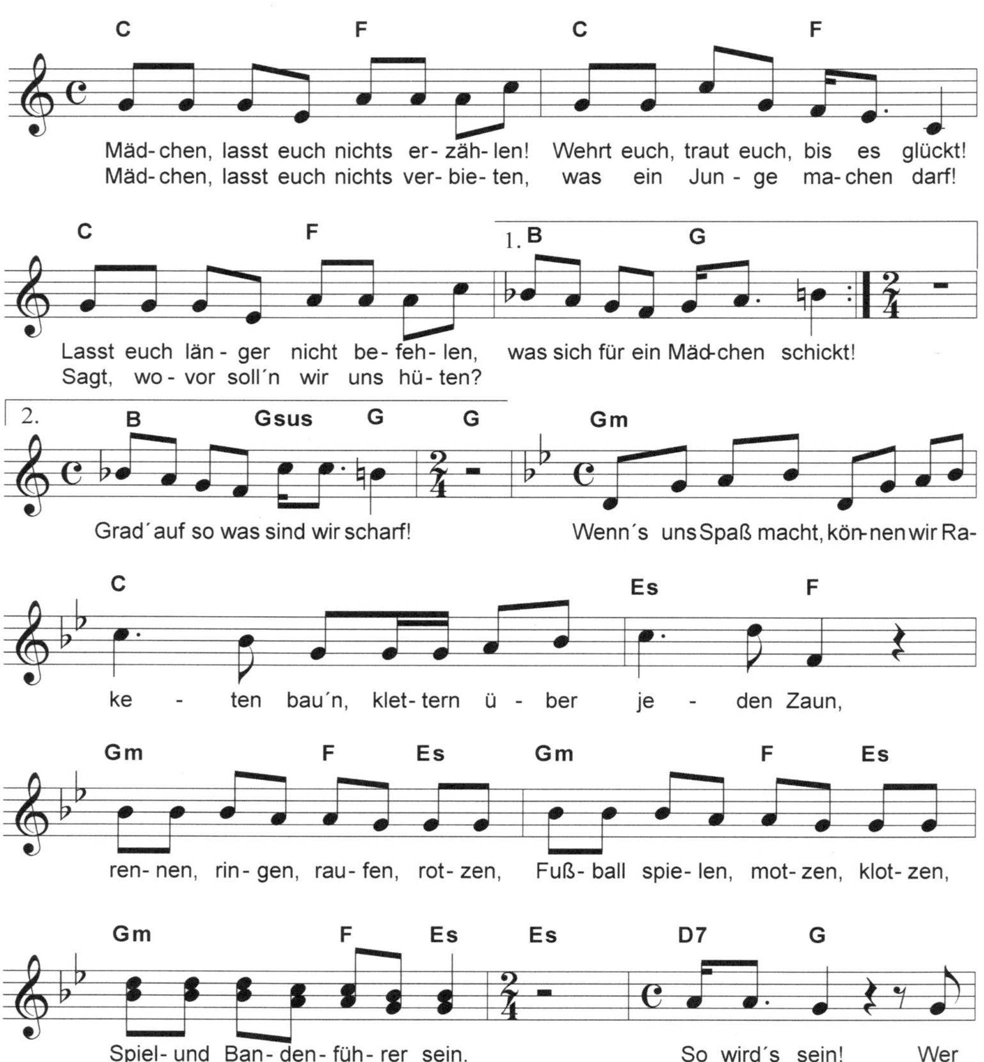

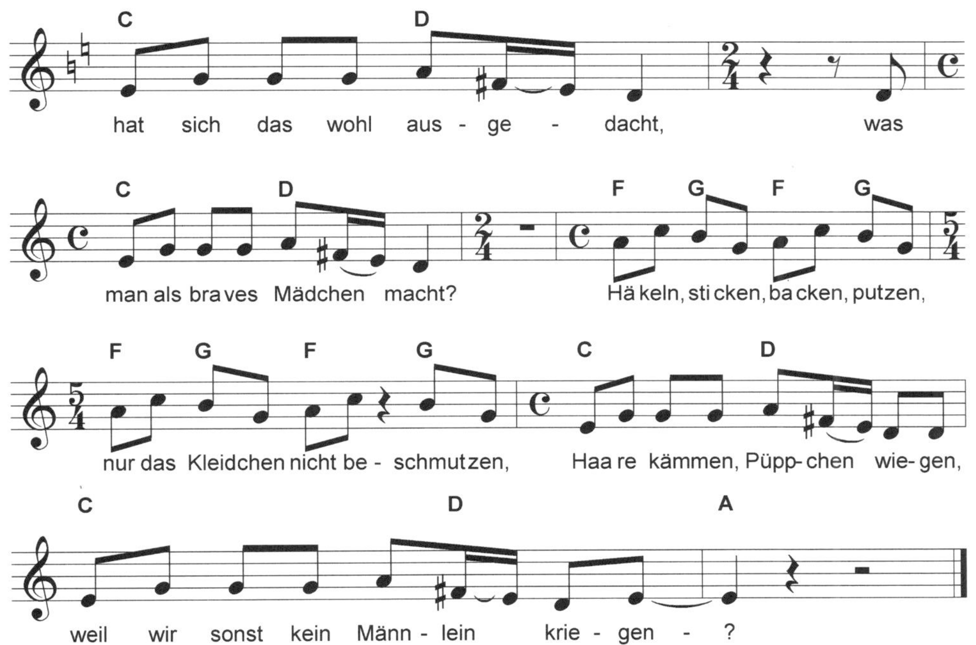


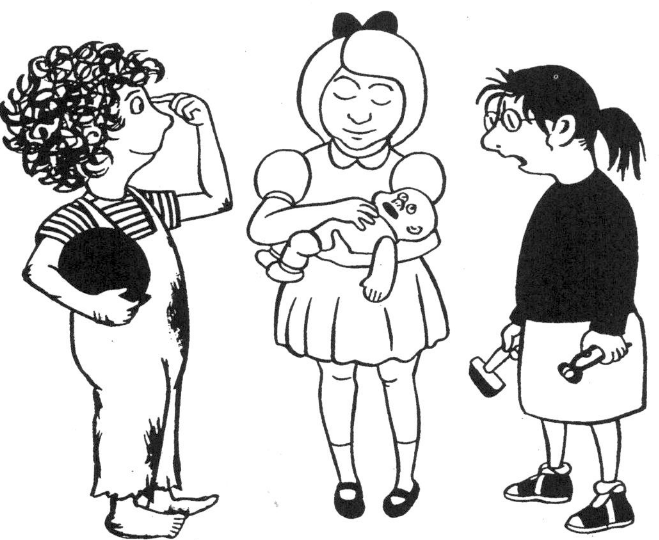

2. Mädchen, lasst euch nichts erzählen!
Wehrt euch, traut euch, bis es glückt!
Lasst euch länger nicht befehlen,
was sich für ein Mädchen schickt!

Mädchen, lasst euch nichts verbieten,
was ein Junge machen darf!
Sagt, wovor soll´n wir uns hüten?
Grad auf sowas sind wir scharf!

Wenn wir groß sind,
gehen wir gemeinsam `ran,
werden wir als Frau und Mann
Bagger, Kran und Haushalt führen,
Babys wickeln, demonstrieren,
wirklich gleiche Menschen sein!
So wird´s sein!

# Manche von uns fahren Rollstuhl

Text: Roy Kift/Volker Ludwig

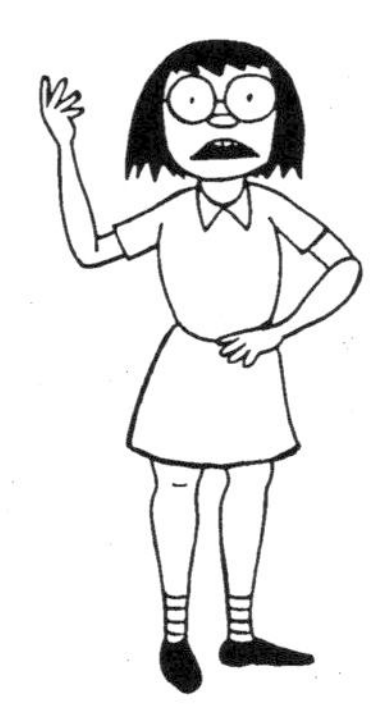

*In dem Stück STÄRKER ALS SUPERMAN singt dieses Lied ein Junge, der seit seiner frühesten Kindheit im Rollstuhl sitzen muß. Es gibt Millionen behinderter Kinder. Sie wollen vor allem eins: dass man sie wie andere Kinder auch – und nicht wie Babys oder Blöde – behandelt. Dann ist man nämlich selber blöde.*

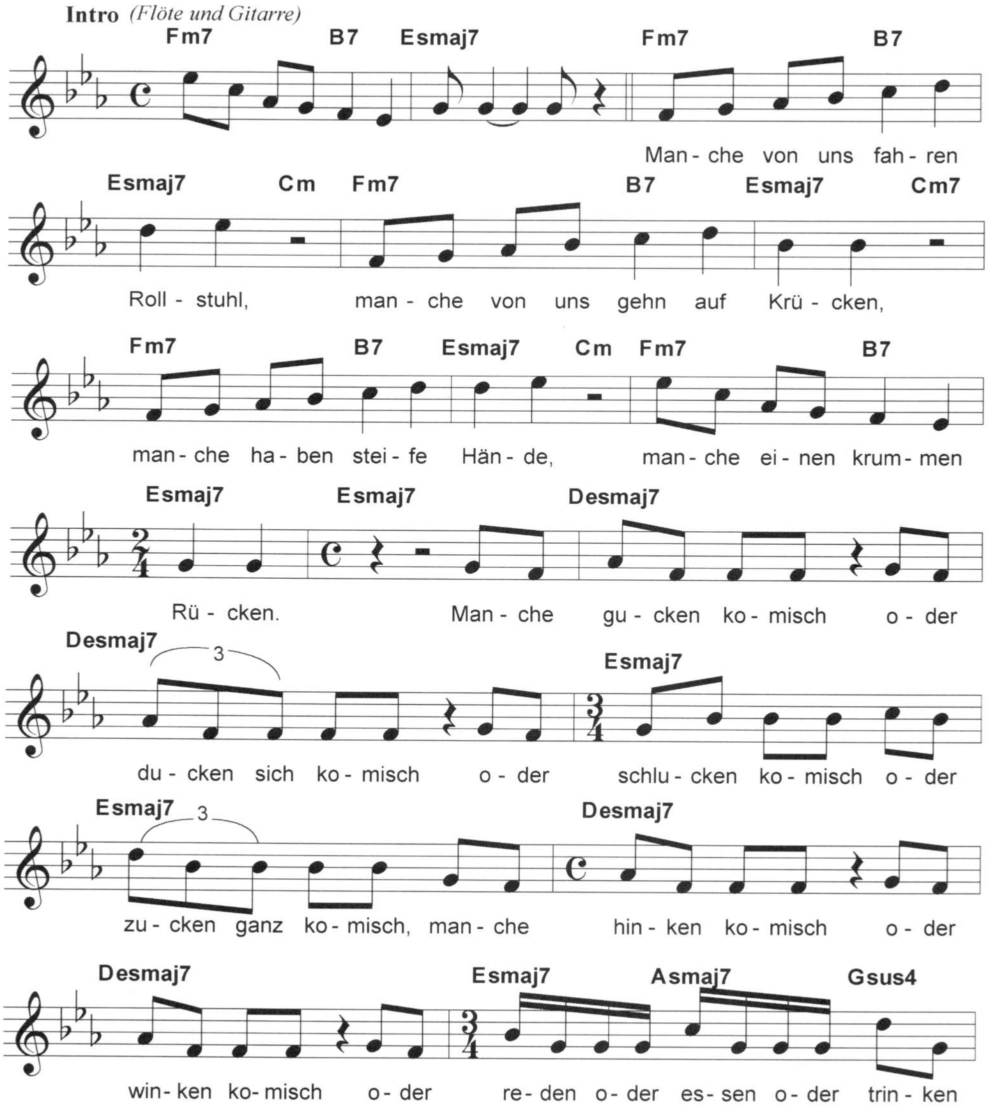

**Intro** *(Flöte und Gitarre)*

Fm7 B7 Esmaj7 Fm7 B7

Man - che von uns fah - ren

Esmaj7 Cm Fm7 B7 Esmaj7 Cm7

Roll - stuhl, man - che von uns gehn auf Krü - cken,

Fm7 B7 Esmaj7 Cm Fm7 B7

man - che ha - ben stei - fe Hän - de, man - che ei - nen krum - men

Esmaj7 Esmaj7 Desmaj7

Rü - cken. Man - che gu - cken ko - misch o - der

Desmaj7 Esmaj7

du - cken sich ko - misch o - der schlu - cken ko - misch o - der

Esmaj7 Desmaj7

zu - cken ganz ko - misch, man - che hin - ken ko - misch o - der

Desmaj7 Esmaj7 Asmaj7 Gsus4

win - ken ko - misch o - der re - den o - der es - sen o - der trin - ken

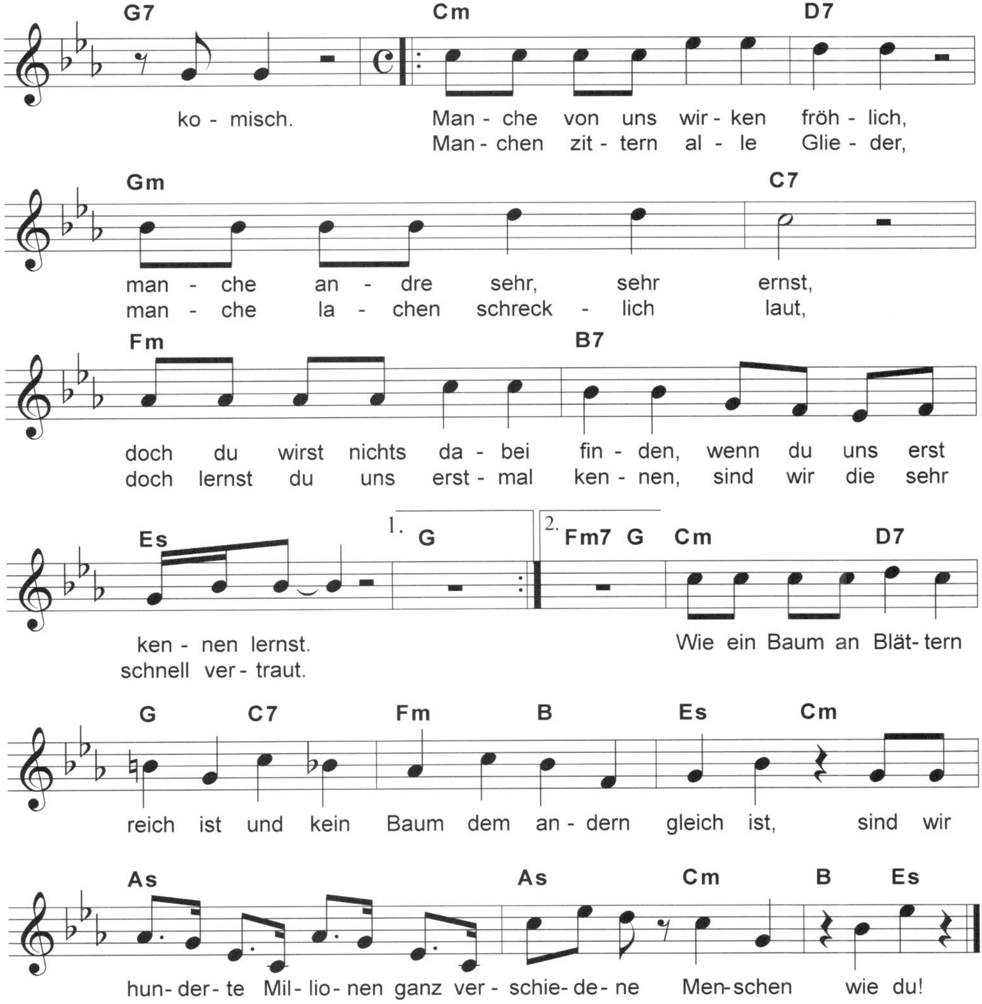
G7 Cm D7
ko - misch. Man - che von uns wir - ken fröh - lich,
Man - chen zit - tern al - le Glie - der,
Gm C7
man - che an - dre sehr, sehr ernst,
man - che la - chen schreck - lich laut,
Fm B7
doch du wirst nichts da - bei fin - den, wenn du uns erst
doch lernst du uns erst - mal ken - nen, sind wir die sehr
Es 1. G 2. Fm7 G Cm D7
ken - nen lernst. Wie ein Baum an Blät- tern
schnell ver - traut.
G C7 Fm B Es Cm
reich ist und kein Baum dem an - dern gleich ist, sind wir
As As Cm B Es
hun- der- te Mil- lio- nen ganz ver - schie- de- ne Men-schen wie du!

# Manchmal hab' ich Wut

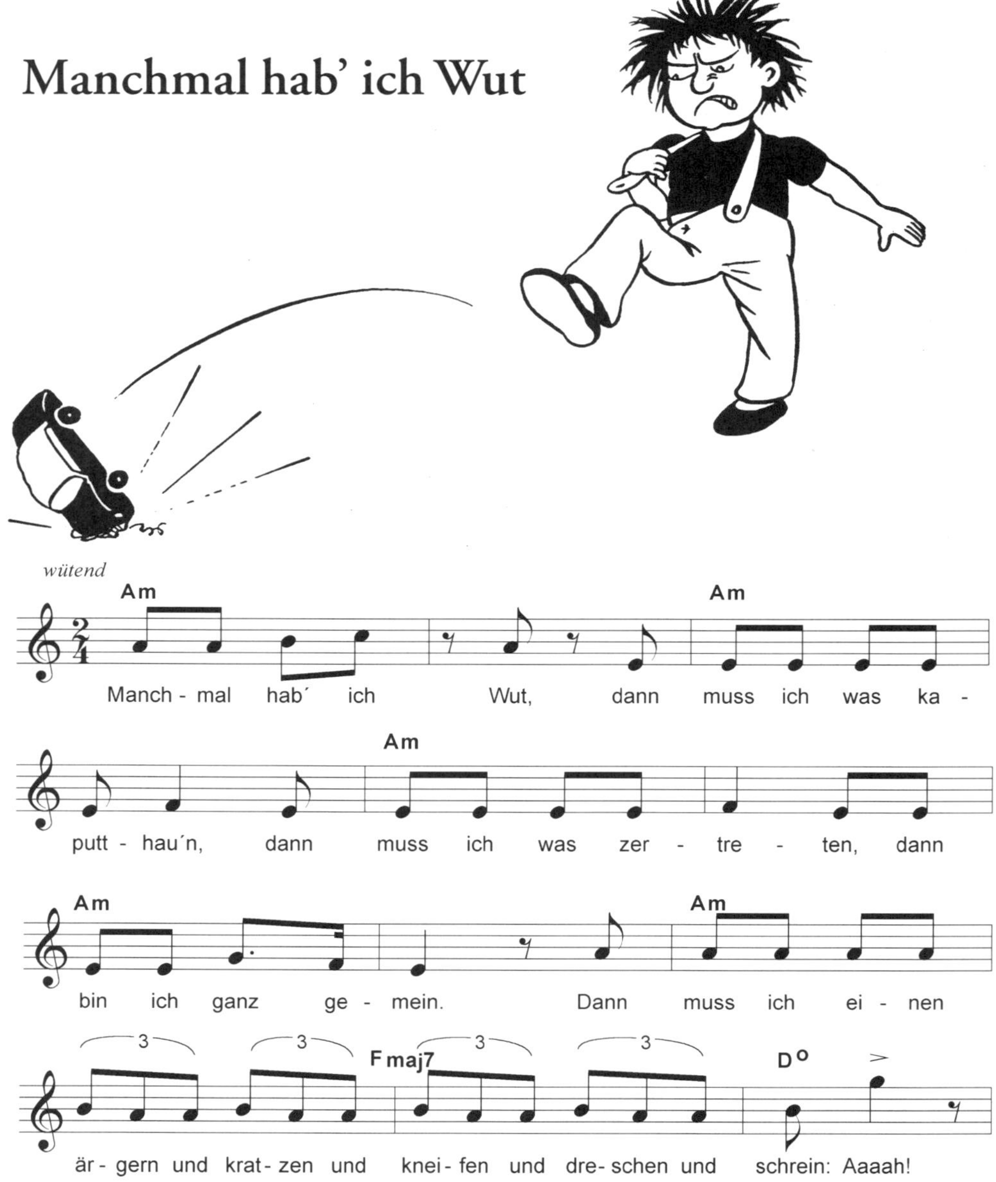

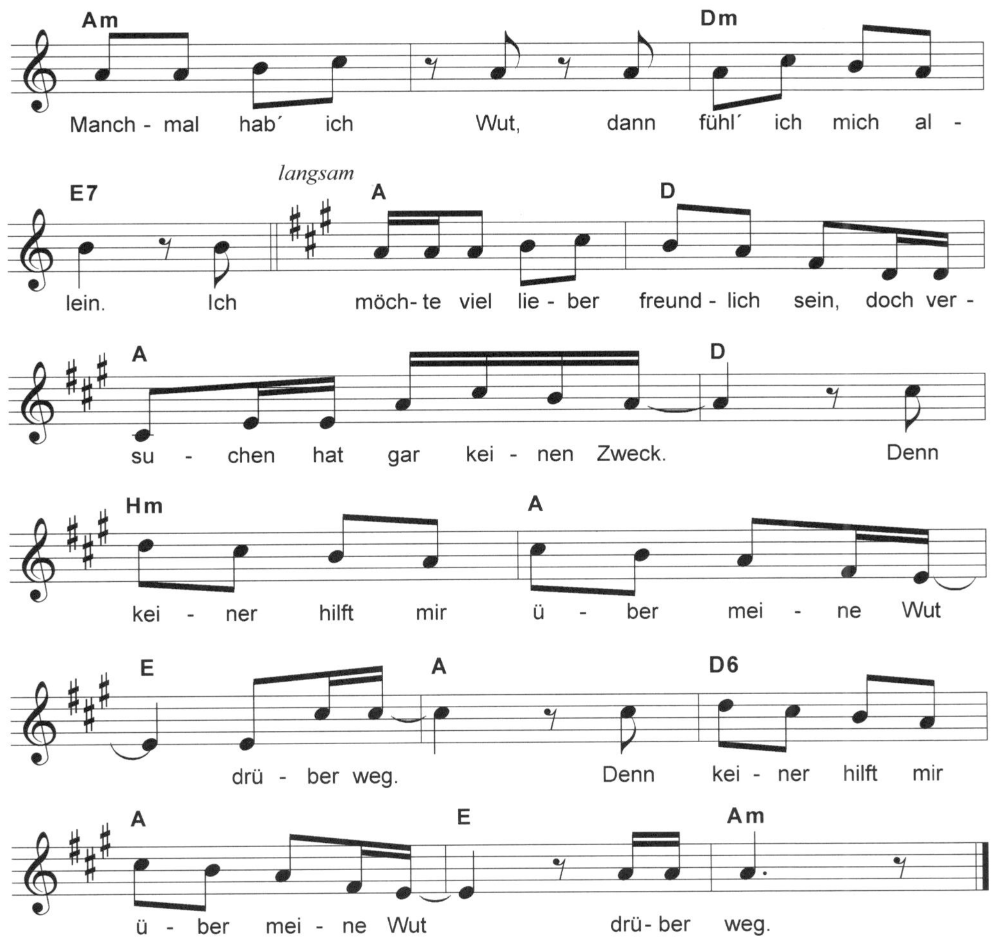


2. Manchmal hab´ ich Wut,
denn alle sind so ungerecht
und keiner kann mich leiden
und keiner mich versteh´n.
Dann find´ ich euch alle blöde und dämlich
und will überhaupt keinen sehn: Bääääääh!
Manchmal hab´ ich Wut,
die will und will nicht geh´n.

Ich möchte viel lieber freundlich sein...

# Man muss sich nur wehren

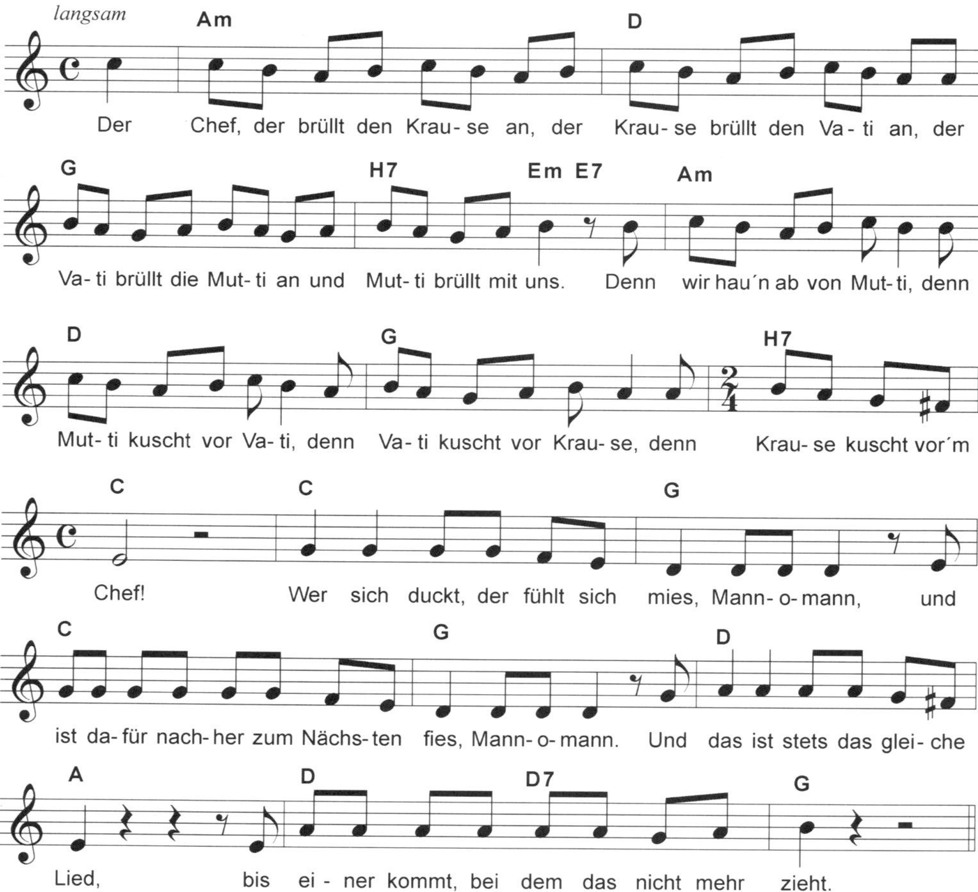

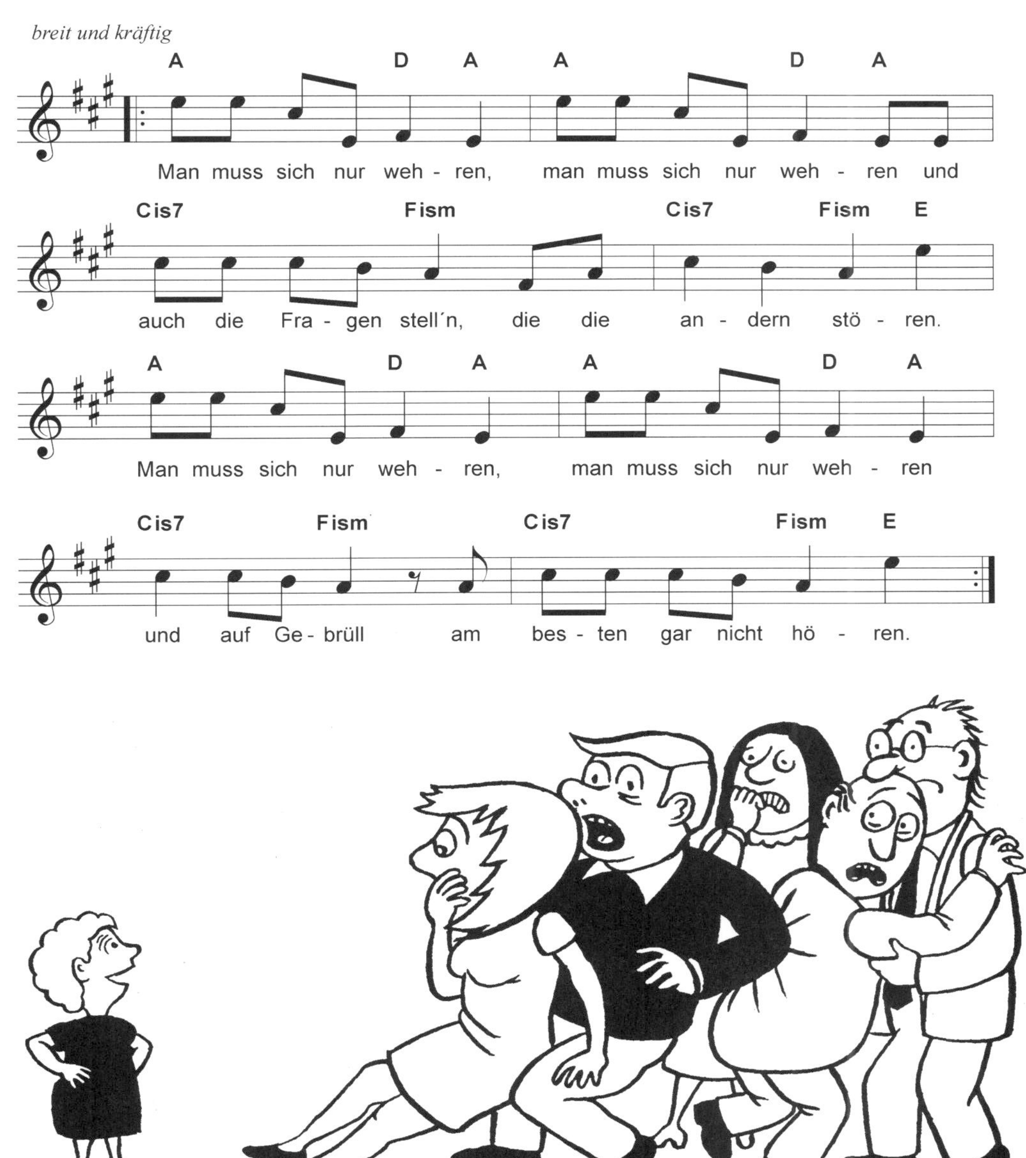
breit und kräftig
A D A A D A
Man muss sich nur weh - ren, man muss sich nur weh - ren und
Cis7 Fism Cis7 Fism E
auch die Fra - gen stell´n, die die an - dern stö - ren.
A D A A D A
Man muss sich nur weh - ren, man muss sich nur weh - ren
Cis7 Fism Cis7 Fism E
und auf Ge - brüll am bes - ten gar nicht hö - ren.

# Mannomann

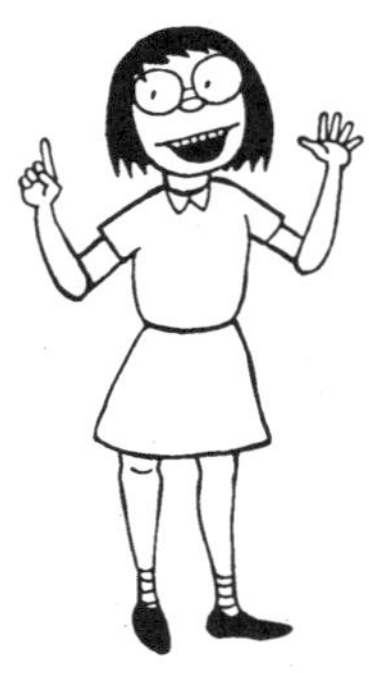

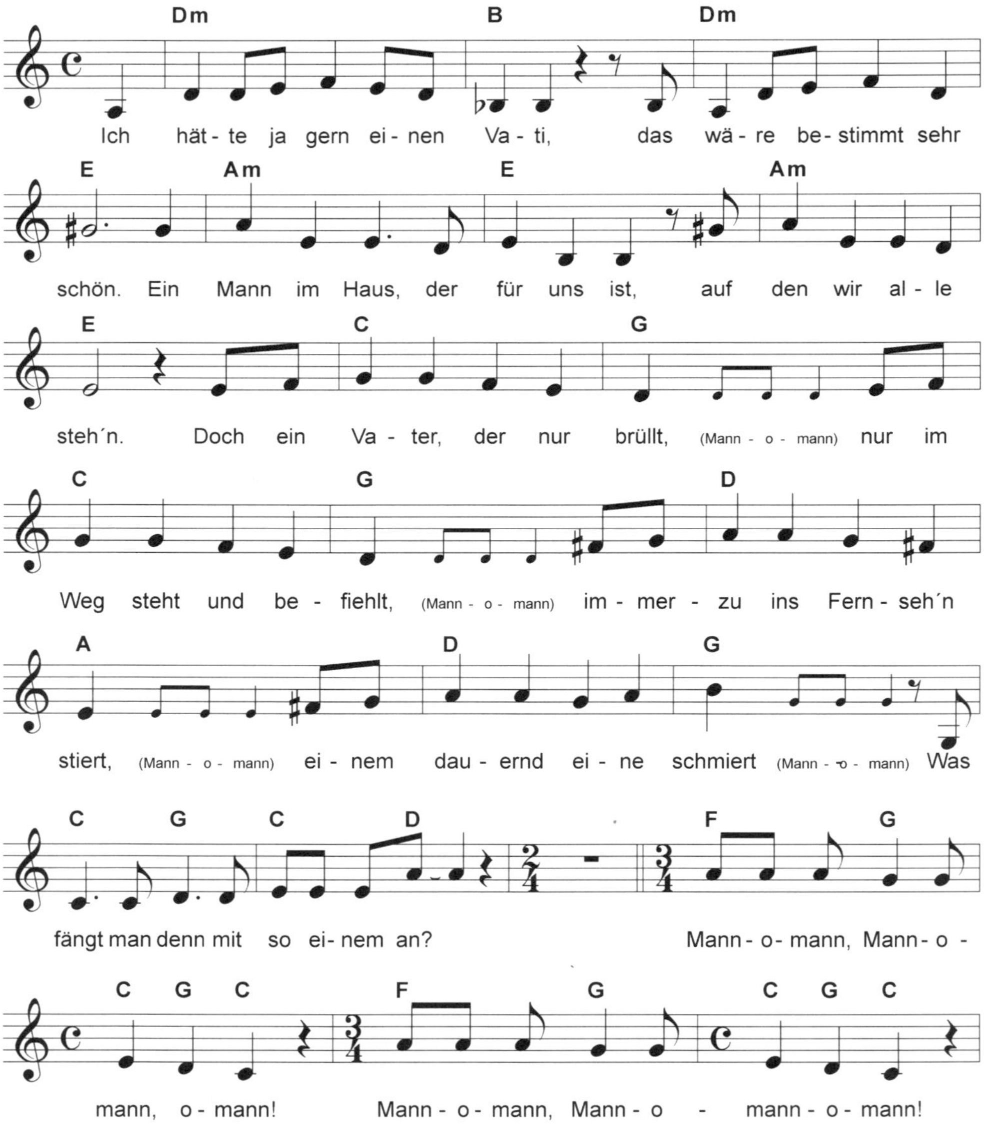

*In dem Stück MANNOMANN! singen das Lied zwei Kinder, die keinen Vater haben, aber auch keinen Brüll-Vater wie den ihrer Freunde haben wollen. Der Refrain (so heißt der letzte Teil vom Lied, der immer wiederholt wird) wird von den Zuschauern meistens mitgesungen.*

Dm B Dm
Ich hät - te ja gern ei - nen Va - ti, das wä - re be - stimmt sehr

E Am E Am
schön. Ein Mann im Haus, der für uns ist, auf den wir al - le

E C G
steh´n. Doch ein Va - ter, der nur brüllt, (Mann - o - mann) nur im

C G D
Weg steht und be - fiehlt, (Mann - o - mann) im - mer - zu ins Fern - seh´n

A D G
stiert, (Mann - o - mann) ei - nem dau - ernd ei - ne schmiert (Mann - o - mann) Was

C G C D F G
fängt man denn mit so ei - nem an? Mann - o - mann, Mann - o -

C G C F G C G C
mann, o - mann! Mann - o - mann, Mann - o - mann - o - mann!

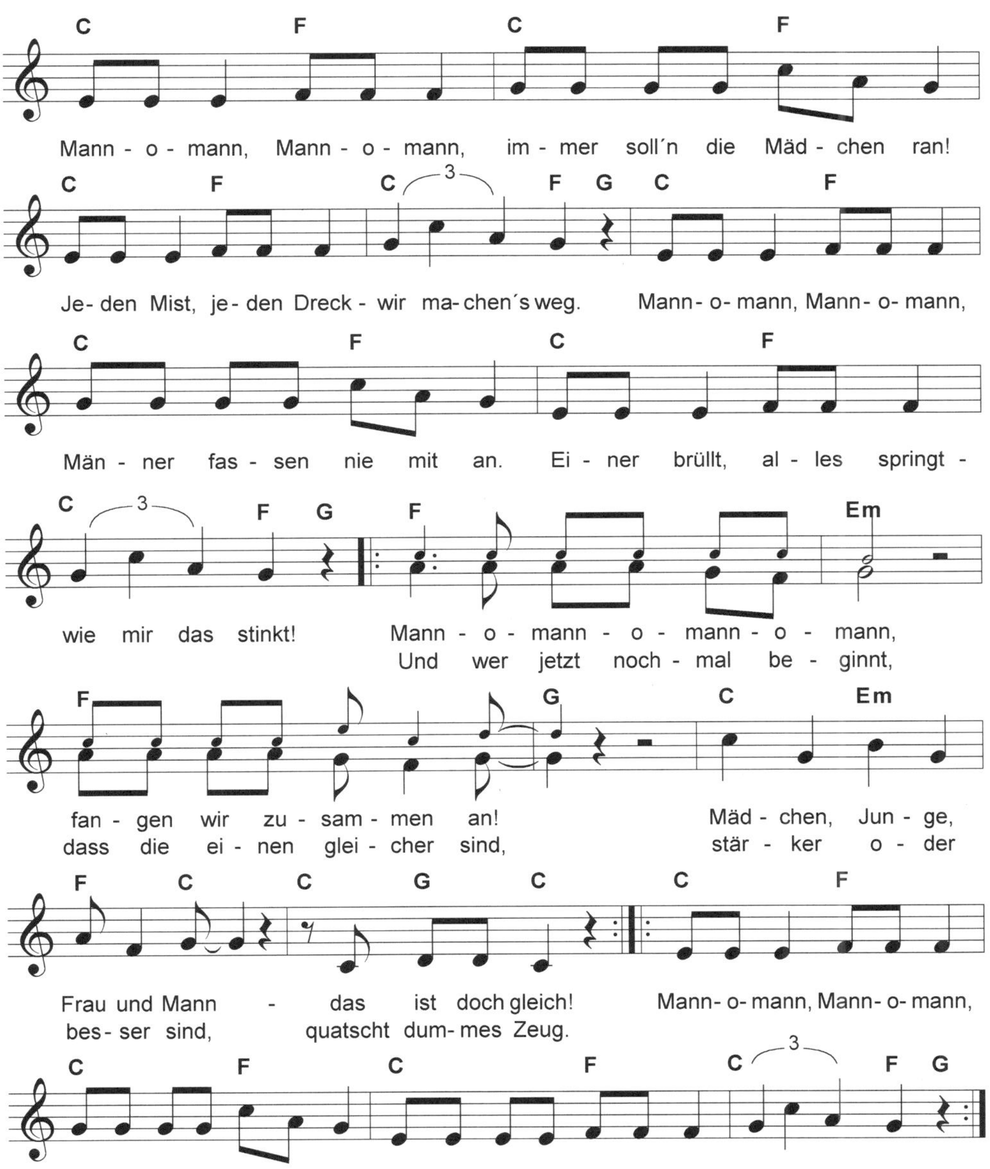
C F C F
Mann - o - mann, Mann - o - mann, im - mer soll´n die Mäd - chen ran!
C F C 3 F G C F
Je- den Mist, je- den Dreck - wir ma- chen´s weg. Mann- o- mann, Mann- o- mann,
C F C F
Män - ner fas - sen nie mit an. Ei - ner brüllt, al - les springt -
C 3 F G F Em
wie mir das stinkt! Mann - o - mann - o - mann - o - mann,
Und wer jetzt noch - mal be - ginnt,
F G C Em
fan - gen wir zu - sam - men an! Mäd - chen, Jun - ge,
dass die ei - nen glei - cher sind, stär - ker o - der
F C C G C C F
Frau und Mann - das ist doch gleich! Mann- o- mann, Mann- o- mann,
bes- ser sind, quatscht dum- mes Zeug.
C F C F C 3 F G
fan- gen wir zu- sam-men an! Mäd-chen, Jun- ge, Frau und Mann - das ist doch gleich!

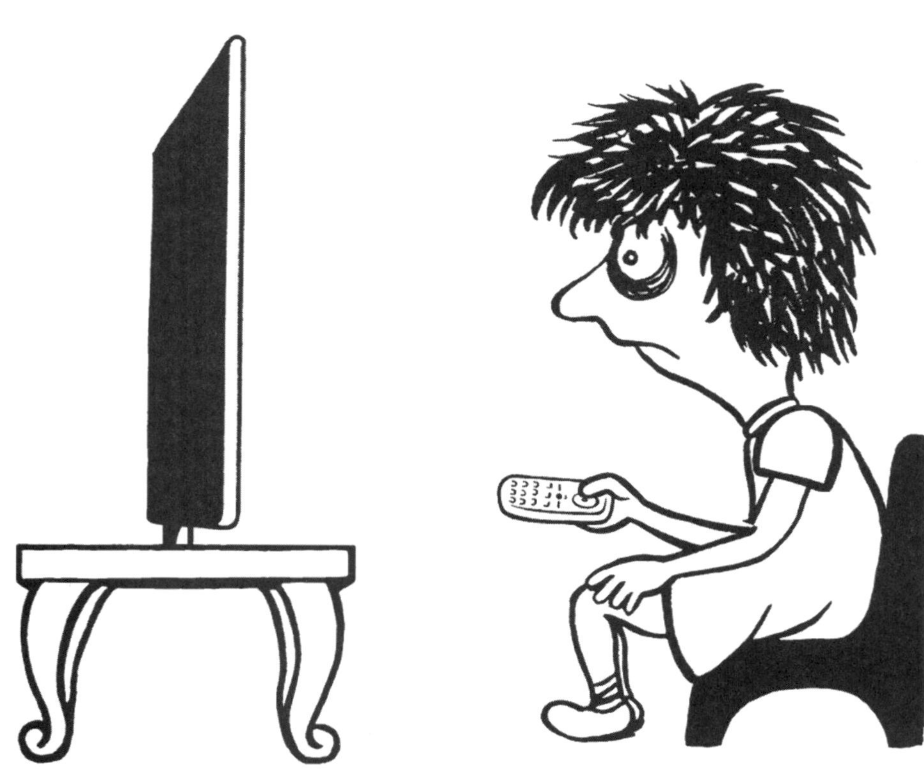

# Mattscheiben-Milli

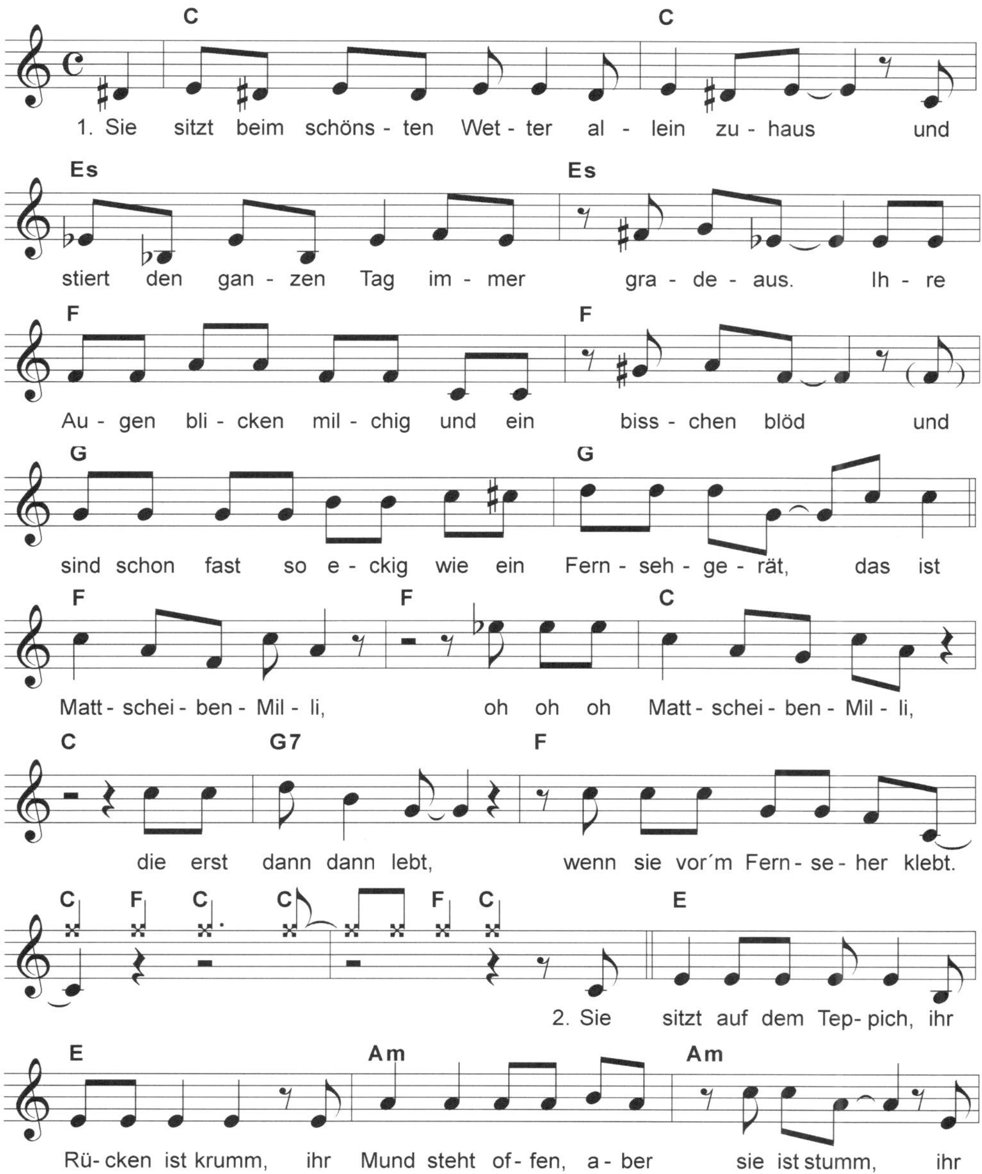

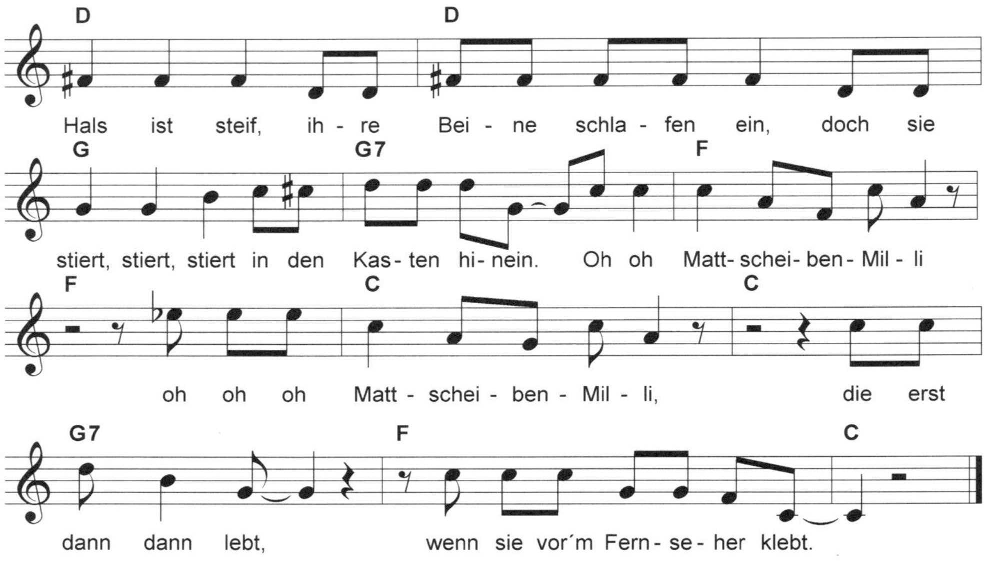


3. Ob Schnapsreklame, Schlager oder Nachrichtenmann,
   die Milli sieht sich alles, auch das Langweiligste an.
   Doch wenn die Mutter kommt und will den Kasten abdreh´n,
   schreit sie: "Mutti! Mutti! Anlassen! Ich muss das seh´n!"

   Oh oh oh Mattscheiben-Milli
   oh oh oh Mattscheiben-Milli,
   die klebt vor der Röhre,
   ja die geht nicht mal auf´s Klo!

4. Sie kann nicht mehr rennen, dazu ist sie zu krumm.
   Sie kann nicht mehr singen, dazu ist sie zu stumm.
   Vor den Augen hat sie andauernd so ein Flimmern
   und kann nur noch Waschmittel-Werbesprüche wimmern.

   Oh oh oh Mattscheiben-Milli
   yeah yeah yeah Mattscheiben-Milli,
   benutz mal deinen Kopf
   - und den Abschalteknopf!

# Meine Eltern sind geschieden

*erste, dritte und fünfte Strophe:*

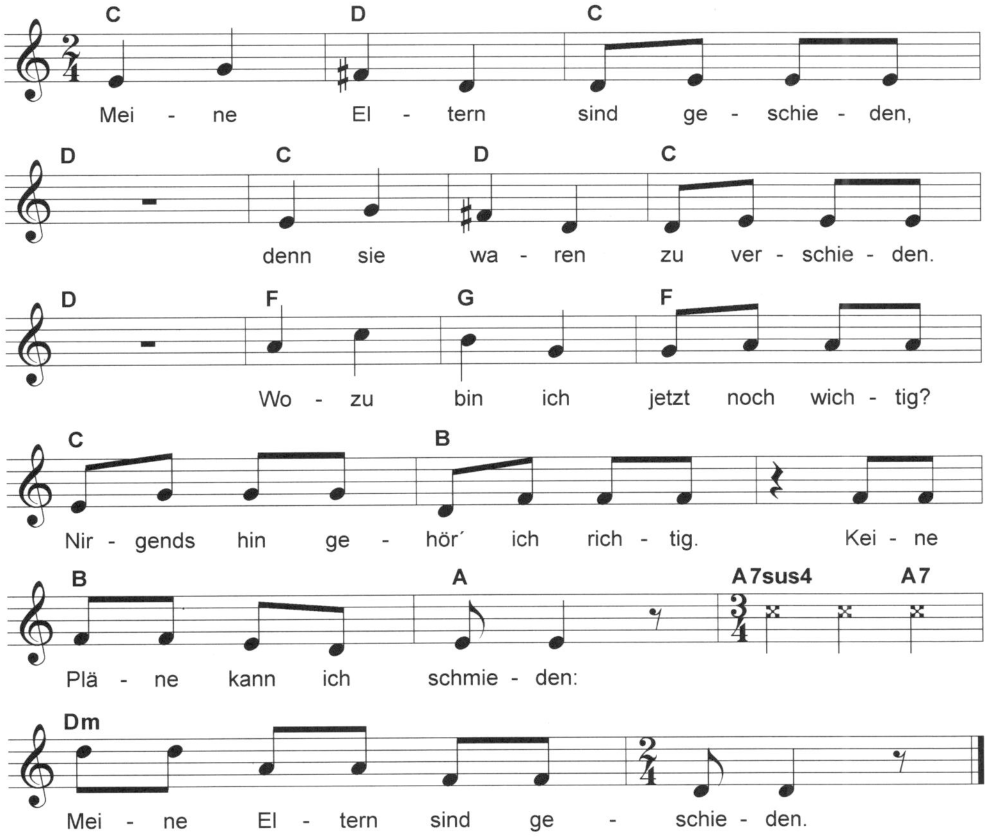

C D C
Mei - ne El - tern sind ge - schie - den,

D C D C
denn sie wa - ren zu ver - schie - den.

D F G F
Wo - zu bin ich jetzt noch wich - tig?

C B
Nir - gends hin ge - hör´ ich rich - tig. Kei - ne

B A A7sus4 A7
Plä - ne kann ich schmie - den:

Dm
Mei - ne El - tern sind ge - schie - den.

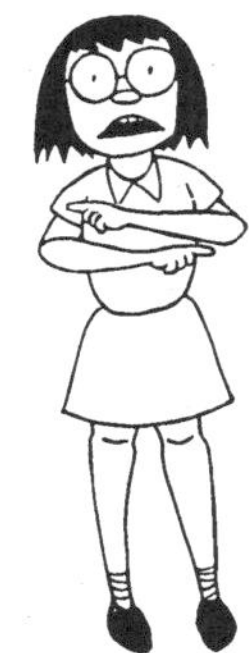

*Sehr viele Kinder haben heute Eltern, die geschieden sind. Es ist gut, sich seinen Ärger mal aus der Kehle zu singen und zu wissen: Anderen geht es so wie mir. Manchen Kindern geht es übrigens noch schlechter, obwohl ihre Eltern zusammen sind.*

*zweite und vierte Strophe:*

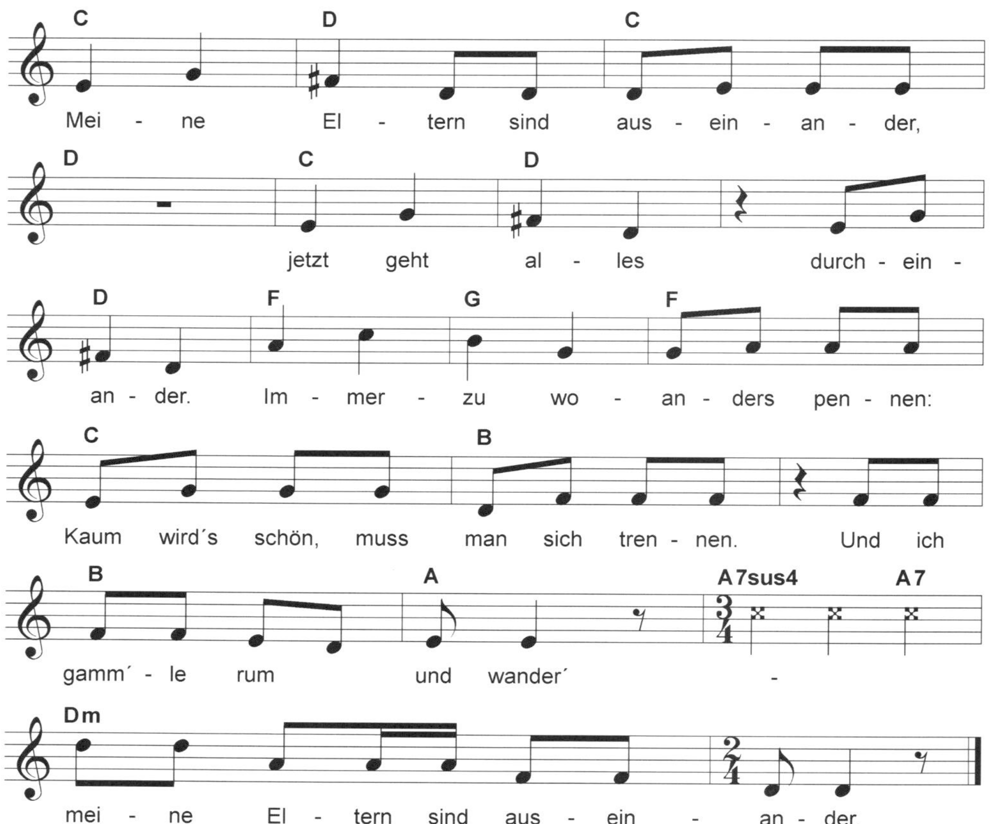


3. Meine Eltern sind geschieden,
denn sie waren zu verschieden.
Beide woll´n, dass ich sie liebe,
doch nur, wenn ich ganz viel kriege,
bin ich lieb - was denken die denn!
Meine Eltern sind geschieden.

4. Meine Eltern ham sich über,
ihre Ehe ist hinüber.
Aber vorher war´s noch schlimmer,
denn da stritten sie sich immer.
Da ist mir das so fast lieber -
meine Eltern ham sich über.

5. Meine Eltern sind geschieden,
denn sie waren zu verschieden.
Und ich bin zu allen hässlich
und ich find mich selber grässlich.
Ich will nett sein - aber wie denn?
Meine Eltern sind geschieden.

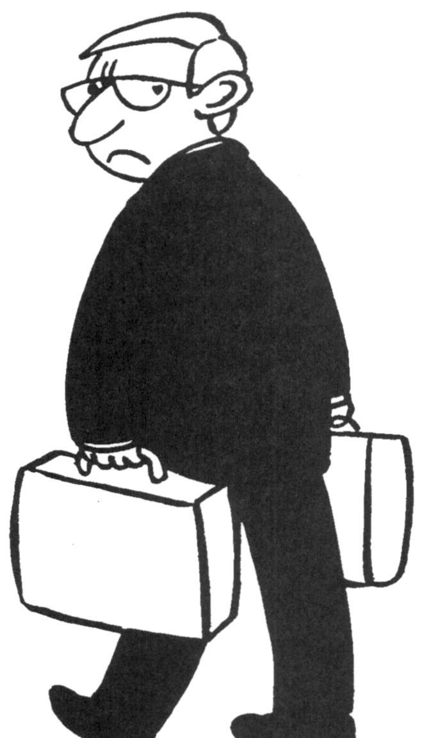

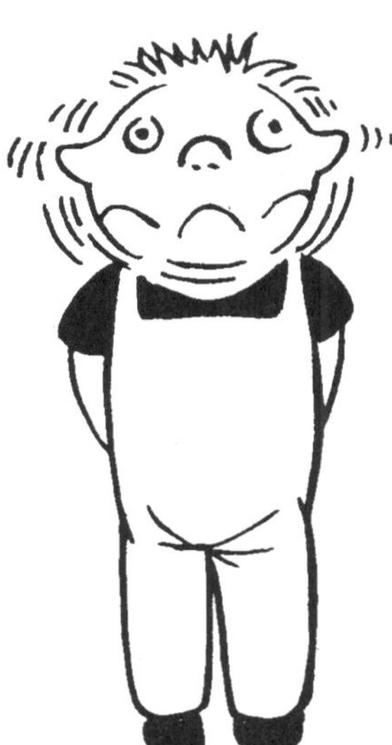

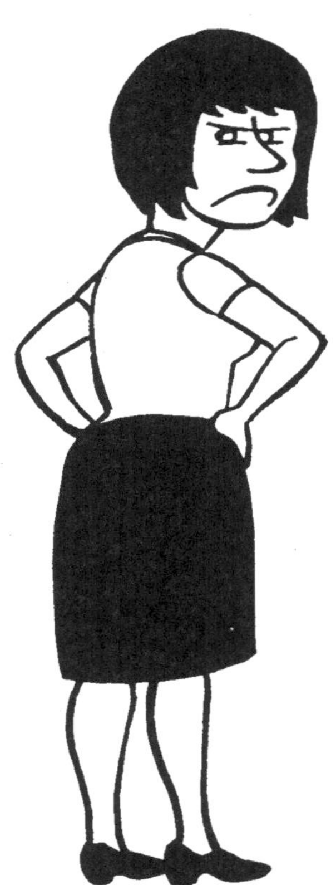

# Meine Oma

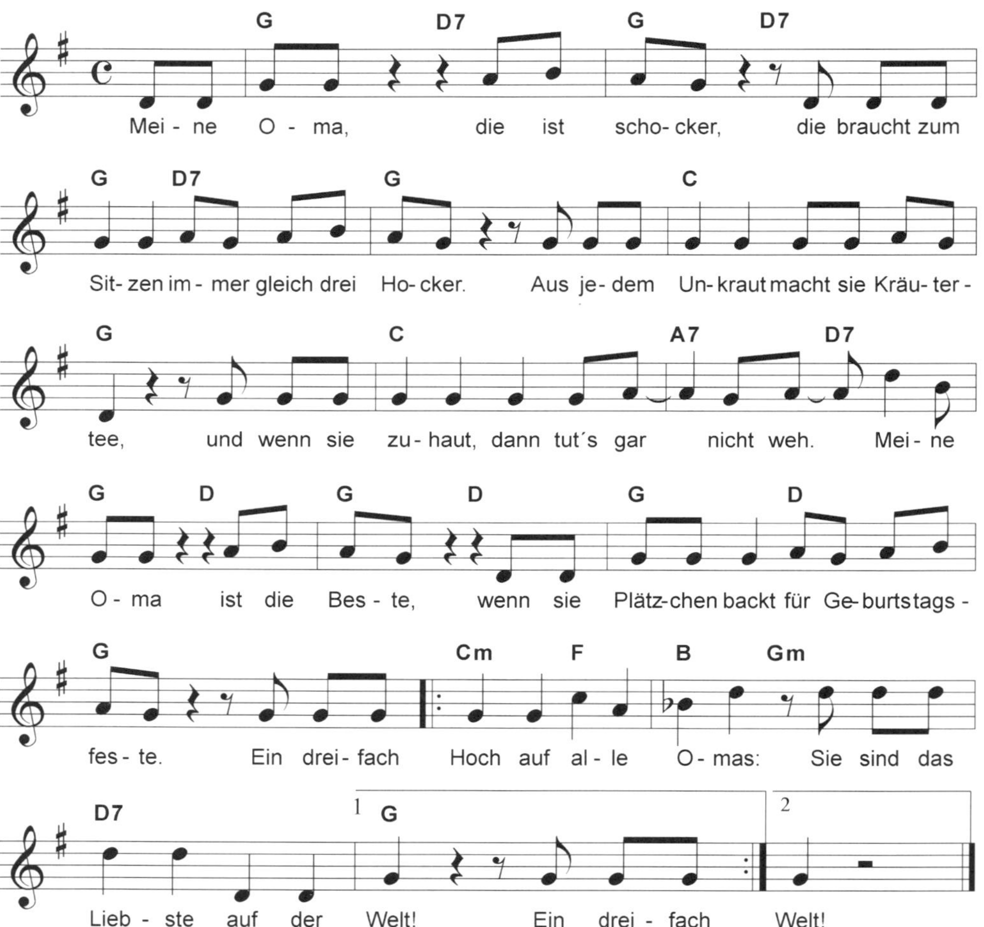


2. Meine Oma, die ist spitze,
die erzählt seit fünfzig Jahr´n dieselben Witze.
Da darf ich soviel essen, wie ich kann,
und jeden Abend ist ein neues Märchen dran.
Meine Oma ist die Größte,
wenn ich klecker´, sagt sie höchstens:
„Also weeßte ..."
Ein dreifach Hoch ...

3. Meine Oma, die ist richtig,
die nimmt den Ernst des Lebens nicht so wichtig.
Sie fährt kein Stinkeauto, sondern Fahrrad
und macht ´n Köpper jeden Donnerstag im Hallenbad.
Meine Oma ist die Schönste,
Wenn du die mit ihrem Hut siehst,
hach, dann stöhnste!
Ein dreifach Hoch...

4. Meine Oma ist die Stärkste.
Nur wenn sie schummeln will beim Kartenspiel - das merkste.
Hast du mal Kummer, kommt sie gleich gerannt.
Beim Naseputzen trötet sie wie´n Elefant.
Meine Oma, die ist Klasse,
von der hab´ ich
so ´ne große Kaffetasse.
Ein dreifach Hoch...

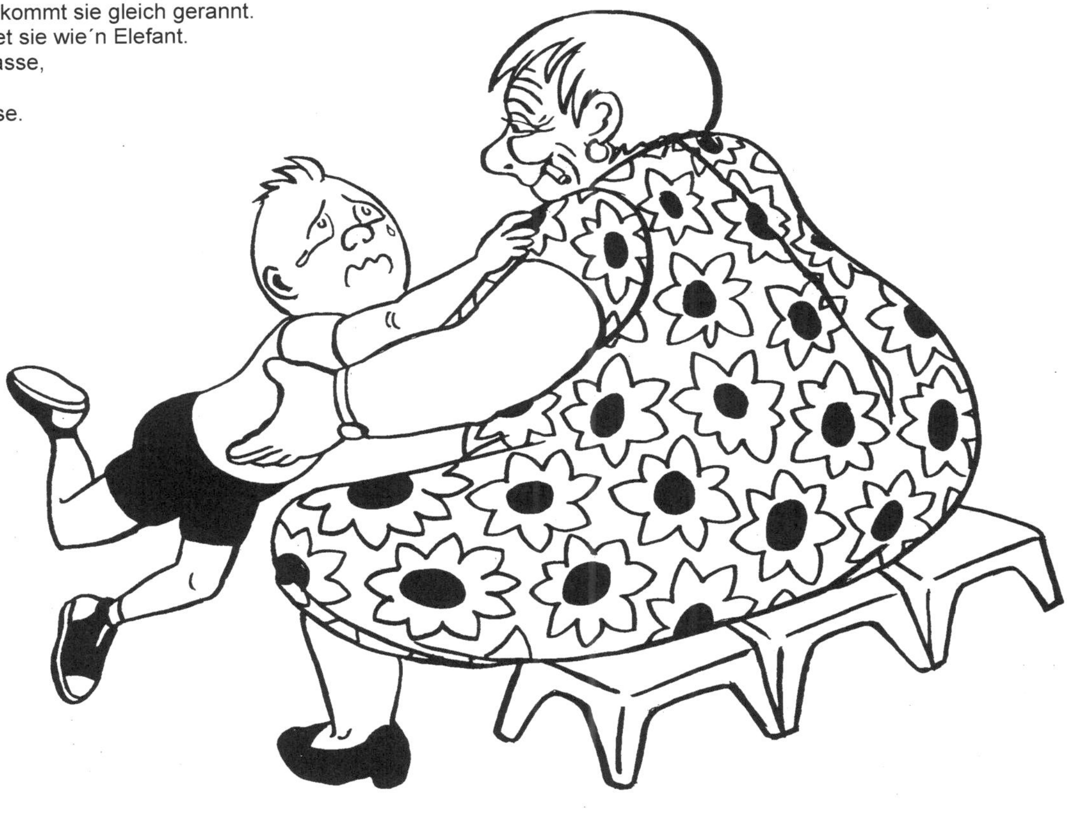

# Meins oder deins

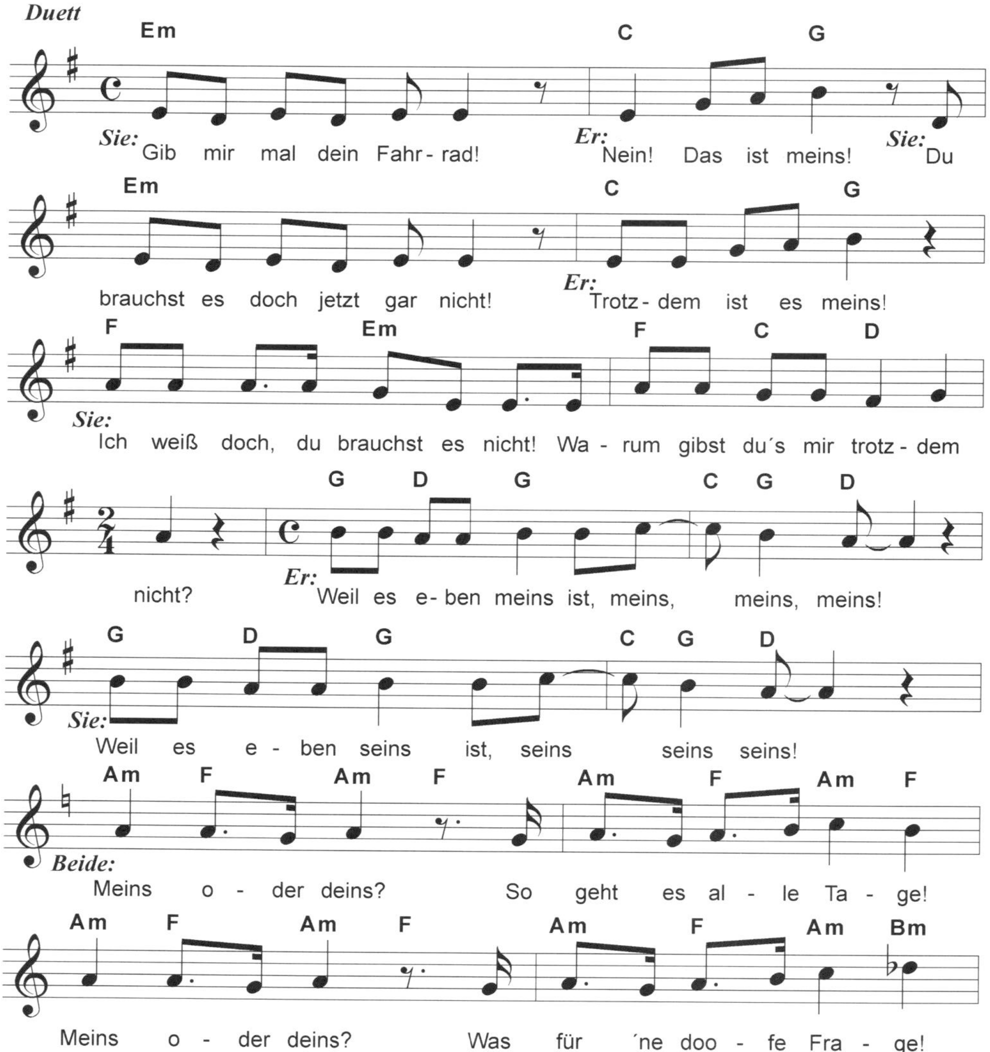

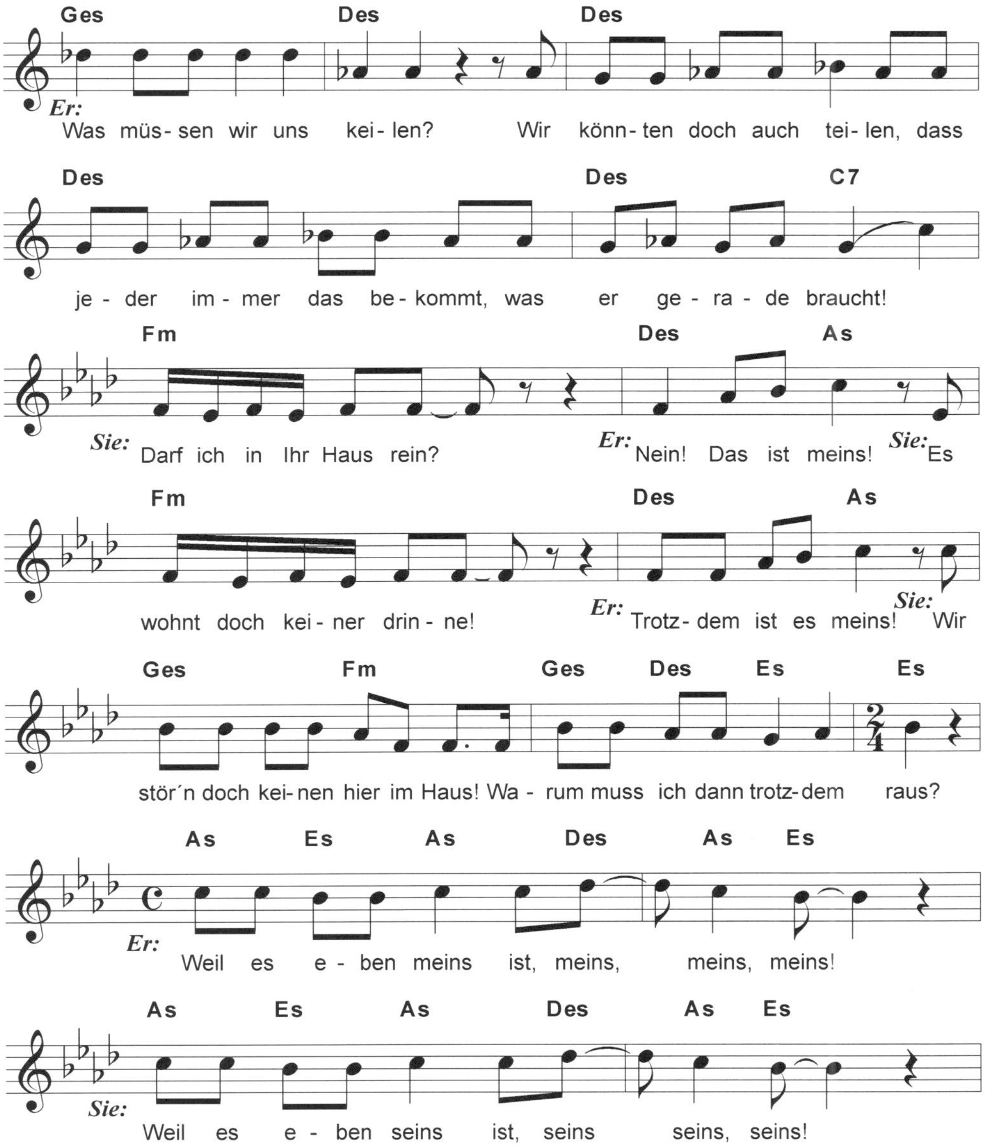

Ges Des Des

*Er:* Was müs- sen wir uns kei- len? Wir könn- ten doch auch tei- len, dass

Des Des C7

je - der im - mer das be - kommt, was er ge - ra - de braucht!

Fm Des As

*Sie:* Darf ich in Ihr Haus rein? *Er:* Nein! Das ist meins! *Sie:* Es

Fm Des As

wohnt doch kei - ner drin - ne! *Er:* Trotz- dem ist es meins! *Sie:* Wir

Ges Fm Ges Des Es Es

stör´n doch kei- nen hier im Haus! Wa - rum muss ich dann trotz- dem raus?

As Es As Des As Es

*Er:* Weil es e - ben meins ist, meins, meins, meins!

As Es As Des As Es

*Sie:* Weil es e - ben seins ist, seins seins, seins!

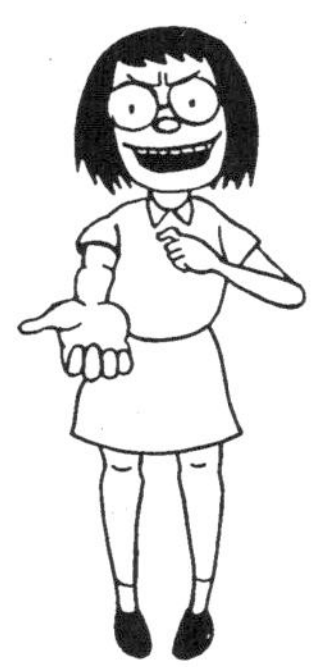

*„Gib her, das ist meins!“*
*So fängt meistens der Streit beim Spielen an. Mit diesem Lied könnt ihr den Streit selber spielen, wenn ihr es mit verteilten Rollen singt.*

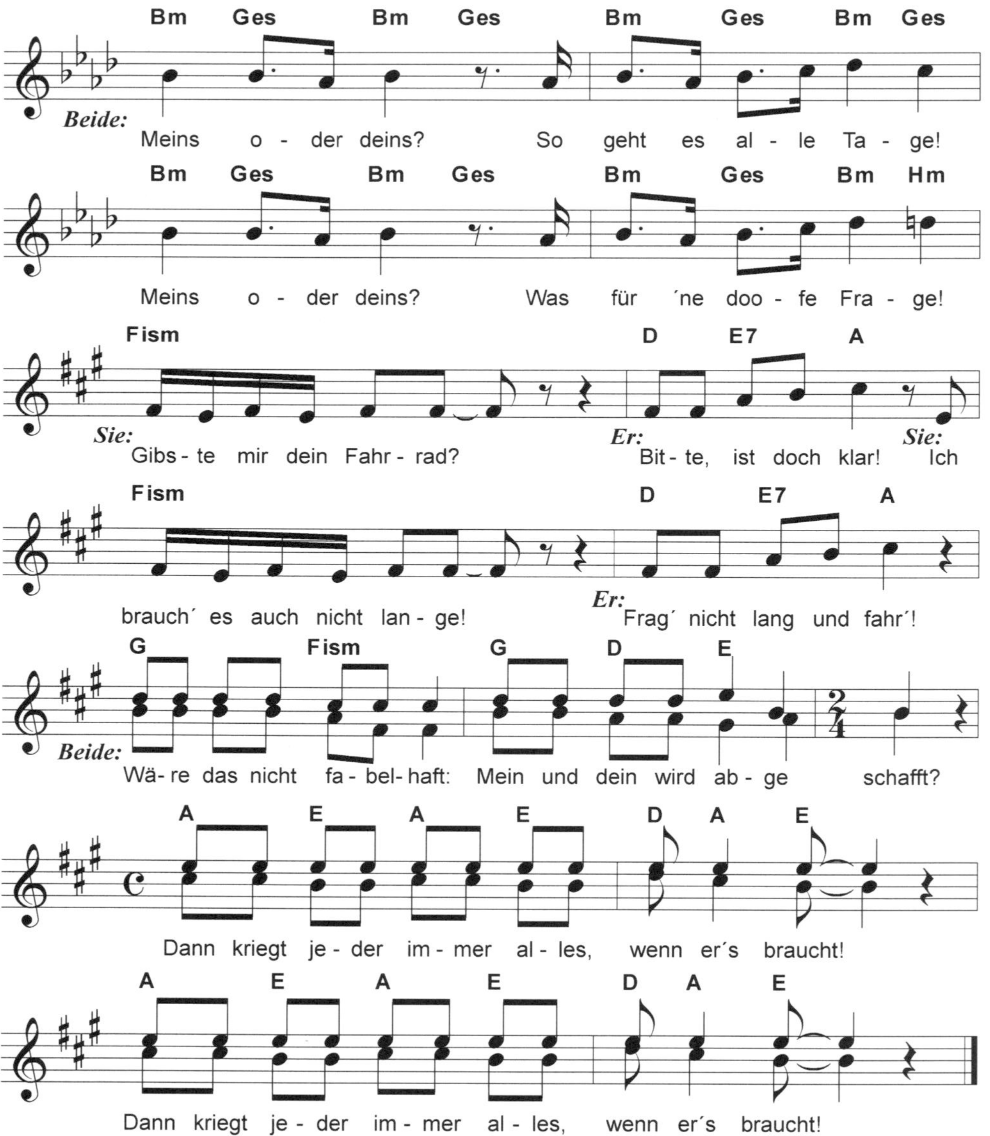
Bm Ges Bm Ges Bm Ges Bm Ges
Beide:
Meins o - der deins? So geht es al - le Ta - ge!
Bm Ges Bm Ges Bm Ges Bm Hm
Meins o - der deins? Was für ´ne doo - fe Fra - ge!
Fism D E7 A
Sie:
Gibs - te mir dein Fahr - rad?
Er:
Bit - te, ist doch klar!
Sie:
Ich
Fism D E7 A
brauch´ es auch nicht lan - ge!
Er:
Frag´ nicht lang und fahr´!
G Fism G D E
Beide:
Wä - re das nicht fa - bel - haft: Mein und dein wird ab - ge schafft?
A E A E D A E
Dann kriegt je - der im - mer al - les, wenn er´s braucht!
A E A E D A E
Dann kriegt je - der im - mer al - les, wenn er´s braucht!

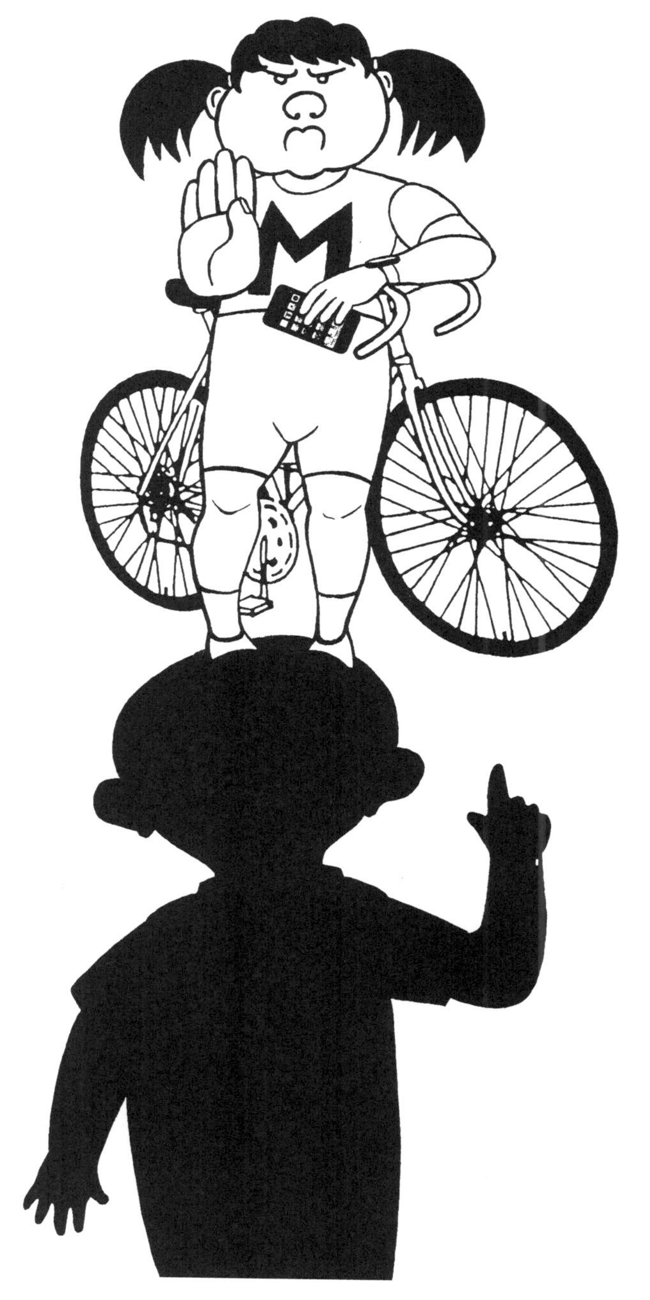

# Oben und unten

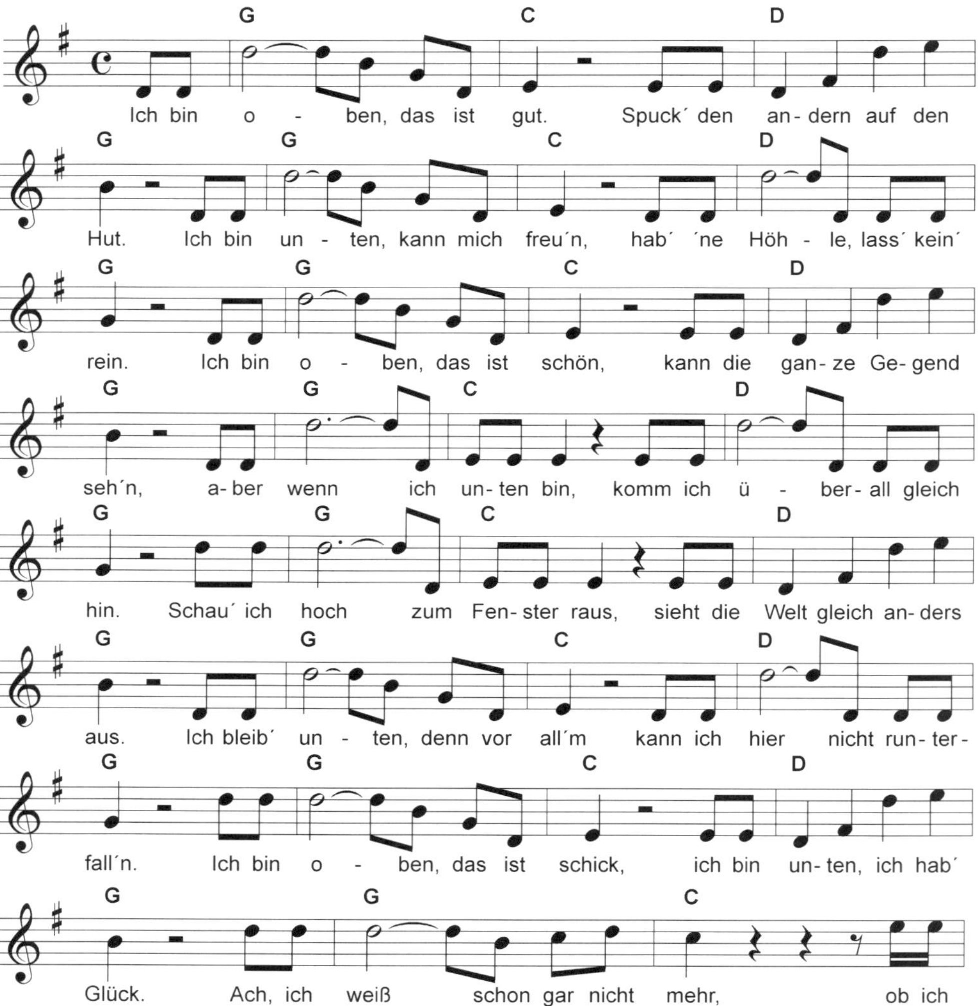

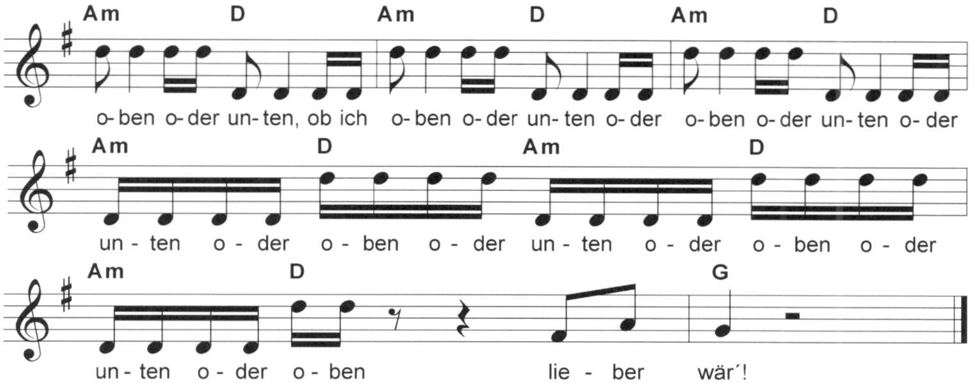
Am D Am D Am D
o-ben o-der un-ten, ob ich o-ben o-der un-ten o-der o-ben o-der un-ten o-der
Am D Am D
un - ten o - der o - ben o - der un - ten o - der o - ben o - der
Am D G
un - ten o - der o - ben lie - ber wär´!

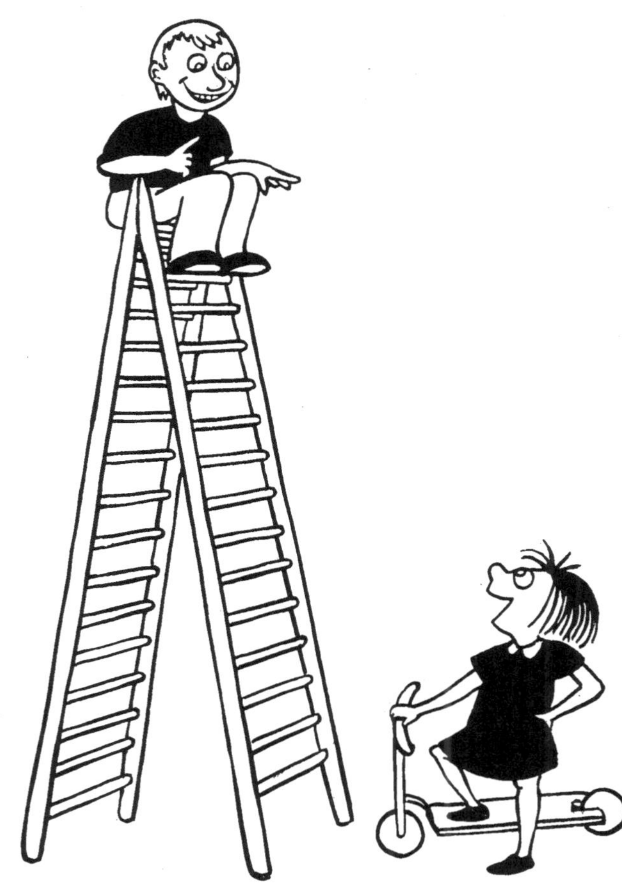

# Ohne uns geht's nicht

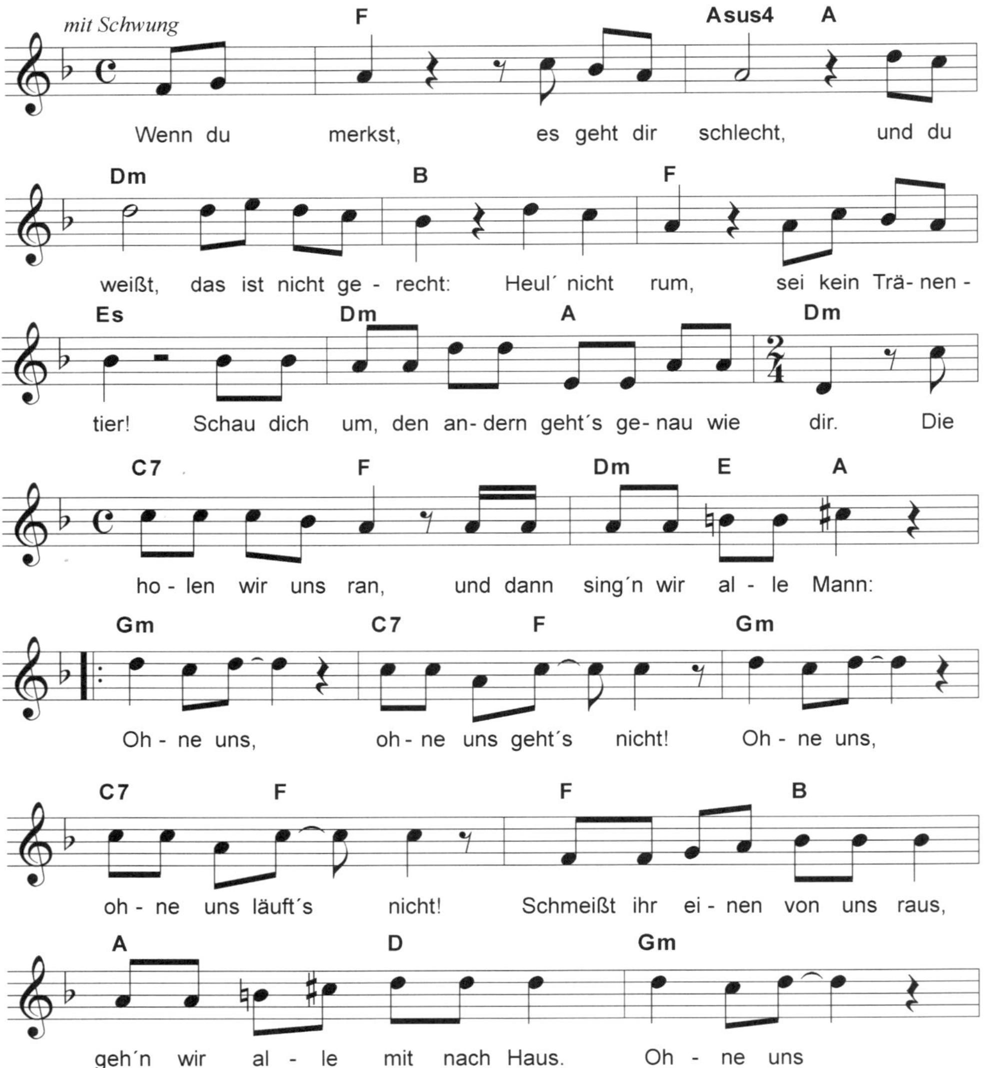

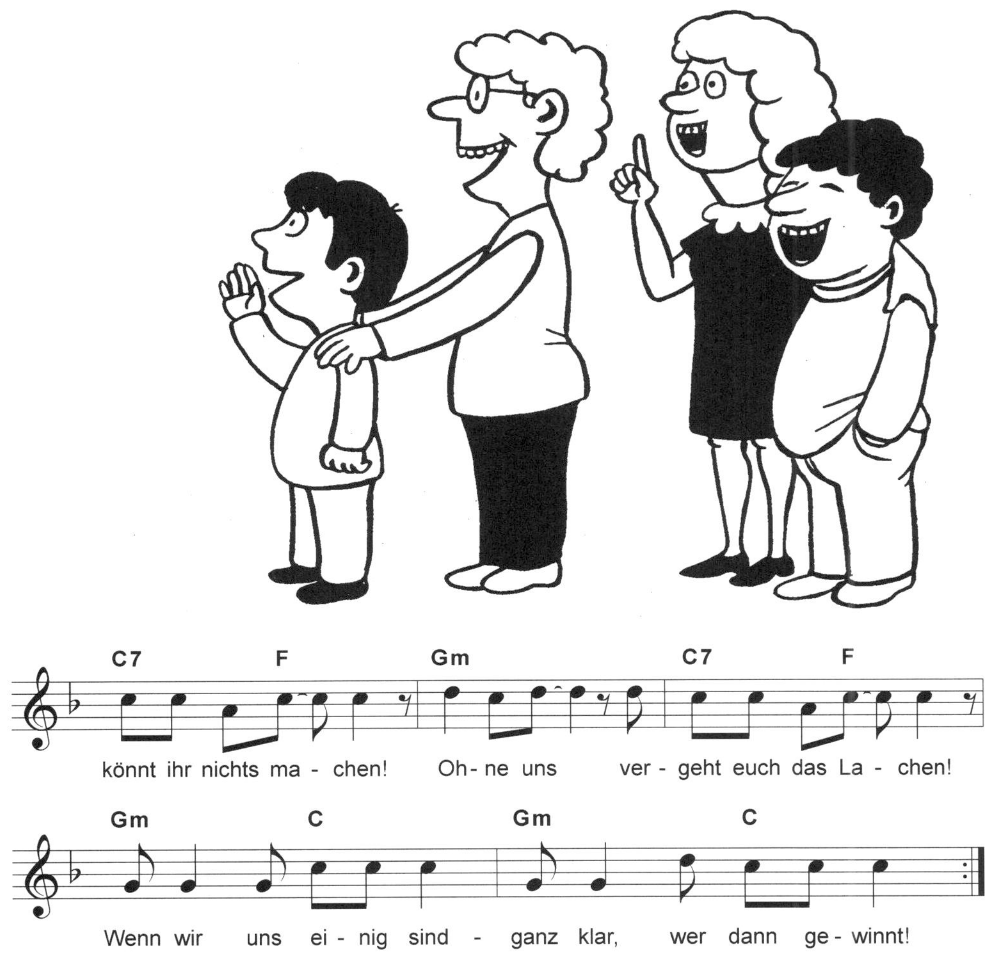


2. Wenn die Schüler
nicht erschienen,
wär´n die Schulen
bloß Ruinen,
und das Gleiche
sind Maschinen
ohne Arbeiter,
die sie bedienen.

# Ottokar hat Segelohren

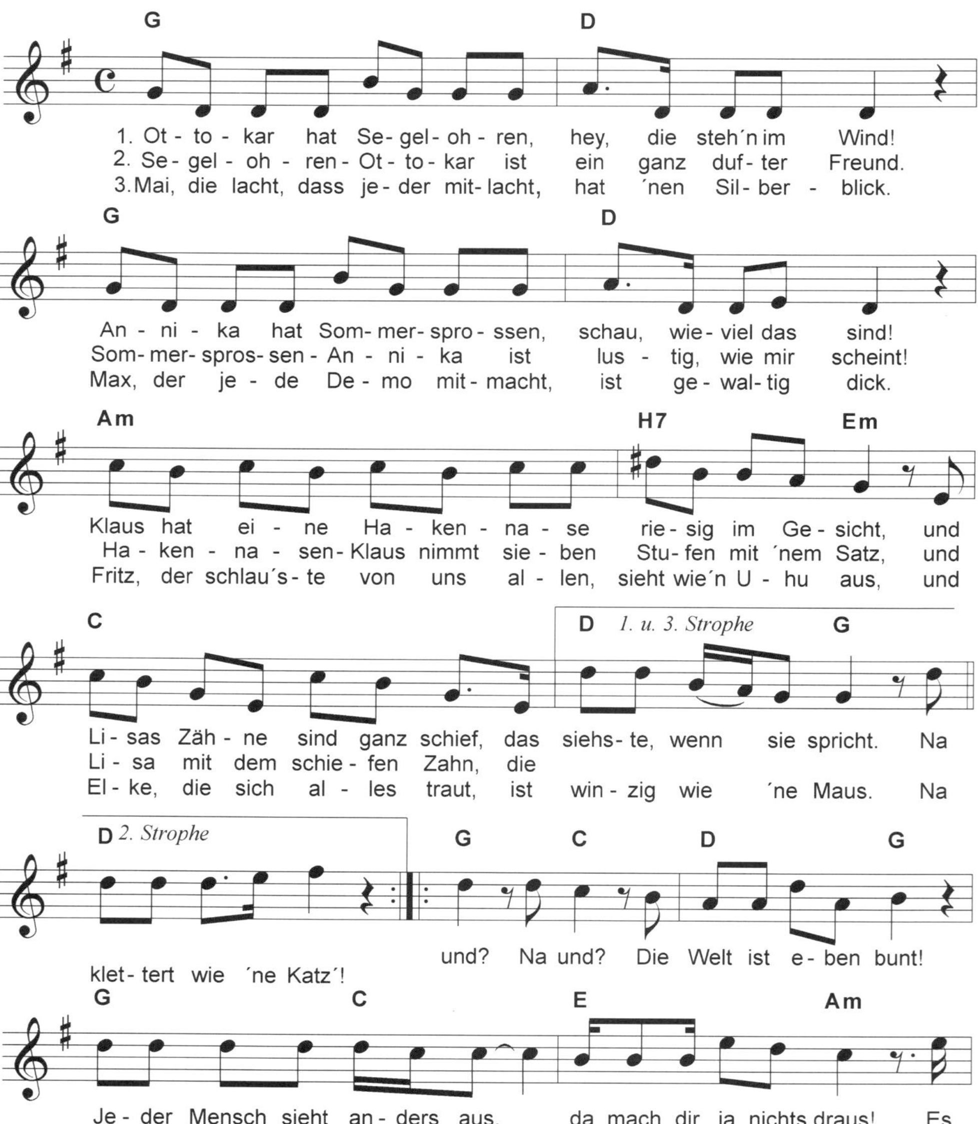

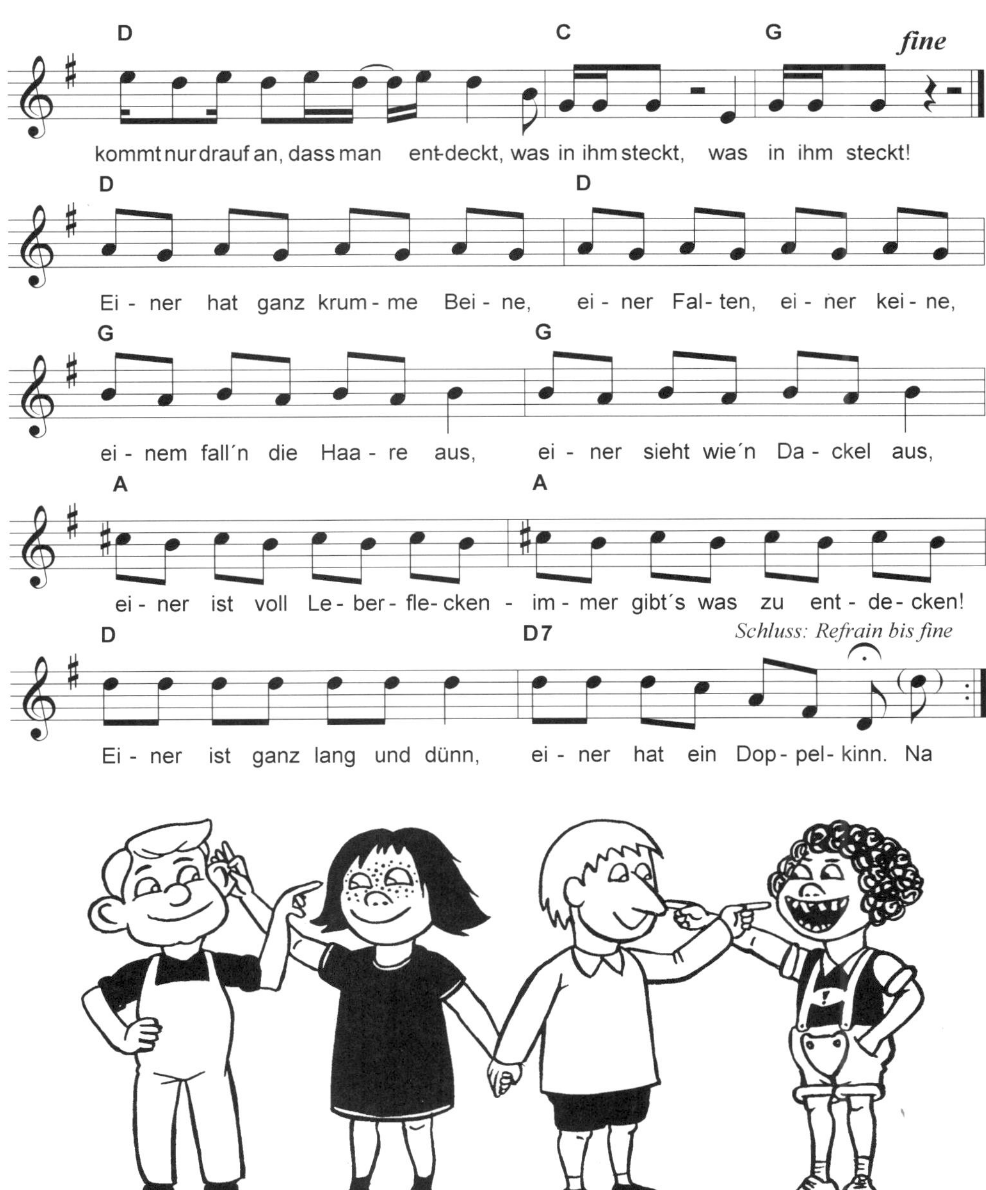
D C G fine
kommt nur drauf an, dass man ent-deckt, was in ihm steckt, was in ihm steckt!
D D
Ei - ner hat ganz krum - me Bei - ne, ei - ner Fal - ten, ei - ner kei - ne,
G G
ei - nem fall´n die Haa - re aus, ei - ner sieht wie´n Da - ckel aus,
A A
ei - ner ist voll Le - ber - fle - cken - im - mer gibt´s was zu ent - de - cken!
D D7 Schluss: Refrain bis fine
Ei - ner ist ganz lang und dünn, ei - ner hat ein Dop - pel - kinn. Na

# Paprika macht schlank

Musik: Thomas Keller/Caspar Hachfeld

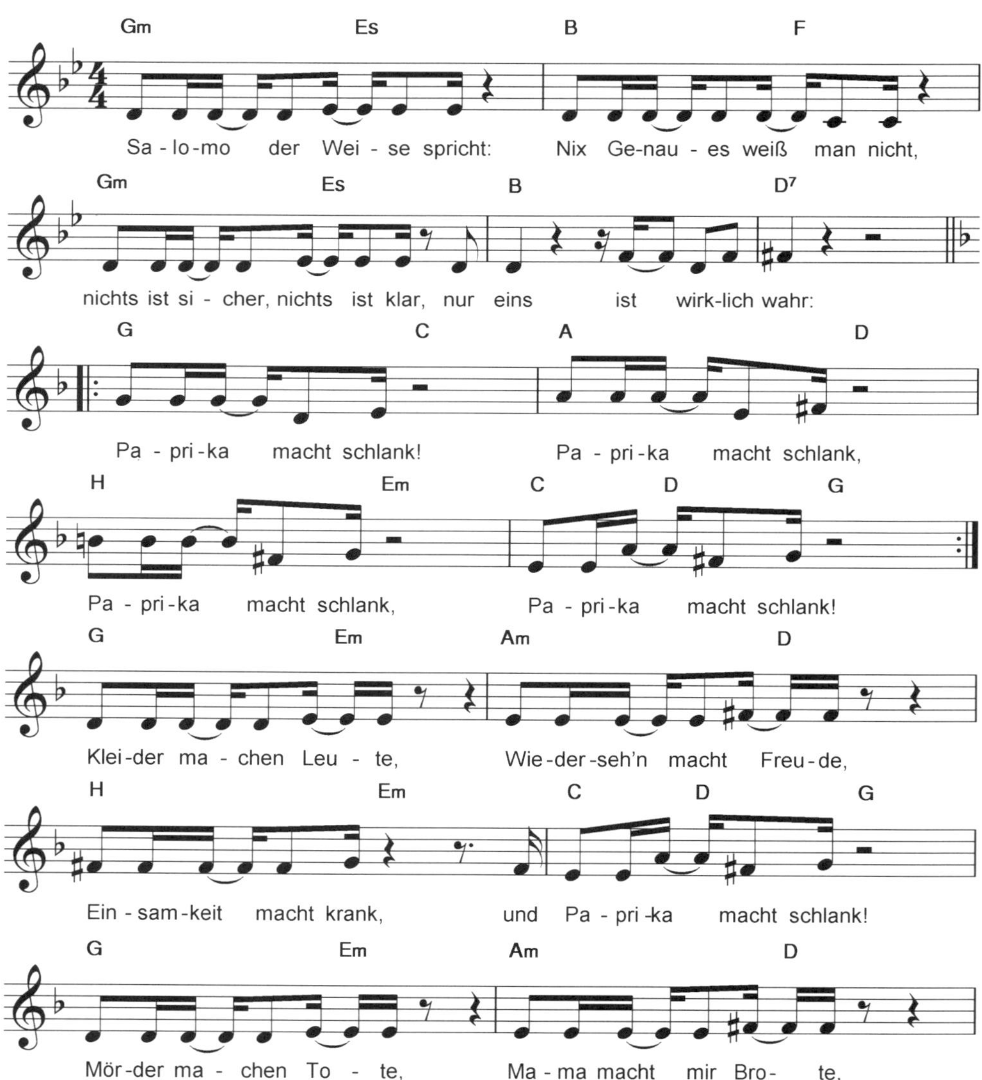

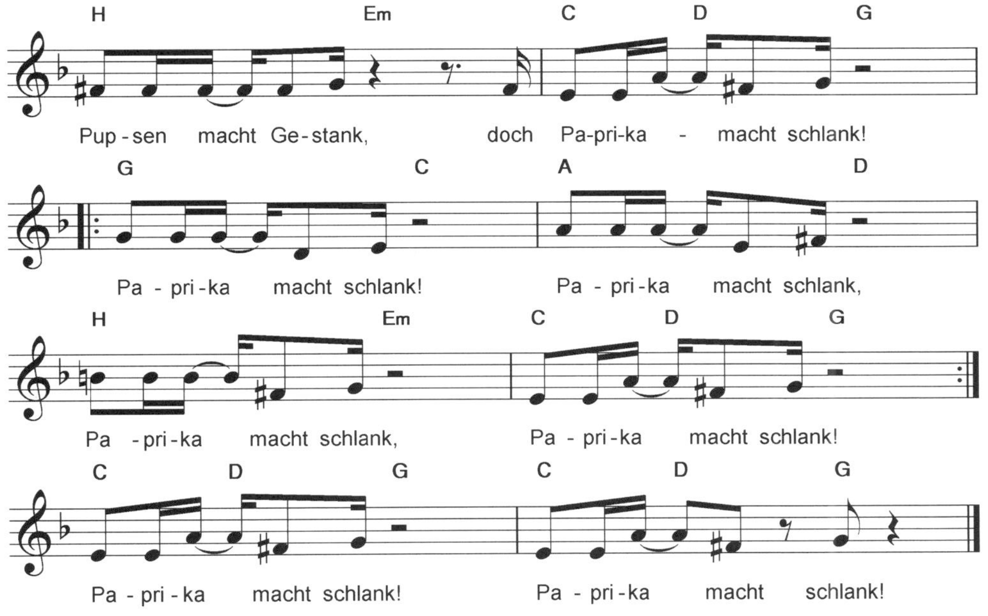
H Em C D G
Pup - sen macht Ge - stank, doch Pa-pri-ka - macht schlank!
G C A D
Pa - pri - ka macht schlank! Pa - pri - ka macht schlank,
H Em C D G
Pa - pri - ka macht schlank, Pa - pri - ka macht schlank!
C D G C D G
Pa - pri - ka macht schlank! Pa - pri - ka macht schlank!

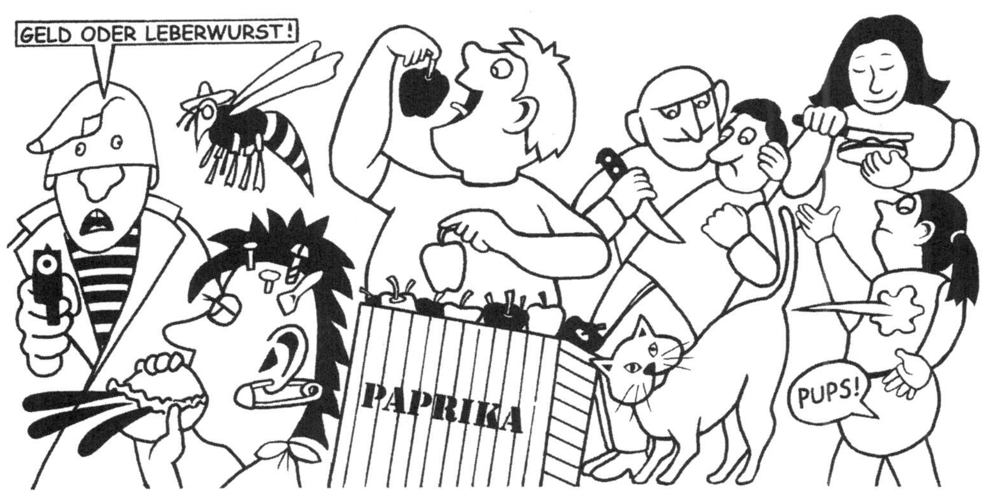
GELD ODER LEBERWURST!
PAPRIKA
PUPS!

# Pfeiflied

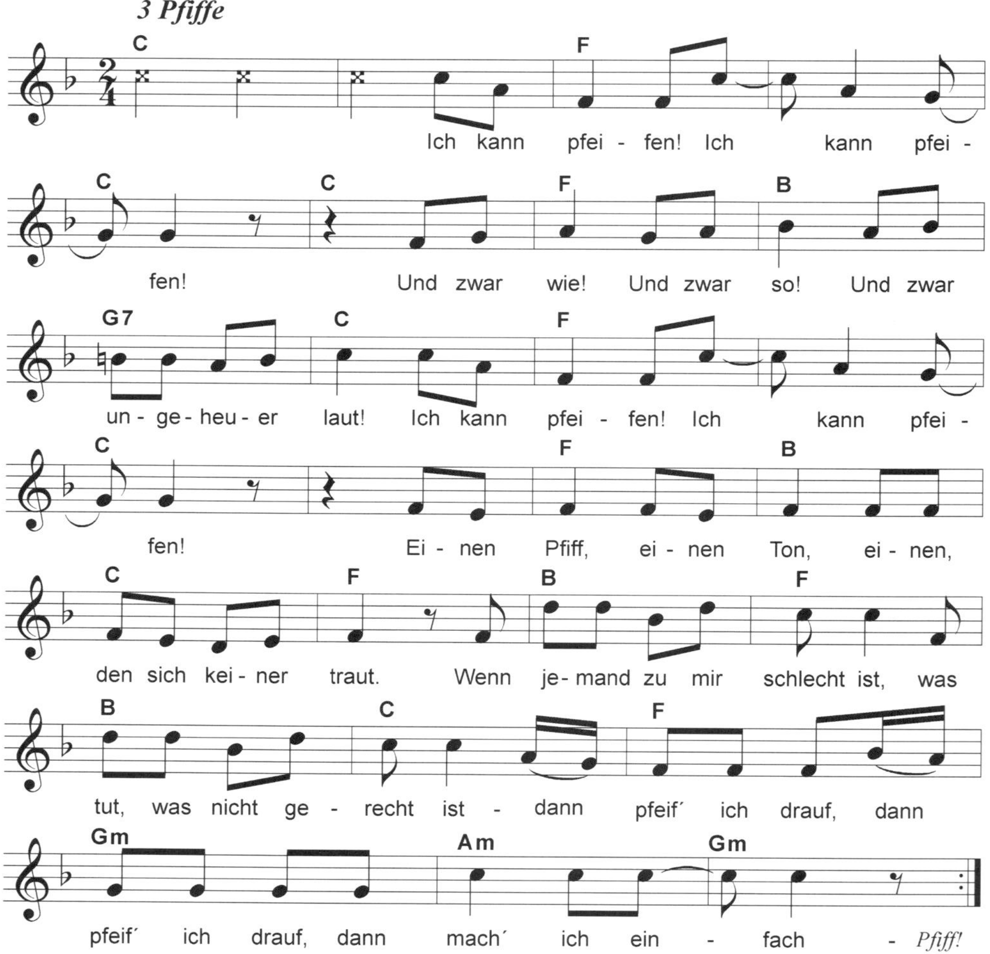


2. Ich kann pfeifen! Ich kann pfeifen!
Und zwar wie! Und zwar so!
Und zwar ungeheuer laut!
Ich kann pfeifen! Ganz schlimm pfeifen,
dass selbst Tante Elfriede sich nicht zu meckern traut!

Und woll´n mich mal die frechen
viel größ´ren Jungs verdreschen -
dann pfeif´ ich drauf,
dann pfeif´ ich drauf,
dann mach´ ich einfach - *Pfiff!*

# Schularbeiten

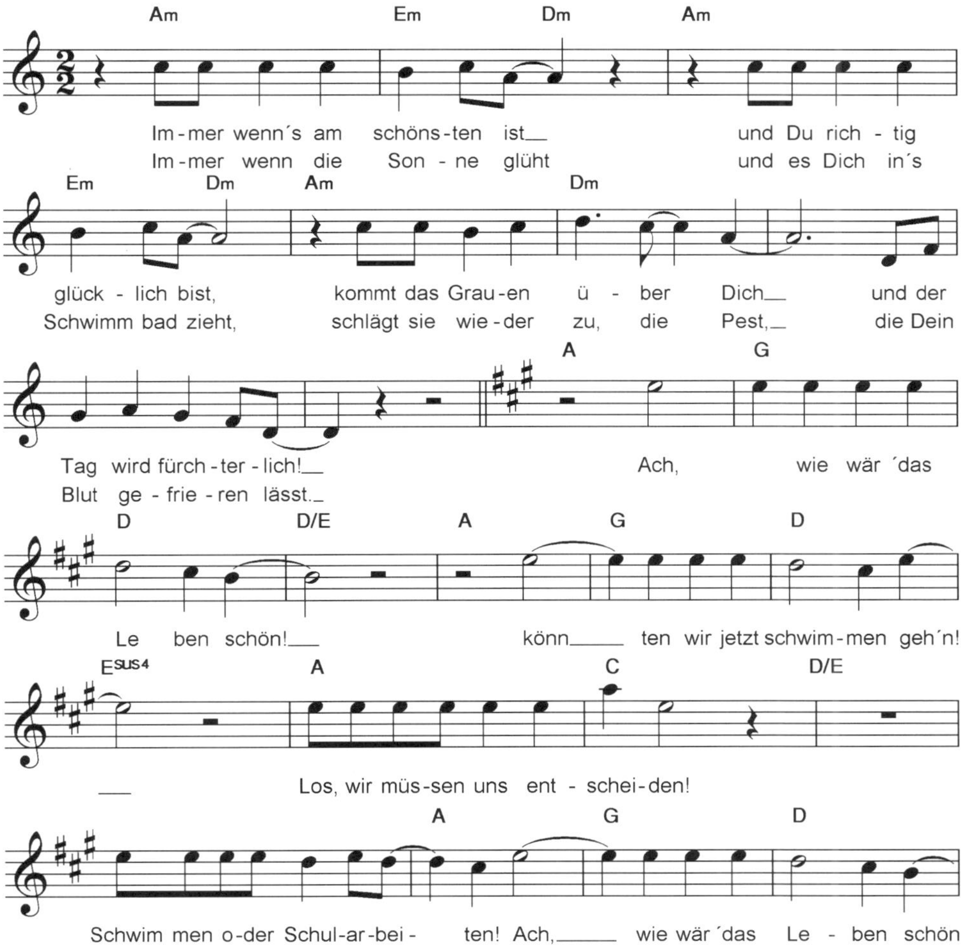

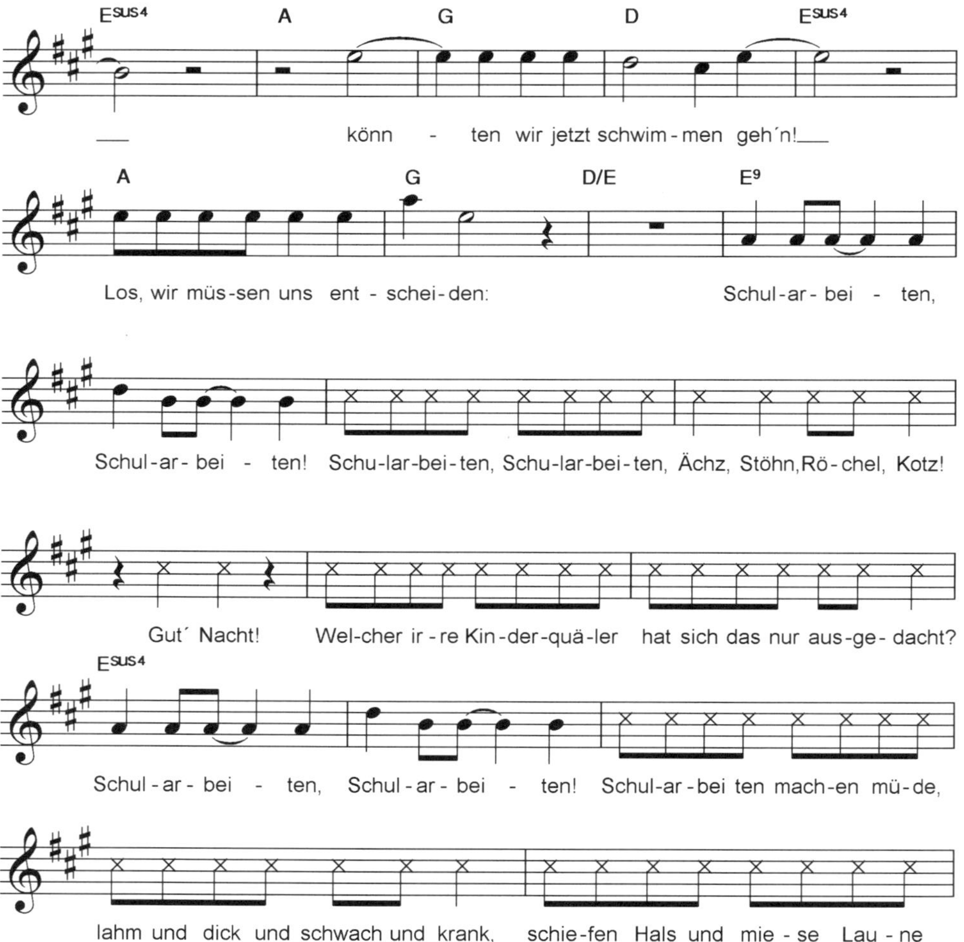
Esus4
A
G
D
Esus4
könn - ten wir jetzt schwim - men geh´n!
A
G
D/E
E9
Los, wir müs - sen uns ent - schei - den:
Schul - ar - bei - ten,
Schul - ar - bei - ten! Schu - lar - bei - ten, Schu - lar - bei - ten, Ächz, Stöhn, Rö - chel, Kotz!
Gut´ Nacht! Wel - cher ir - re Kin - der - quä - ler hat sich das nur aus - ge - dacht?
Esus4
Schul - ar - bei - ten, Schul - ar - bei - ten! Schul - ar - bei ten mach - en mü - de,
lahm und dick und schwach und krank, schie - fen Hals und mie - se Lau - ne

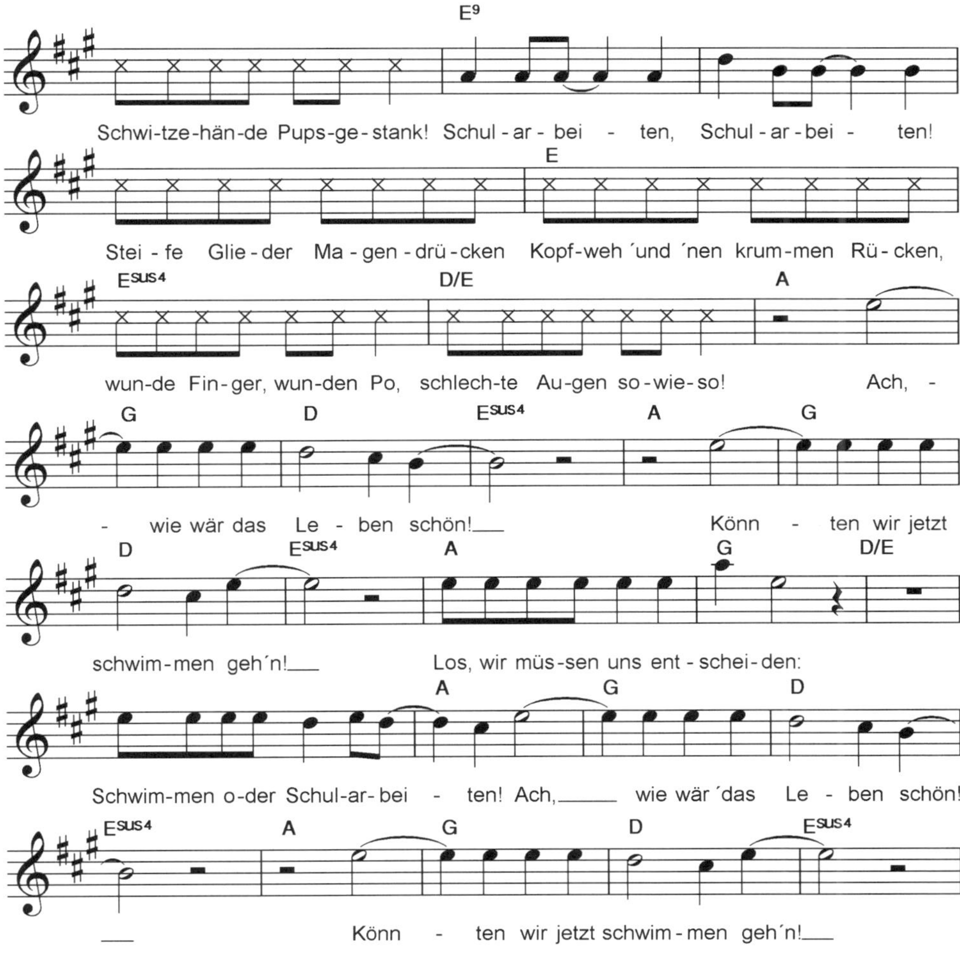
E9
Schwi-tze-hän-de Pups-ge-stank! Schul-ar-bei - ten, Schul-ar-bei - ten!
E
Stei-fe Glie-der Ma-gen-drü-cken Kopf-weh ´und ´nen krum-men Rü-cken,
Esus4 D/E A
wun-de Fin-ger, wun-den Po, schlech-te Au-gen so-wie-so! Ach, -
G D Esus4 A G
- wie wär das Le - ben schön!___ Könn - ten wir jetzt
D Esus4 A G D/E
schwim-men geh´n!___ Los, wir müs-sen uns ent-schei-den:
A G D
Schwim-men o-der Schul-ar-bei - ten! Ach,___ wie wär ´das Le - ben schön!
Esus4 A G D Esus4
___ Könn - ten wir jetzt schwim-men geh´n!___

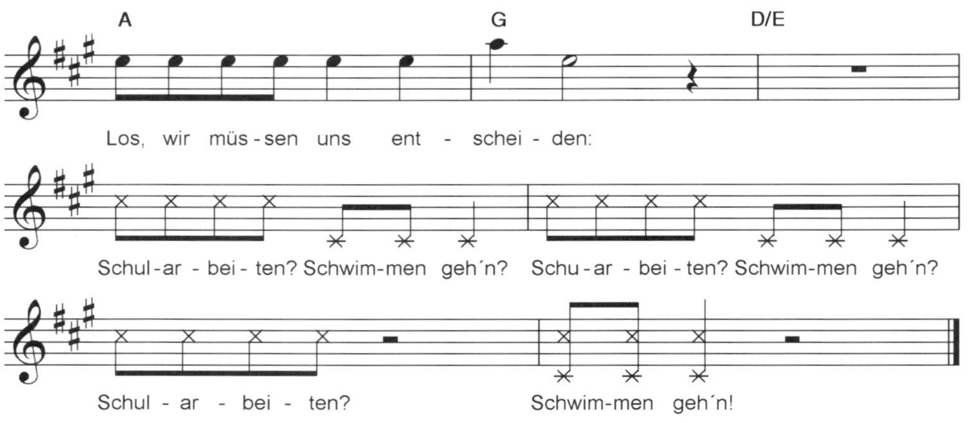
A
G
D/E
Los, wir müs - sen uns ent - schei - den:
Schul - ar - bei - ten? Schwim-men geh´n? Schu - ar - bei - ten? Schwim-men geh´n?
Schul - ar - bei - ten?
Schwim-men geh´n!

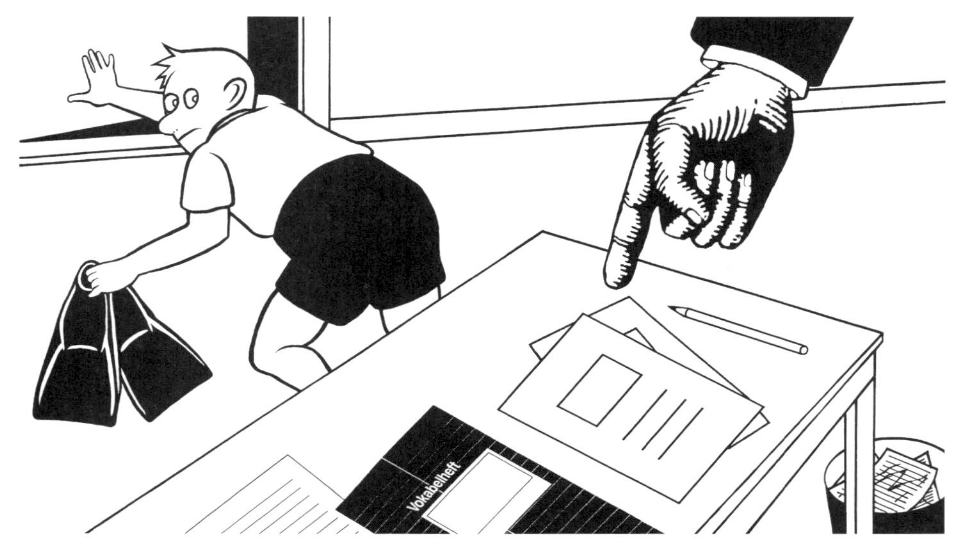
Vokabelheft

# Schweinchen Plastik

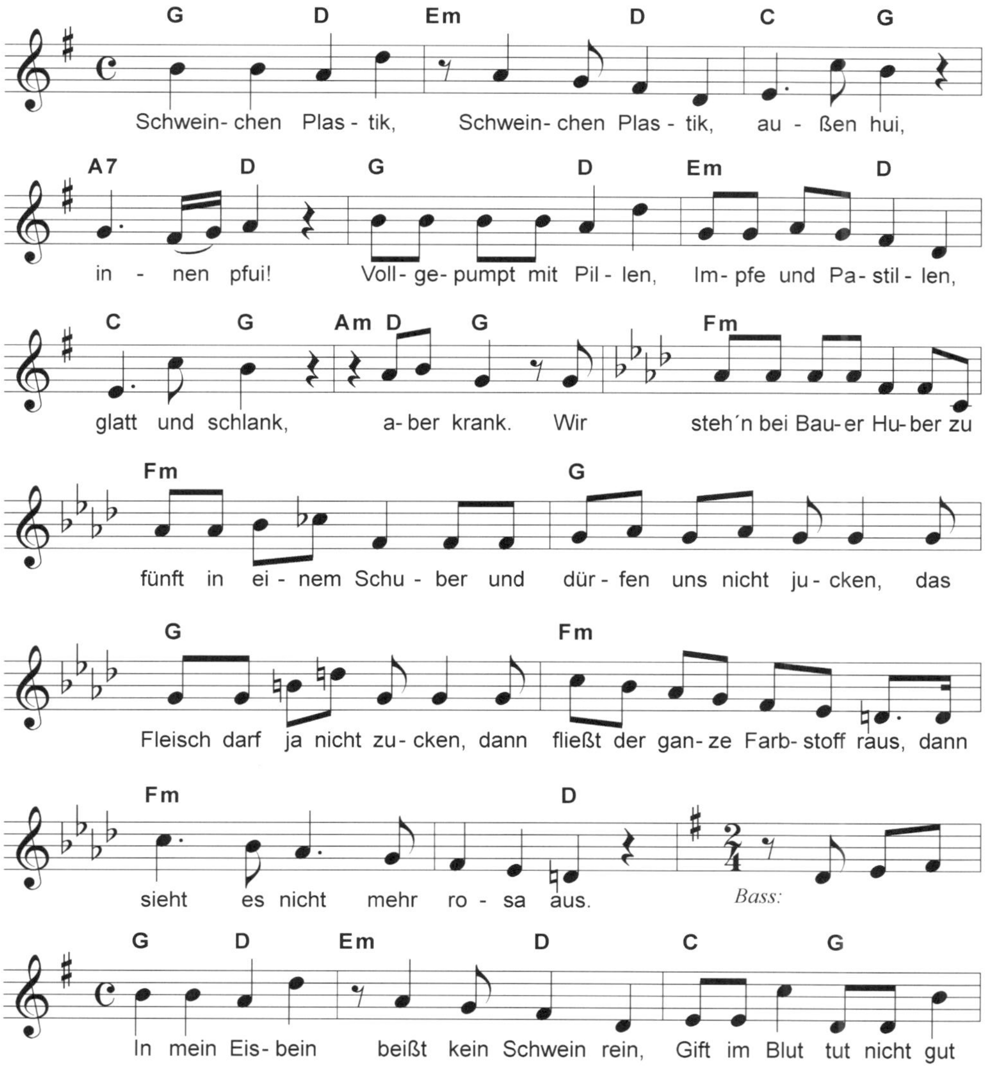

G D Em D C G
Schwein- chen Plas - tik, Schwein- chen Plas - tik, au - ßen hui,

A7 D G D Em D
in - nen pfui! Voll- ge- pumpt mit Pil - len, Im- pfe und Pa- stil - len,

C G Am D G Fm
glatt und schlank, a- ber krank. Wir steh´n bei Bau- er Hu- ber zu

Fm G
fünft in ei - nem Schu - ber und dür - fen uns nicht ju - cken, das

G Fm
Fleisch darf ja nicht zu - cken, dann fließt der gan- ze Farb- stoff raus, dann

Fm D
sieht es nicht mehr ro - sa aus. *Bass:*

G D Em D C G
In mein Eis- bein beißt kein Schwein rein, Gift im Blut tut nicht gut

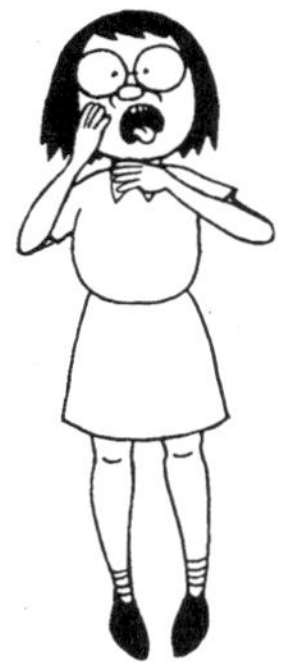

*Das ist ein Klagelied einiger Schweinchen aus einer Mastfabrik. So gräßlich werden auch die meisten Kälber, Kühe, Hühner und Puter behandelt, deren Fleisch wir essen sollen. Guten Appetit!*

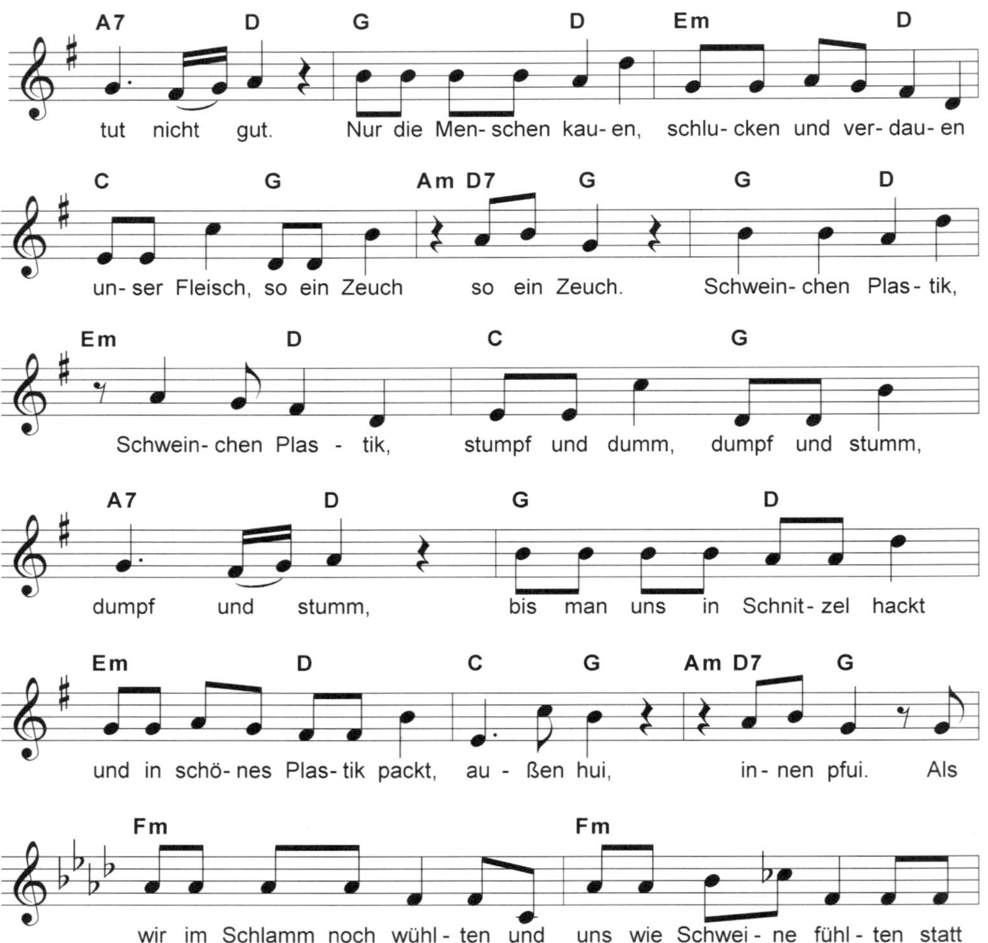
A7 D G D Em D
tut nicht gut. Nur die Men- schen kau- en, schlu- cken und ver- dau- en
C G Am D7 G G D
un- ser Fleisch, so ein Zeuch so ein Zeuch. Schwein- chen Plas- tik,
Em D C G
Schwein- chen Plas - tik, stumpf und dumm, dumpf und stumm,
A7 D G D
dumpf und stumm, bis man uns in Schnit- zel hackt
Em D C G Am D7 G
und in schö- nes Plas- tik packt, au - ßen hui, in- nen pfui. Als
Fm Fm
wir im Schlamm noch wühl - ten und uns wie Schwei - ne fühl - ten statt

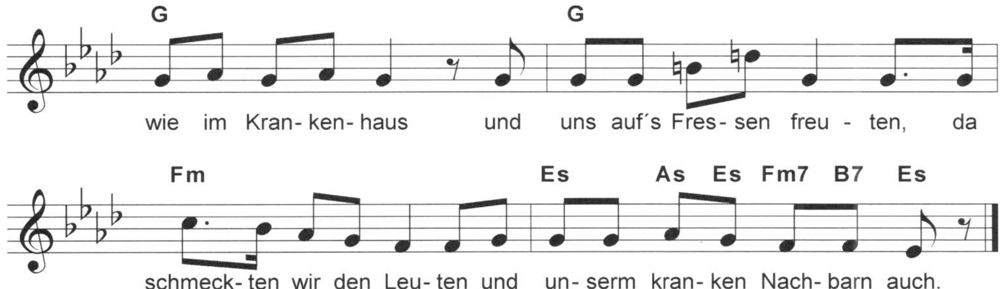
G G
wie im Kran- ken- haus und uns auf´s Fres- sen freu - ten, da
Fm Es As Es Fm7 B7 Es
schmeck- ten wir den Leu- ten und un- serm kran- ken Nach- barn auch.

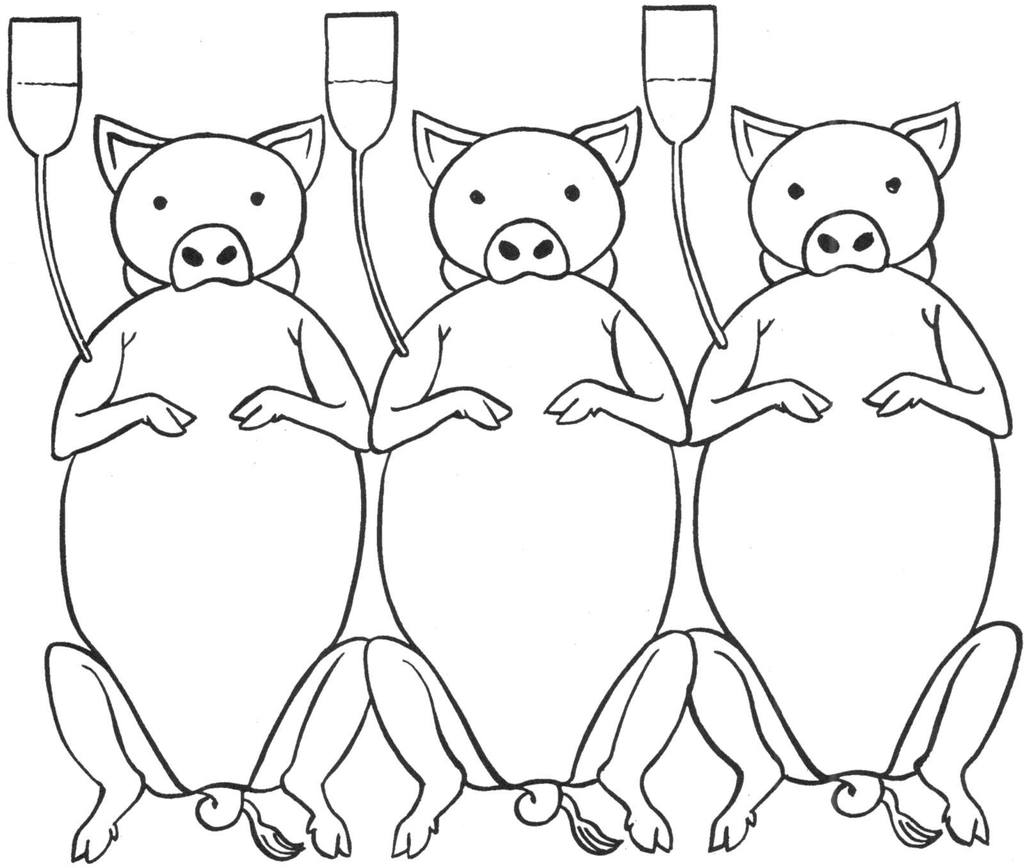

# Streicheln

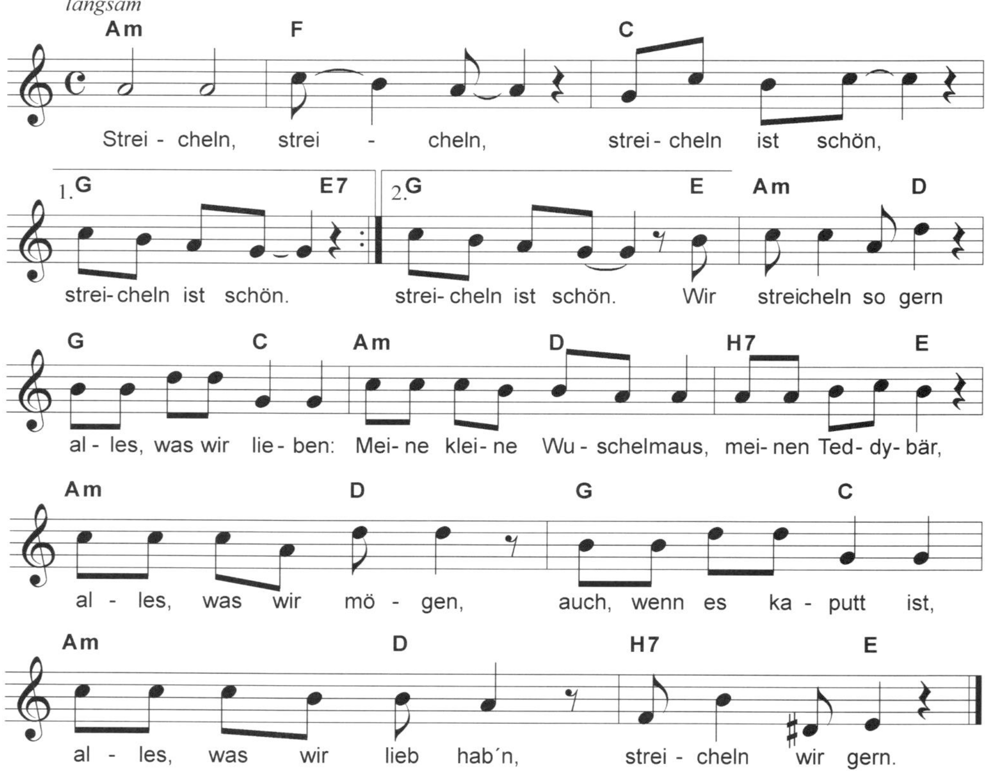


2. Streicheln, streicheln,
streicheln ist schön,
streicheln ist schön.
Wir streicheln so gern,
was sich schön anfühlt:
Meine weiche Kuscheldecke,
Muttis Kleid aus Samt,
alles, was schön glatt ist,
alles, was schön weich ist,
alles, was sich schön anfühlt,
streicheln wir gern.

3. Streicheln, streicheln,
streicheln ist schön,
streicheln ist schön.
Streicheln ist wichtig
wie Essen und Trinken,
wie Sonne für die Blumen
und Regen für das Gras.
Ich streichel´ deine Haare,
ich streichel´ meine Tiere,
ich streichel´ mich selber
und am liebsten - dich!

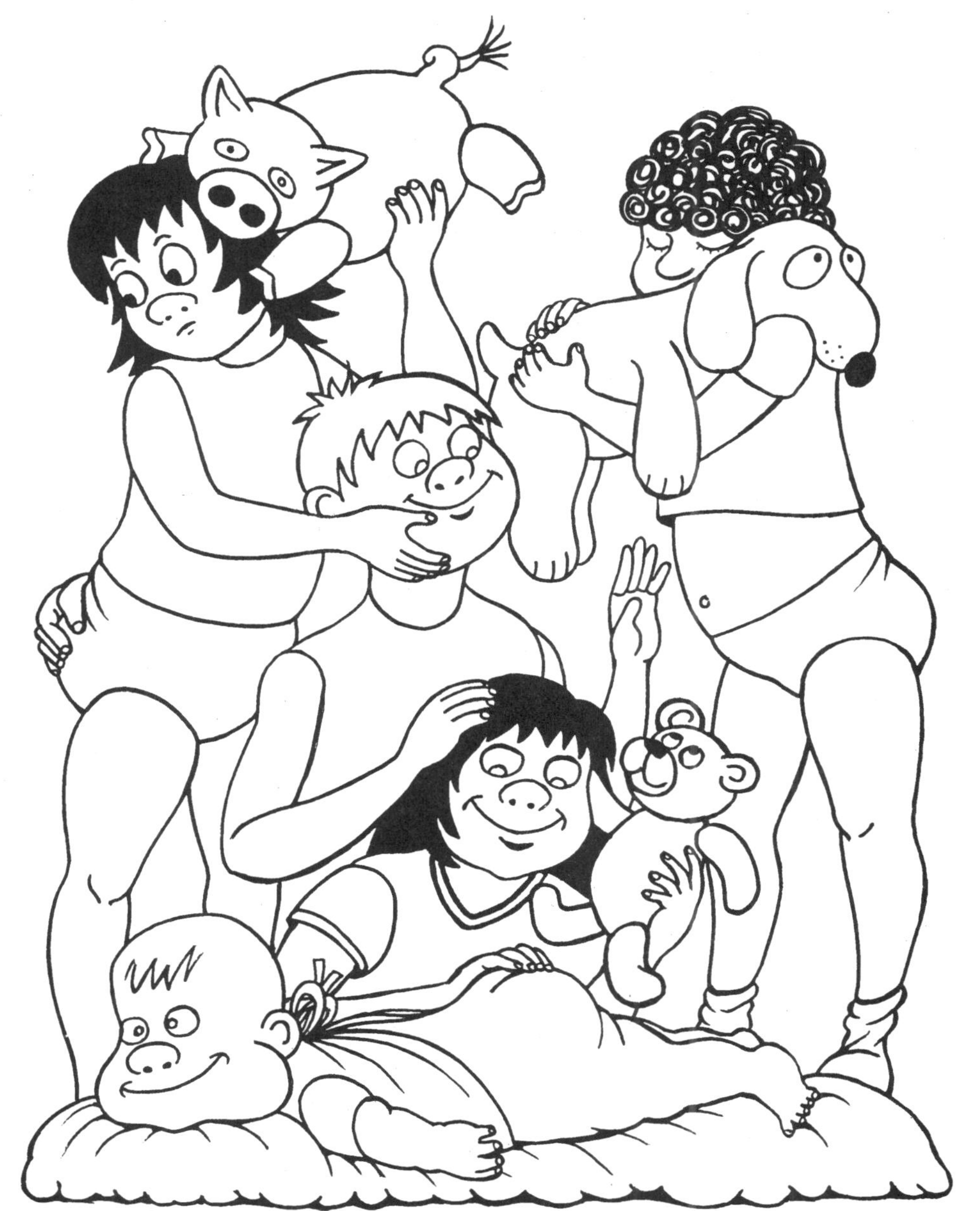

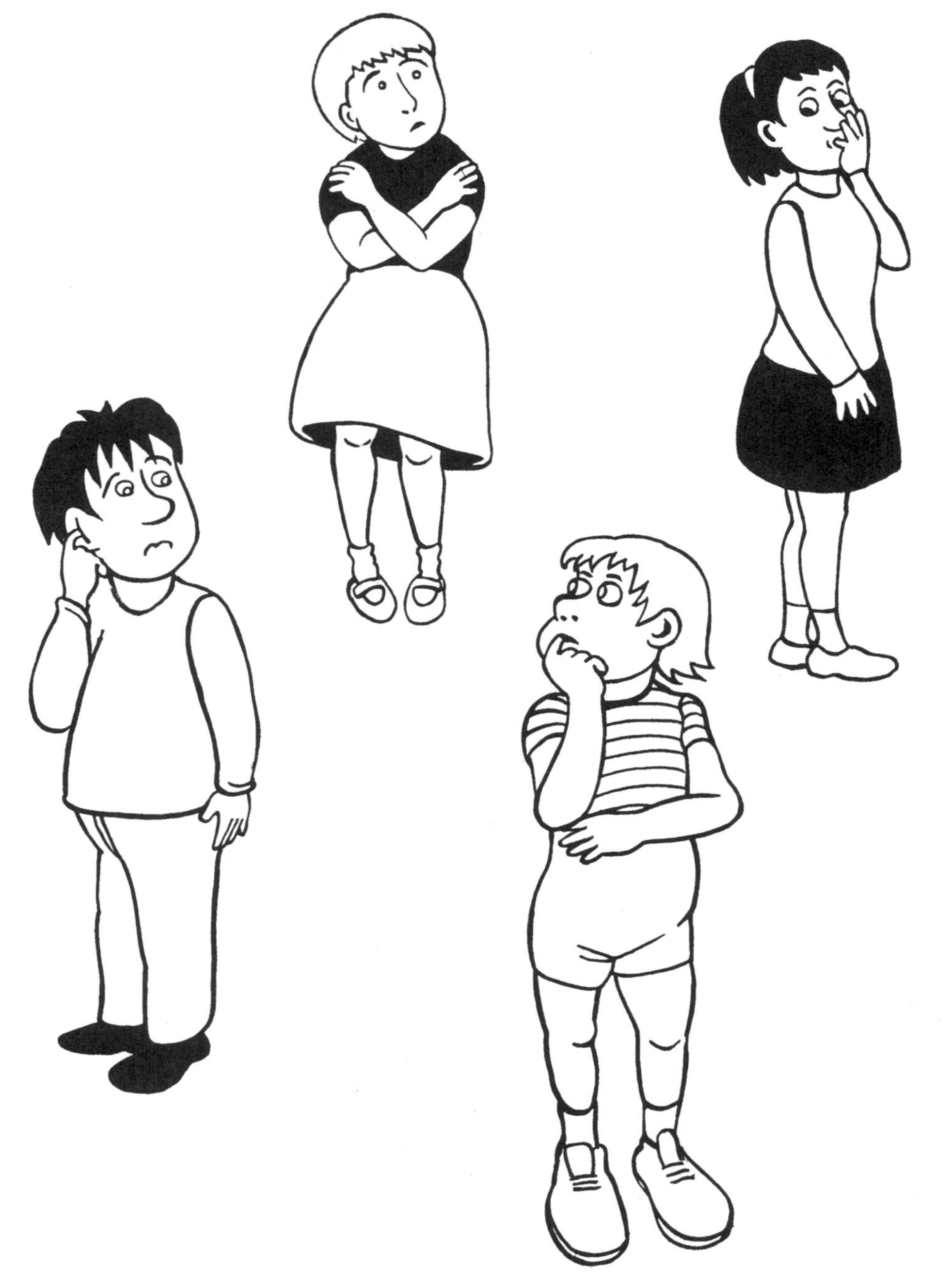

# Trau dich

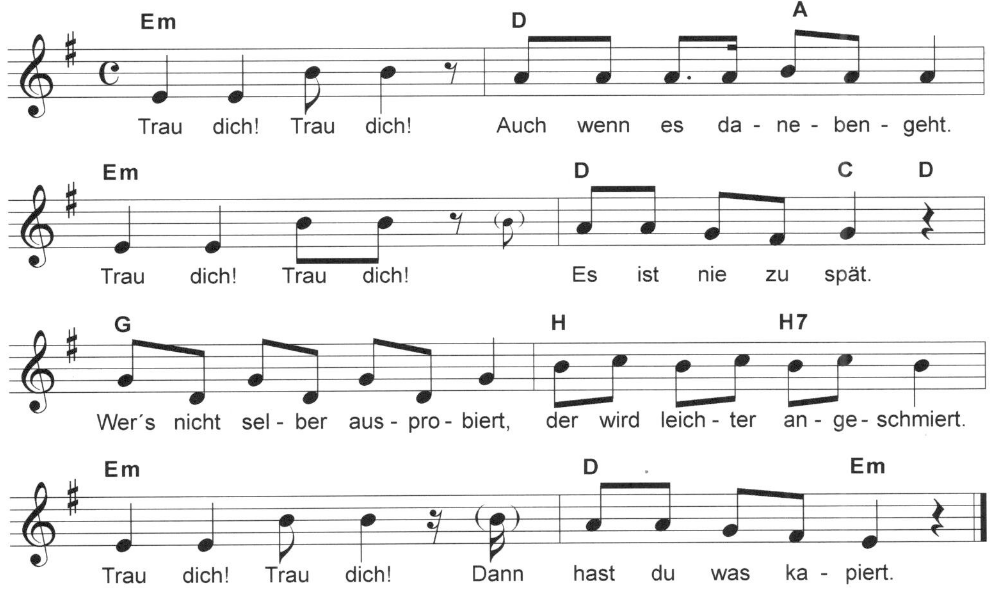


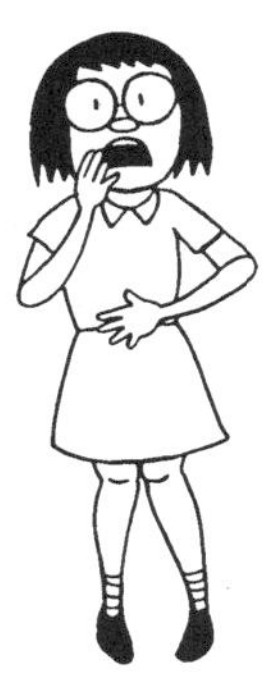

*Wann trauen wir uns nicht? Und warum nicht? Aus Angst, dass uns andere auslachen könnten? Die Angst haben andere auch. Was kann man dagegen machen?*

2. Trau dich! Trau dich!
   Auch wenn du erst fünfe bist!
   Trau dich! Trau dich!
   Auch Große machen Mist.
   Glaub´ nicht alles, was du hörst,
   wenn du sie mit Fragen störst.
   Trau dich! Trau dich!
   Bis du was erfährst.

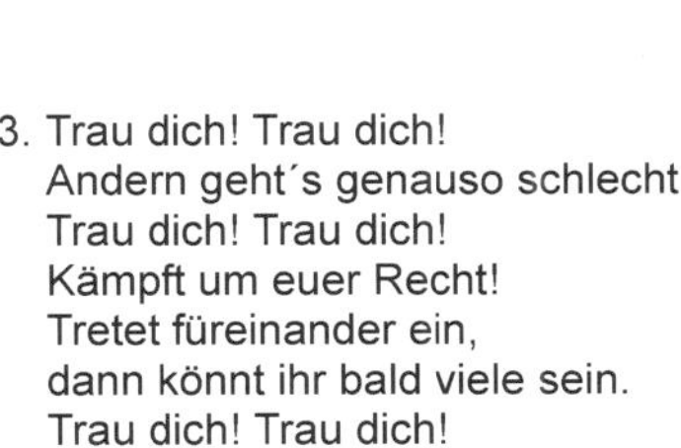

3. Trau dich! Trau dich!
   Andern geht´s genauso schlecht.
   Trau dich! Trau dich!
   Kämpft um euer Recht!
   Tretet füreinander ein,
   dann könnt ihr bald viele sein.
   Trau dich! Trau dich!
   Du bist nicht allein.

# Umzieh'n ist gemein

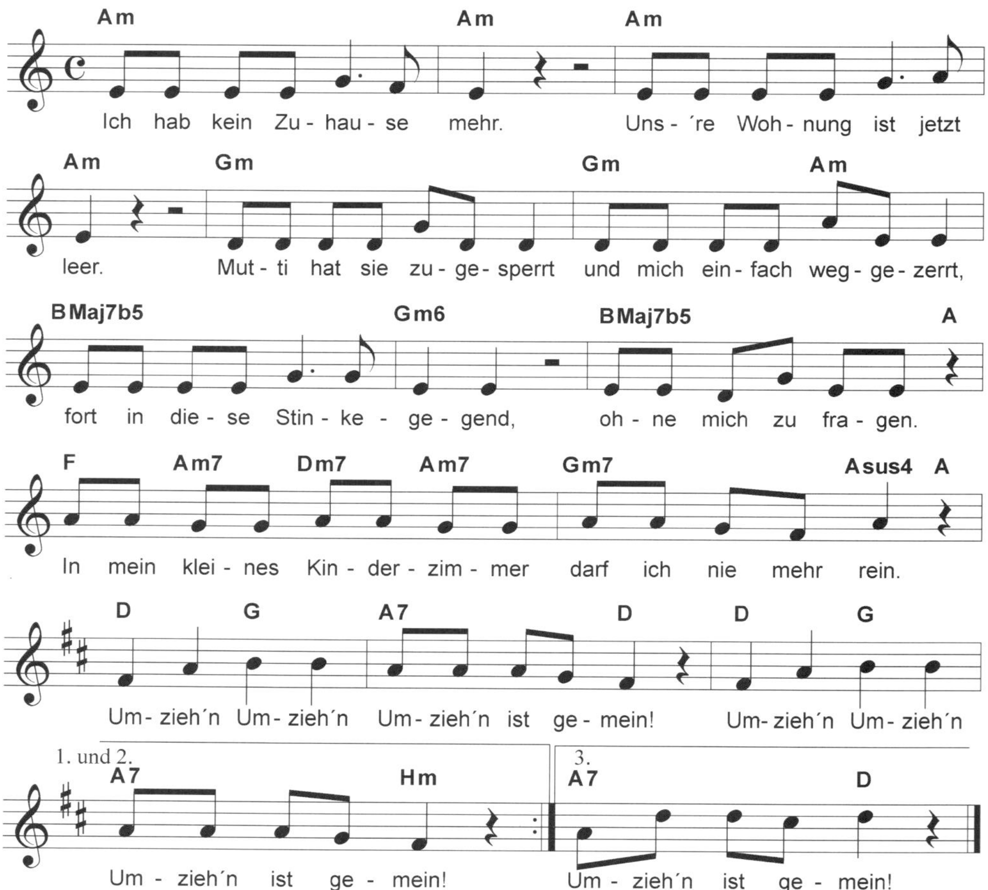


2. Da, wo ich zuhause war,
war mein Leben wunderbar.
Alle Leute kannten mich,
alle Hunde freuten sich,
und der Spielplatz um die Ecke
war mein Paradies.
Jetzt sind alle Freunde weg,
und ich bin ganz allein.
Umzieh´n, Umzieh´n,
Umzieh´n ist gemein!

3. Ich hab kein Zuhause mehr,
fremd ist alles um mich her.
Mutti ist andauernd weg.
Nichts ist mehr an seinem Fleck,
und ich weiß noch nicht mal, wo´s hier
Eis zu kaufen gibt.
Alles ist zum Heulen
und ich fang´ gleich an zu schrei´n:
Umzieh´n, Umzieh´n,
Umzieh´n ist gemein!

# Uns're Lehrerin ist krank

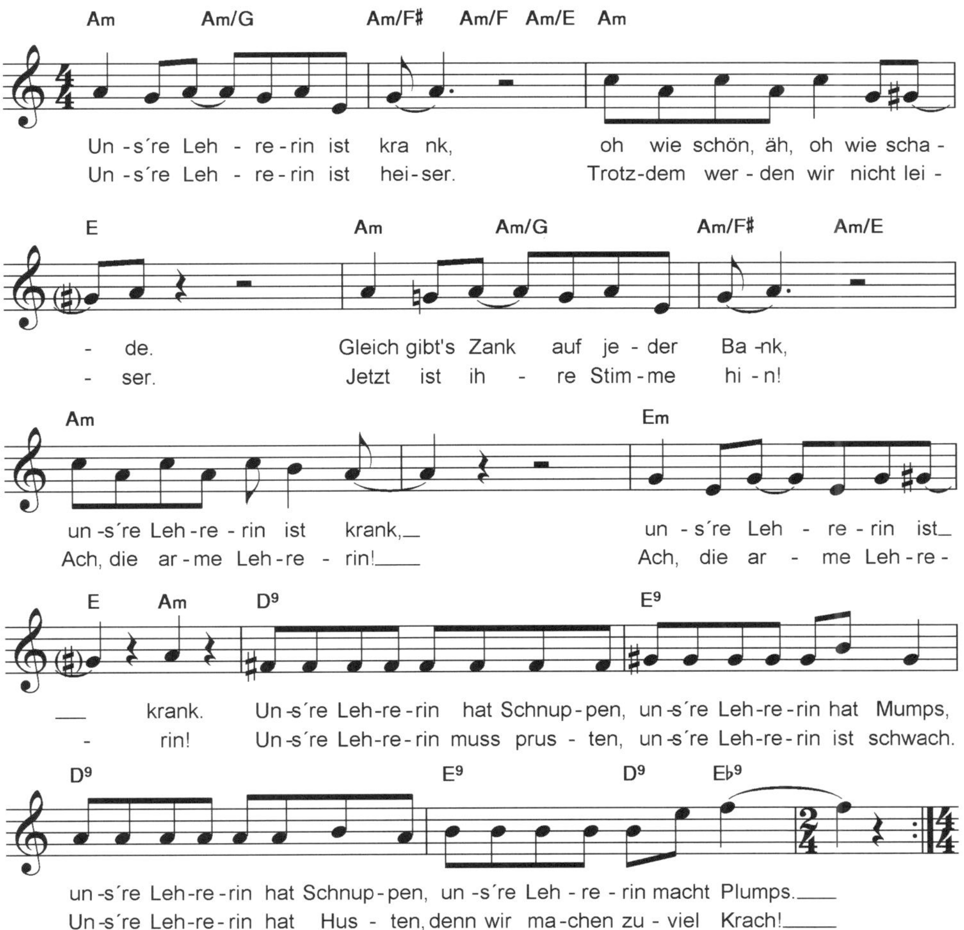

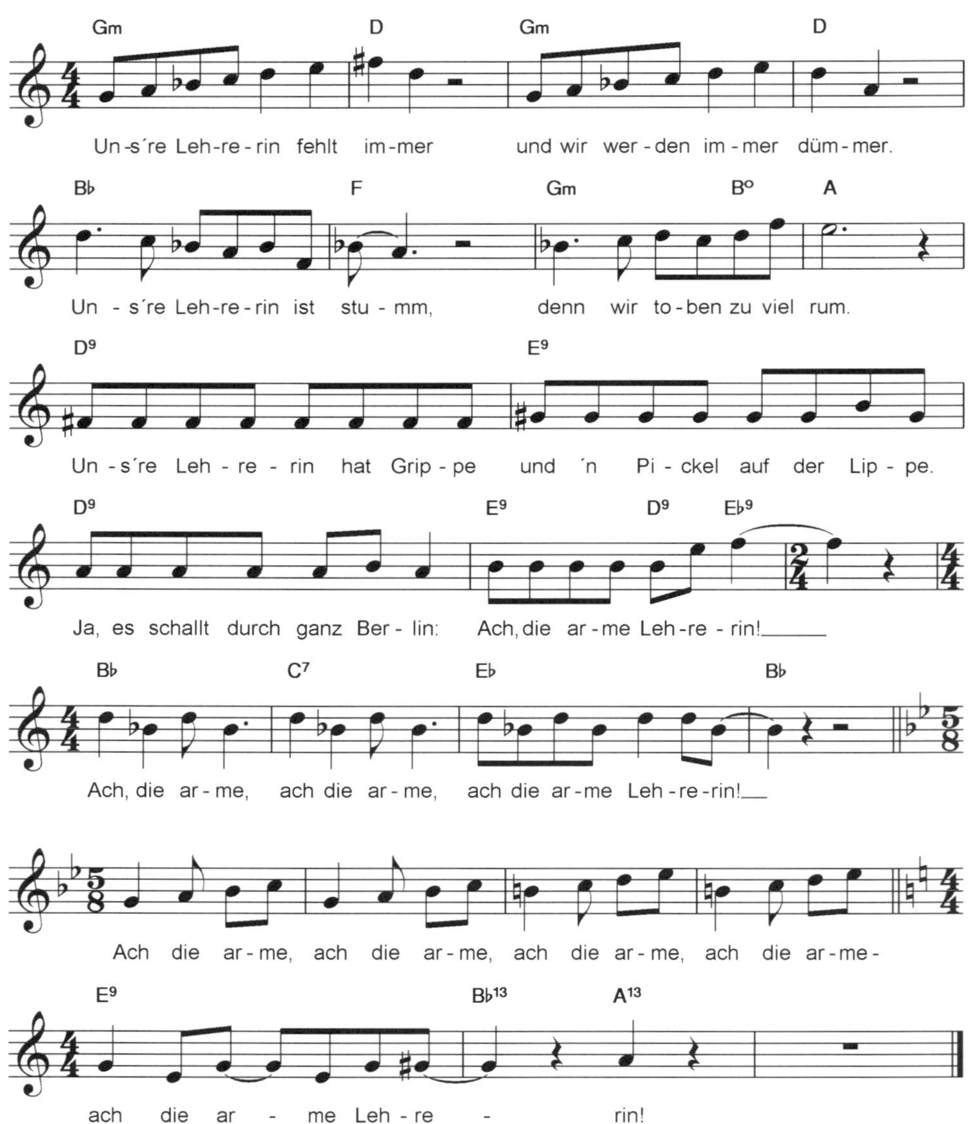
Gm D Gm D
Un-s´re Leh-re-rin fehlt im-mer und wir wer-den im-mer düm-mer.
B♭ F Gm B° A
Un - s´re Leh-re-rin ist stu - mm, denn wir to-ben zu viel rum.
D9 E9
Un - s´re Leh - re - rin hat Grip - pe und ´n Pi - ckel auf der Lip - pe.
D9 E9 D9 E♭9
Ja, es schallt durch ganz Ber - lin: Ach, die ar - me Leh - re - rin!
B♭ C7 E♭ B♭
Ach, die ar - me, ach die ar - me, ach die ar - me Leh - re - rin!
Ach die ar - me, ach die ar - me, ach die ar - me, ach die ar - me -
E9 B♭13 A13
ach die ar - me Leh - re - rin!

# Wenn ich fröhlich bin

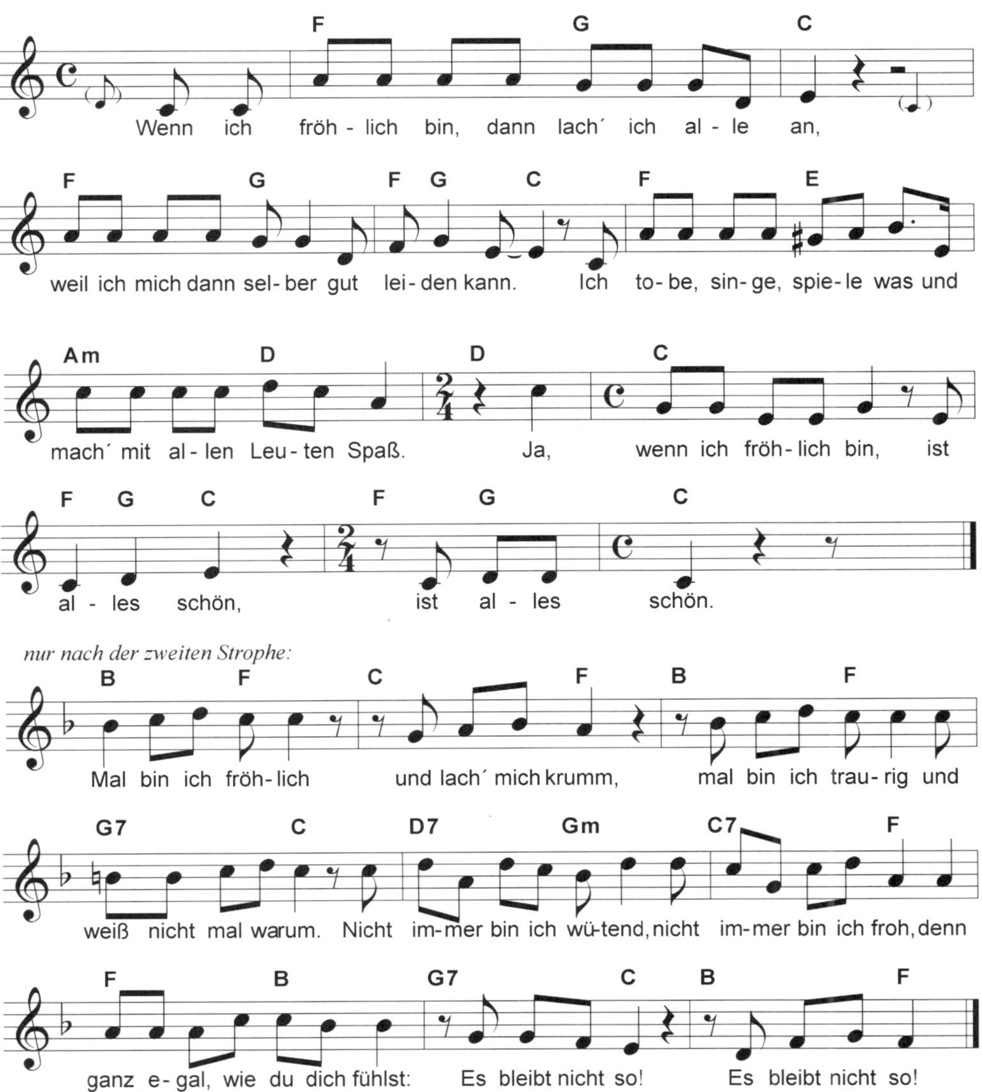

2. Doch wenn ich traurig bin,
dann schau ich keinen an,
dann denke ich, dass niemand mich
verstehen kann.
Ich möchte ganz alleine sein
und weine leis´ in mich hinein.
Ja, wenn ich traurig bin,
ist alles hin, ist alles hin.

3. Wenn ich traurig bin,
dann find´ ich alles blöd
und denke, dass es niemals mehr
vorübergeht.
Doch manchmal stellst du Sachen an,
dass ich gleich wieder lachen kann,
und wenn ich lachen kann,
wird alles gut, wird alles gut.

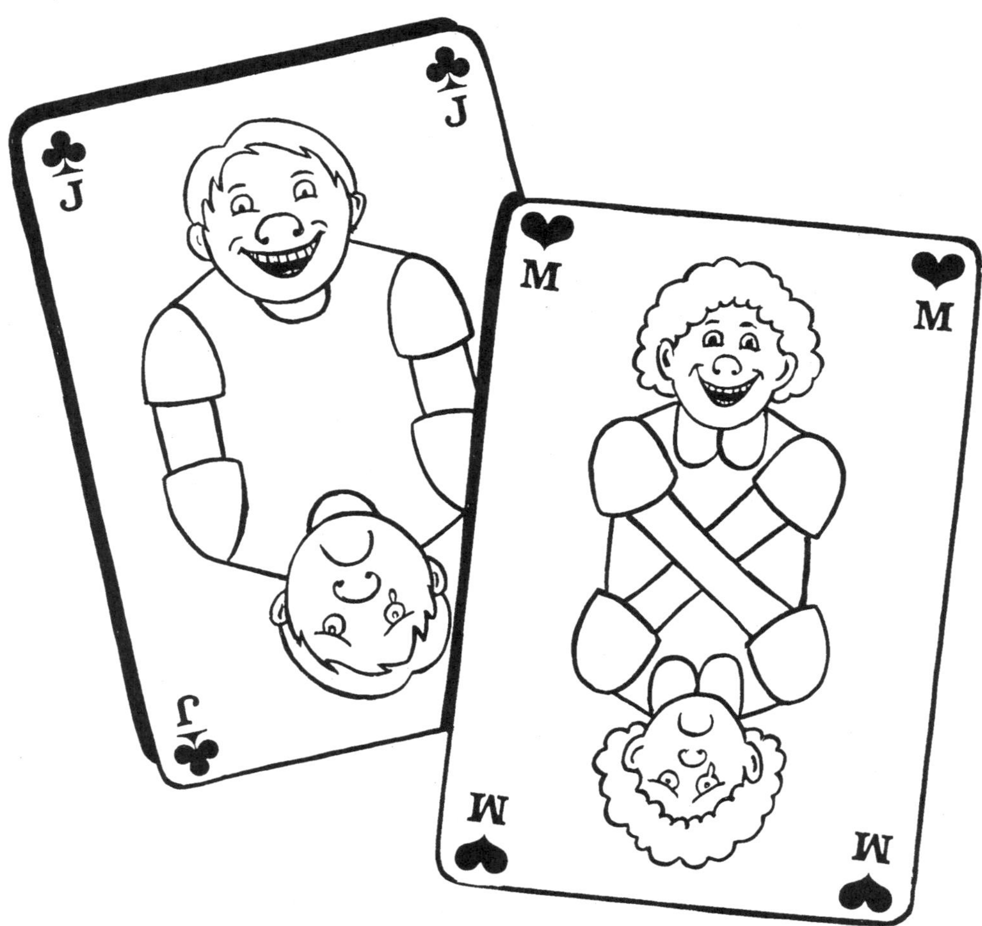

# Wenn ich heimkomm'

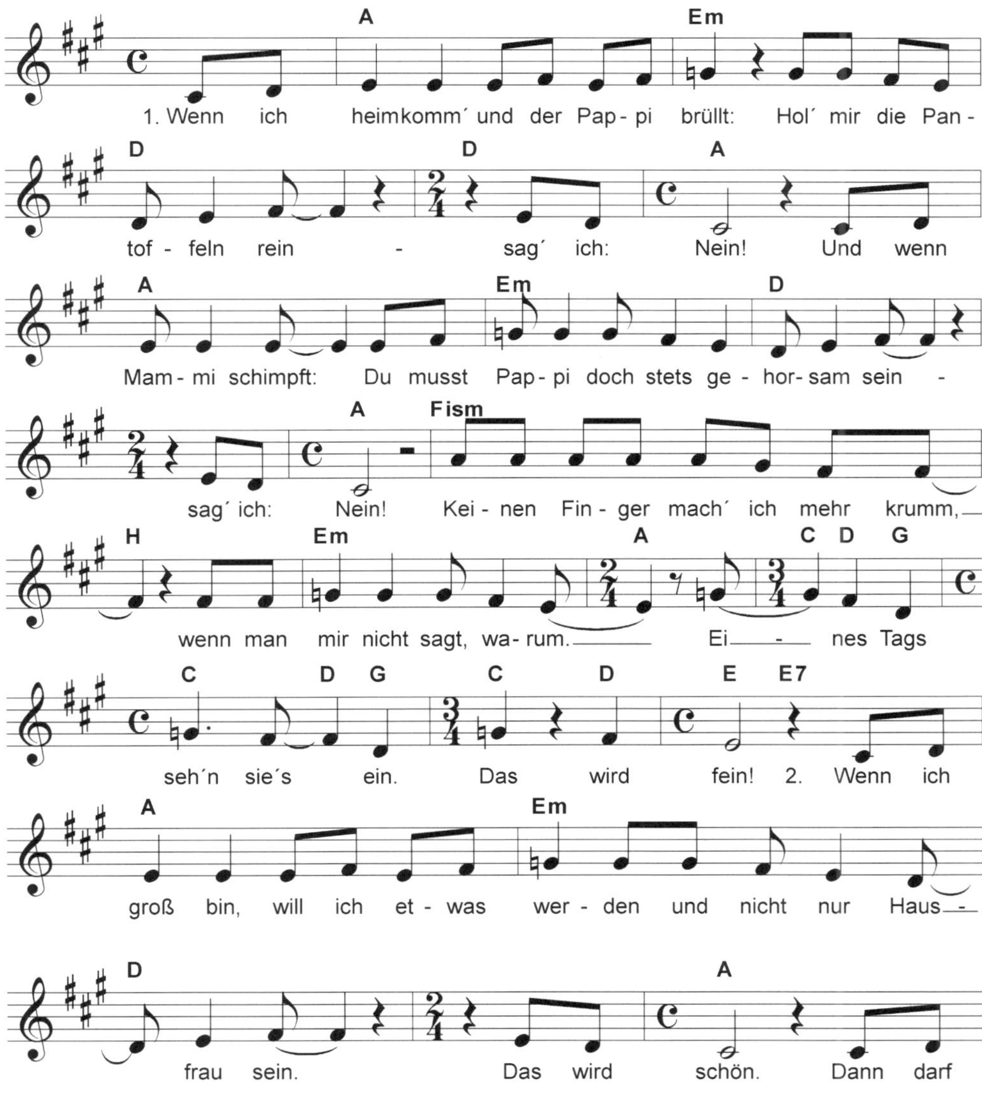

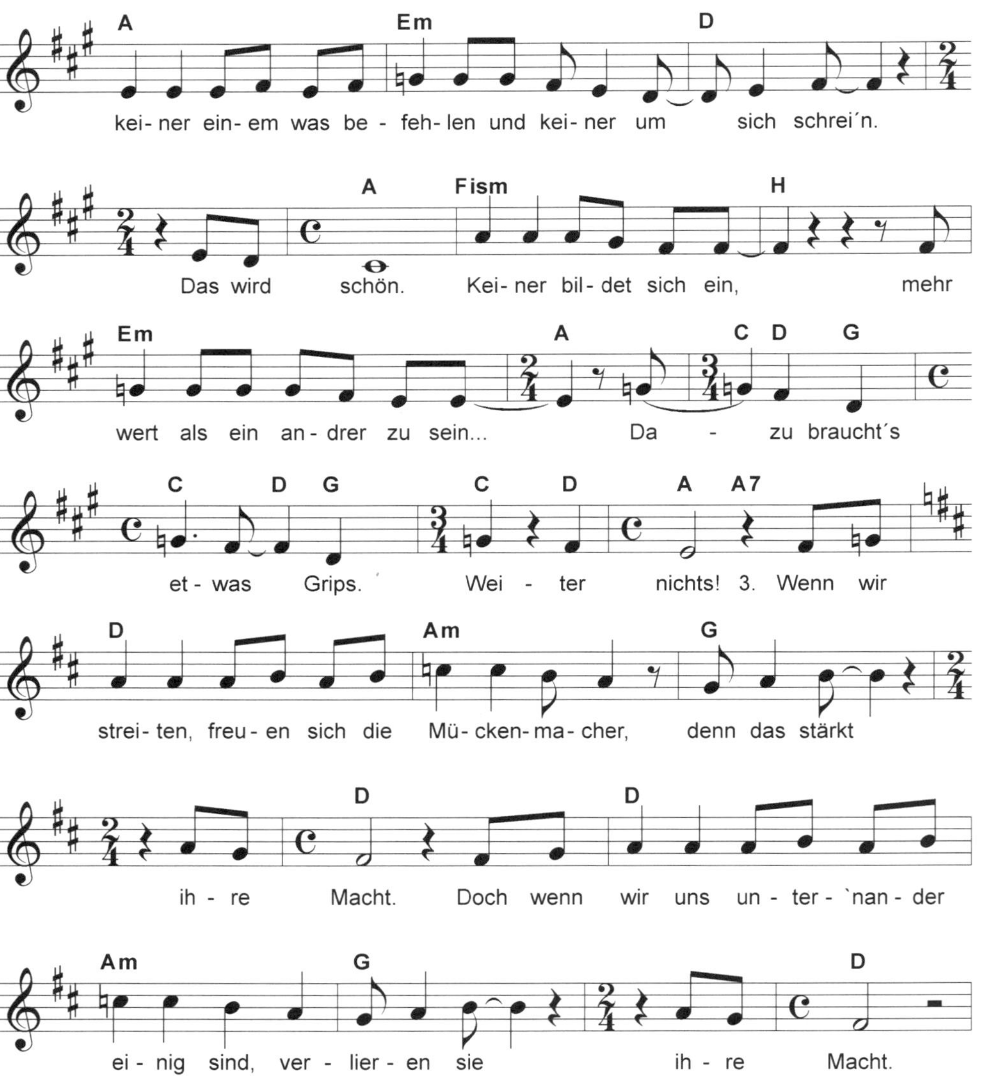
A Em D
kei- ner ein- em was be - feh- len und kei- ner um sich schrei´n.
A Fism H
Das wird schön. Kei- ner bil- det sich ein, mehr
Em A C D G
wert als ein an- drer zu sein... Da - zu braucht´s
C D G C D A A7
et - was Grips. Wei - ter nichts! 3. Wenn wir
D Am G
strei- ten, freu - en sich die Mü - cken- ma - cher, denn das stärkt
D D
ih - re Macht. Doch wenn wir uns un - ter - `nan - der
Am G D
ei - nig sind, ver - lier - en sie ih - re Macht.

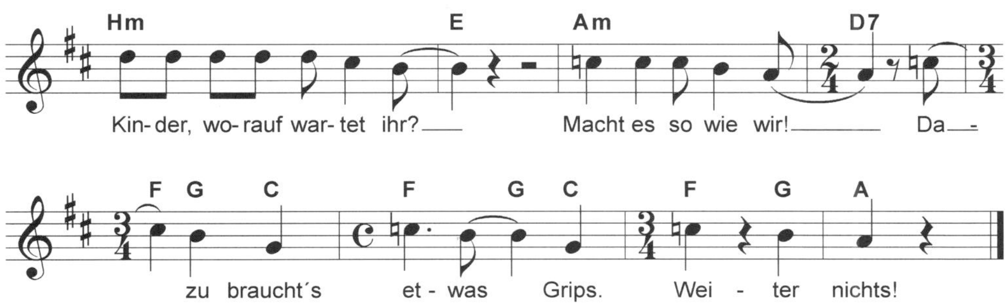
Hm E Am D7
Kin- der, wo- rauf war- tet ihr? Macht es so wie wir! Da-
F G C F G C F G A
zu braucht´s et- was Grips. Wei - ter nichts!

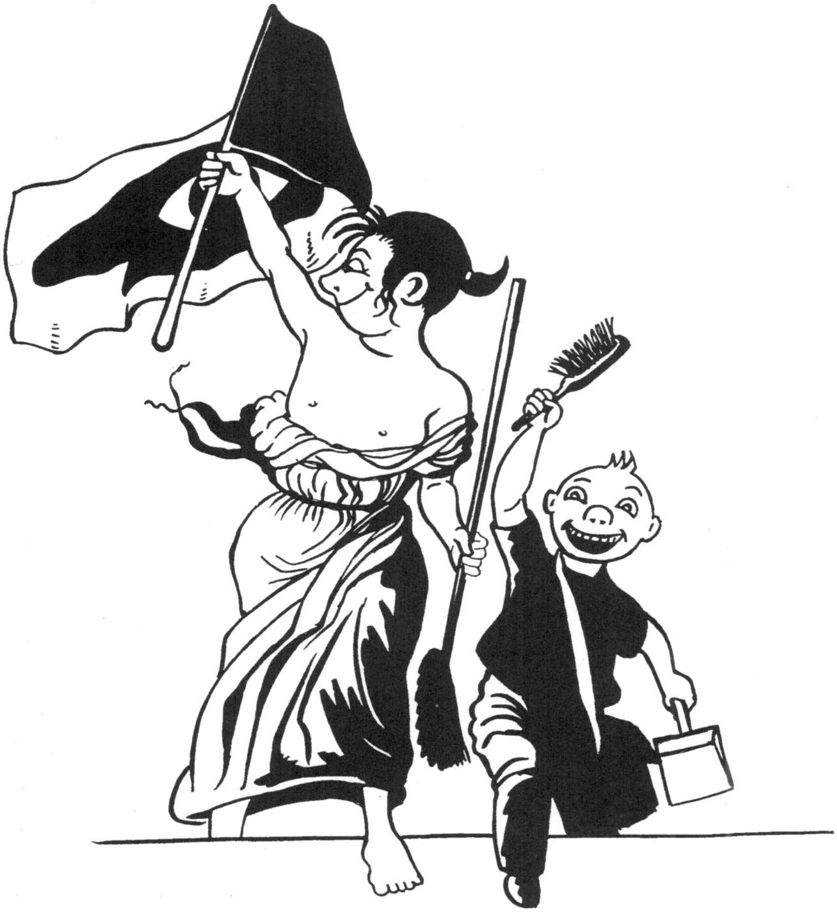

# Wer sagt, dass Mädchen dümmer sind

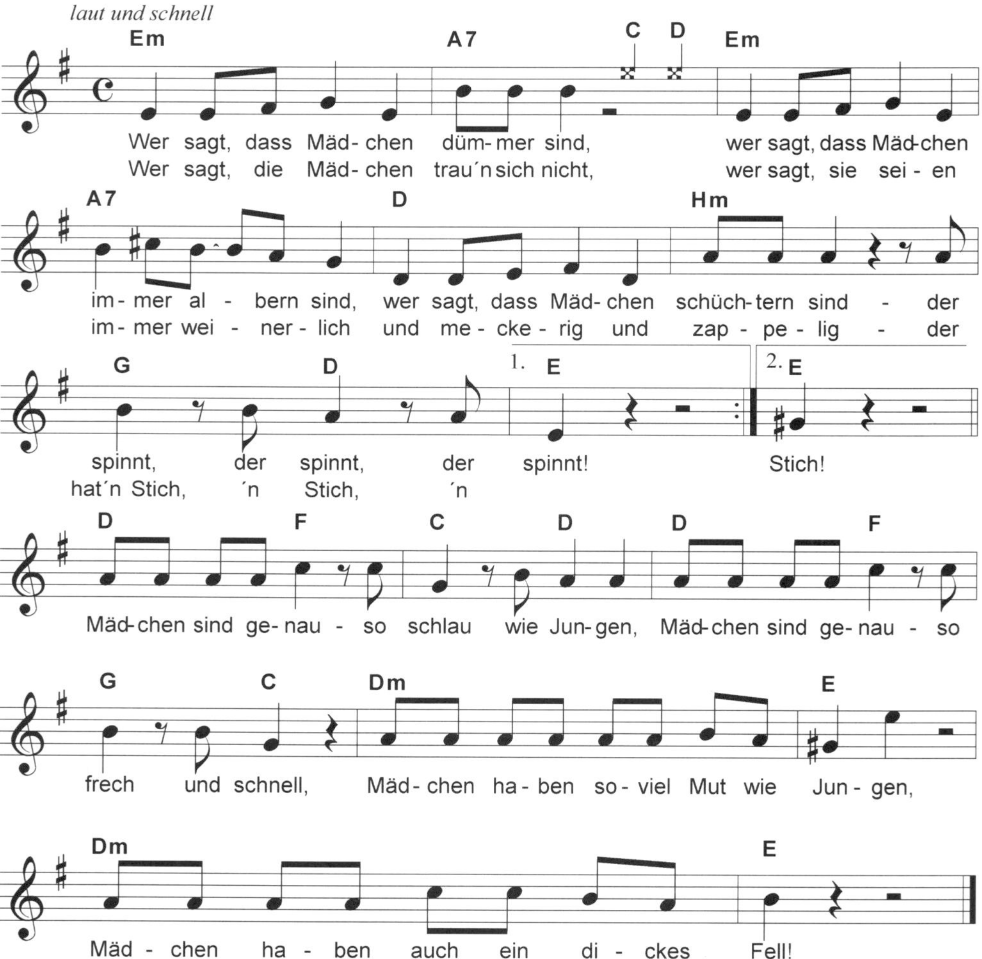

2. Wer sagt, dass Mädchen schwächer sind?
Wer sagt, dass Mädchen immer zickig sind,
wer sagt, dass Mädchen affig sind -
der spinnt, der spinnt, der spinnt!
Wer sagt, die Mädchen fürchten sich
und petzen und sind immer zimperlich,
sind also blöd und hinderlich -
der hat´n Stich, ´n Stich, ´n Stich!

Mädchen sind genauso...

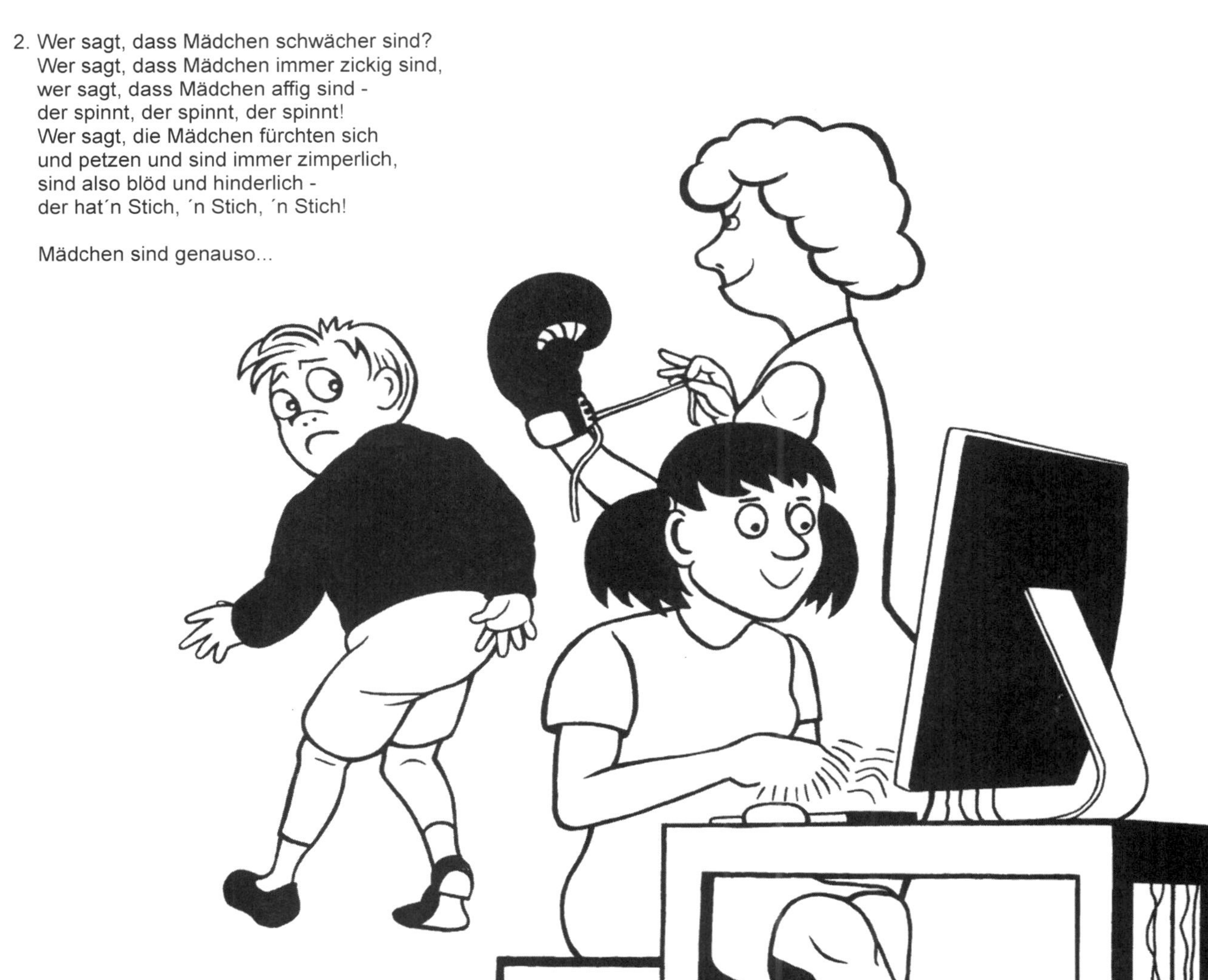

# Wir fahren mit der Eisenbahn

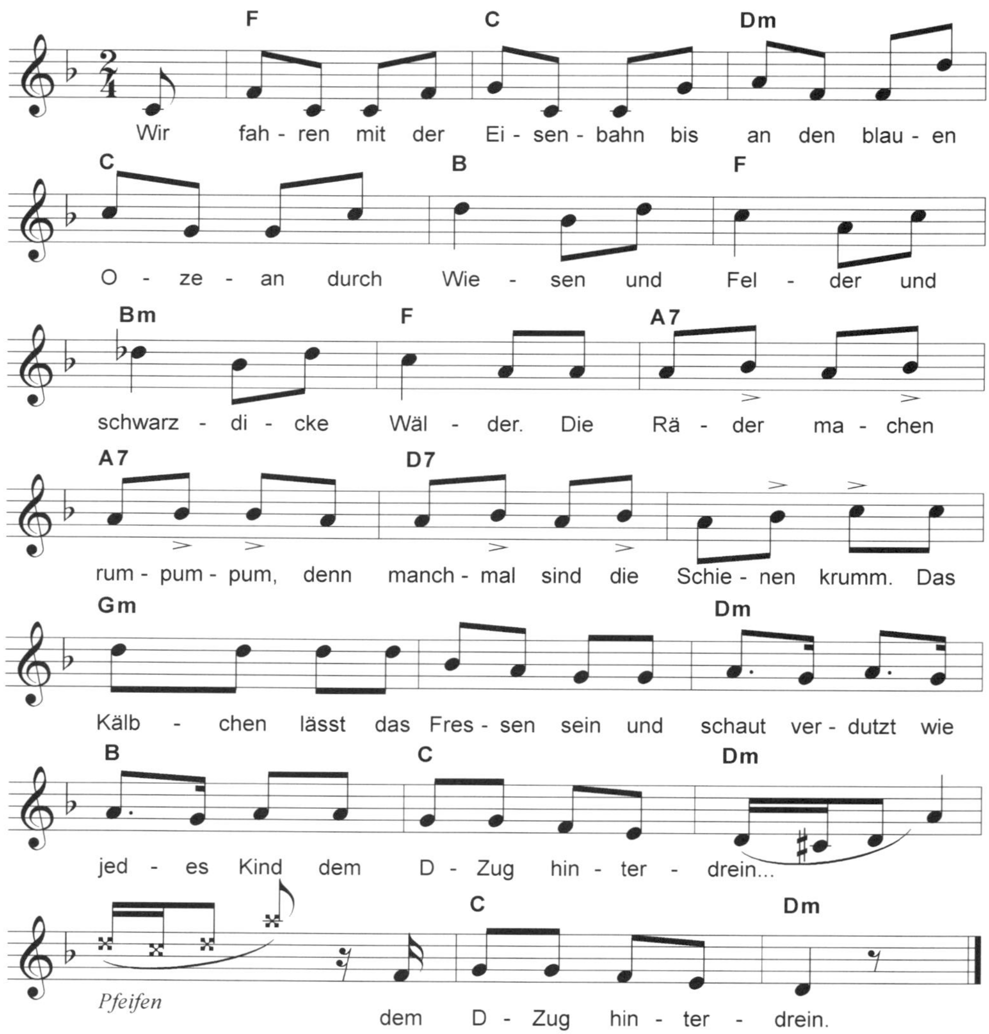

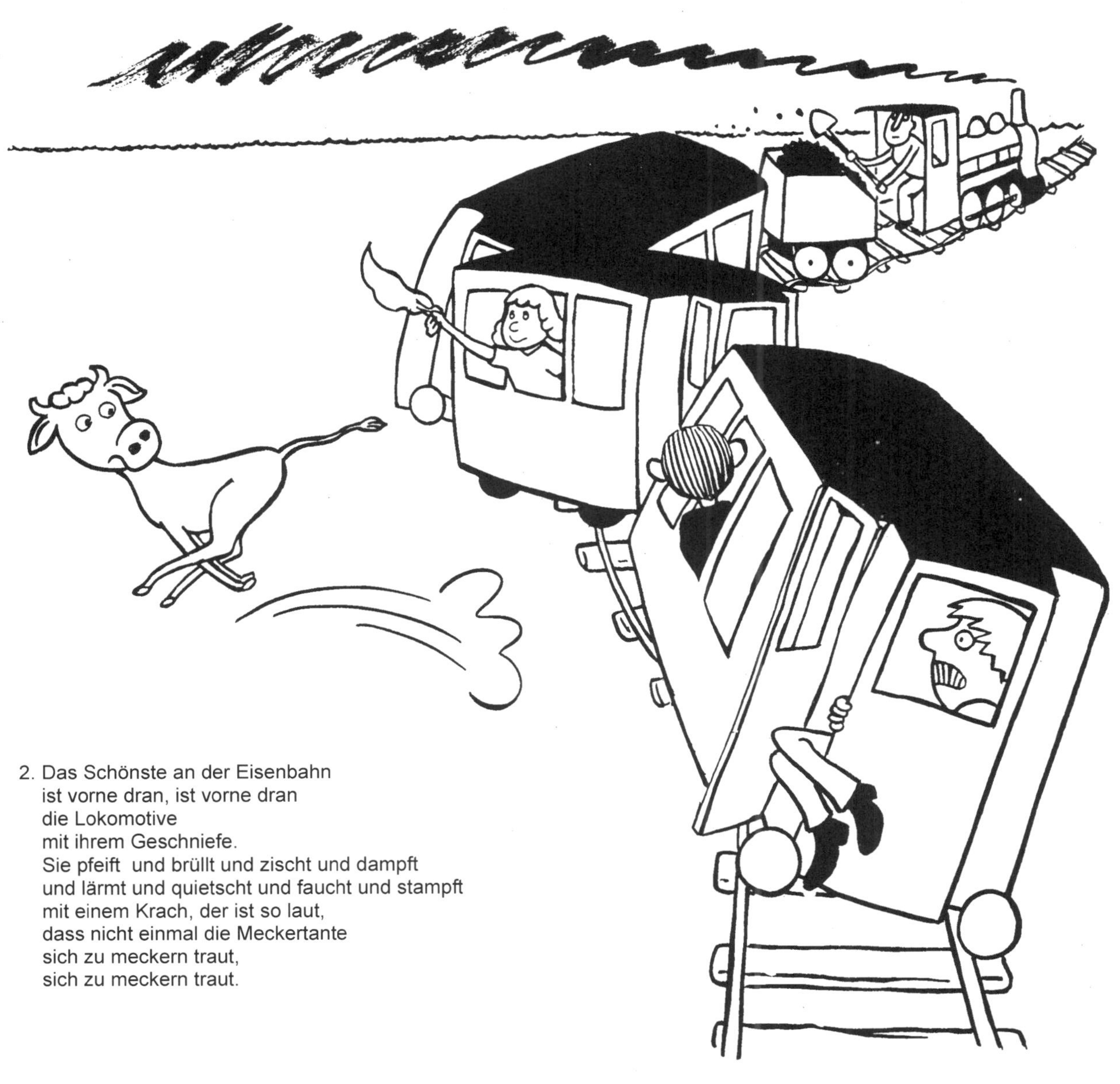

2. Das Schönste an der Eisenbahn
ist vorne dran, ist vorne dran
die Lokomotive
mit ihrem Geschniefe.
Sie pfeift und brüllt und zischt und dampft
und lärmt und quietscht und faucht und stampft
mit einem Krach, der ist so laut,
dass nicht einmal die Meckertante
sich zu meckern traut,
sich zu meckern traut.

# Wir sind Kinder einer Erde

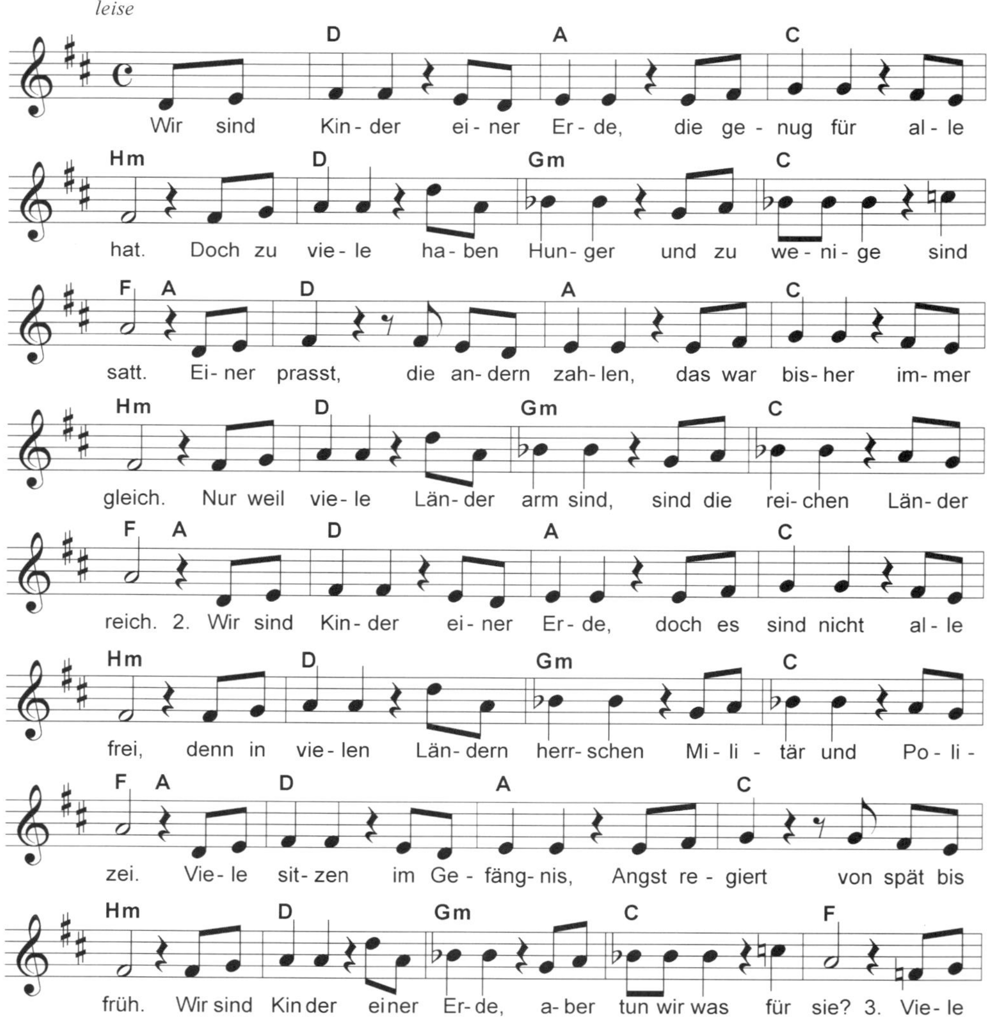

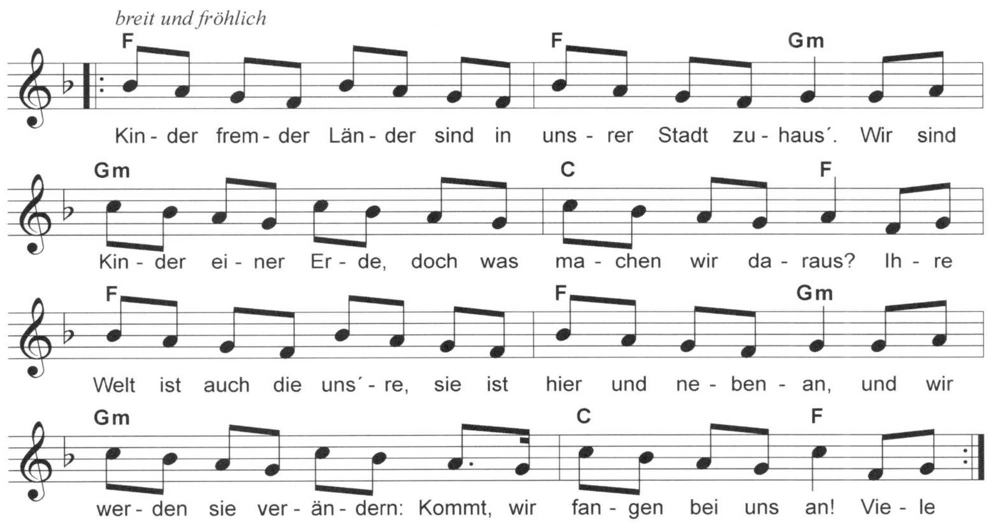
breit und fröhlich
F F Gm
Kin - der frem - der Län - der sind in uns - rer Stadt zu - haus´. Wir sind
Gm C F
Kin - der ei - ner Er - de, doch was ma - chen wir da - raus? Ih - re
F F Gm
Welt ist auch die uns´ - re, sie ist hier und ne - ben - an, und wir
Gm C F
wer - den sie ver - än - dern: Kommt, wir fan - gen bei uns an! Vie - le

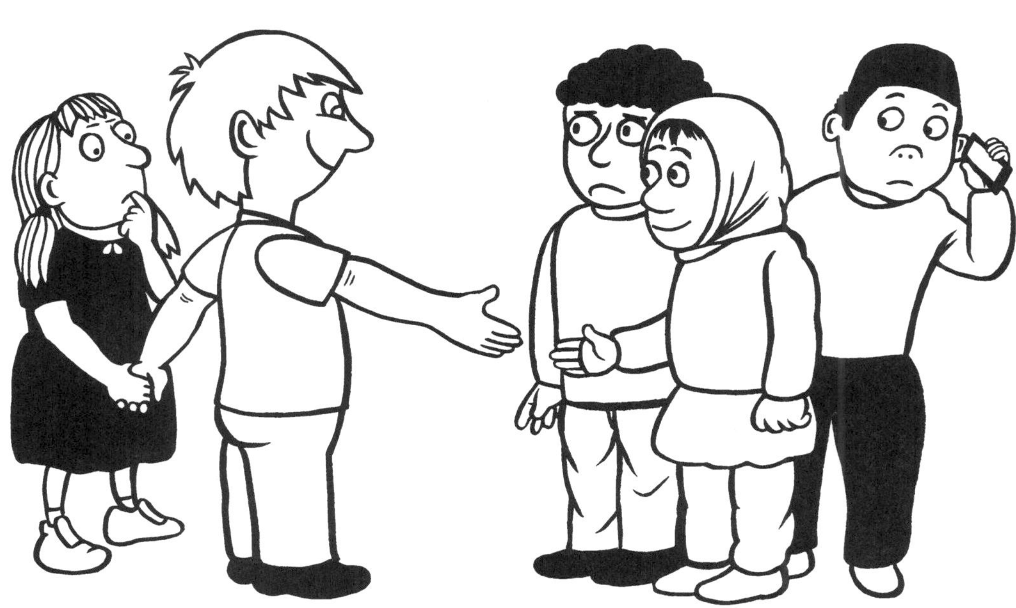

# Wir spielen

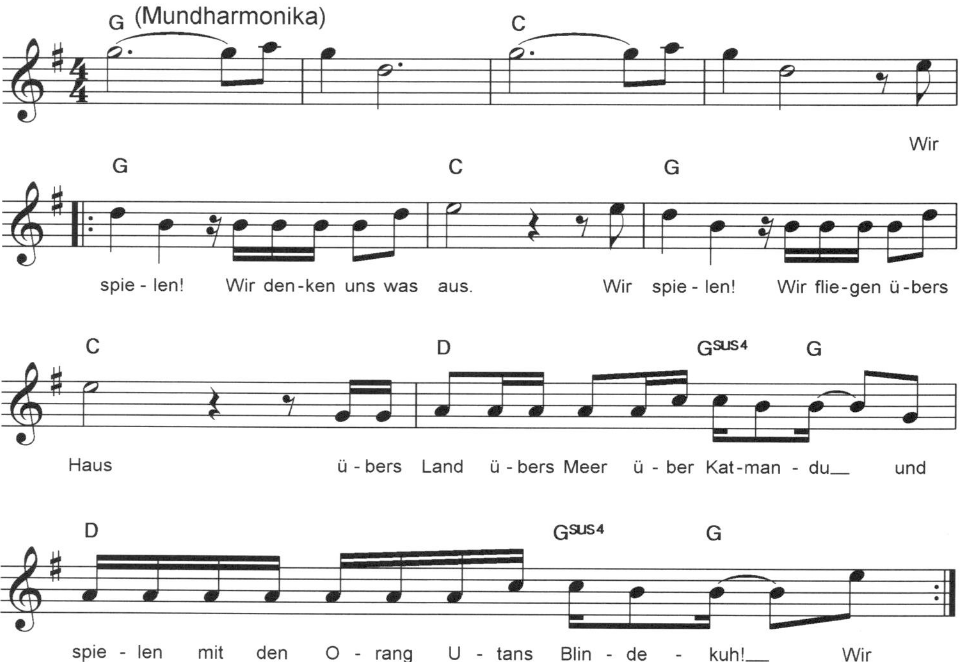


2. Wir spielen – durch Wolken kreuz und quer
   Wir spielen – tausend Meter unterm Meer
   Ich bin Aladin! – Schneewittchen! – Ich bin Winnetou!
   Ich bin 'ne Hexe und verzaubern dich in 'n Känguru

3. Wir spielen – wir denken uns was aus
   Wir spielen – wir rücken einfach aus
   Wir spielen – die Großen fliegen raus
   Wir spielen – !

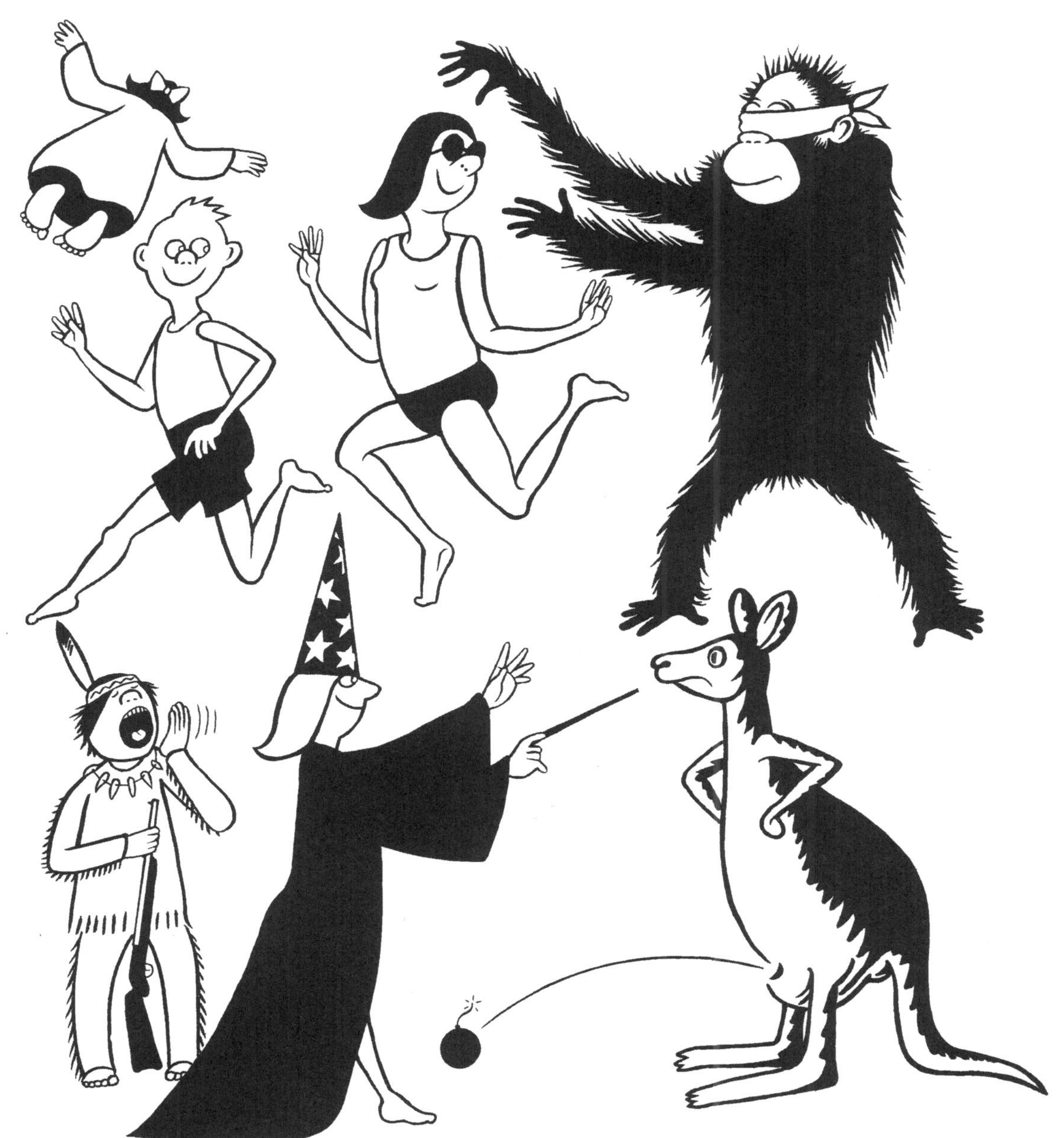

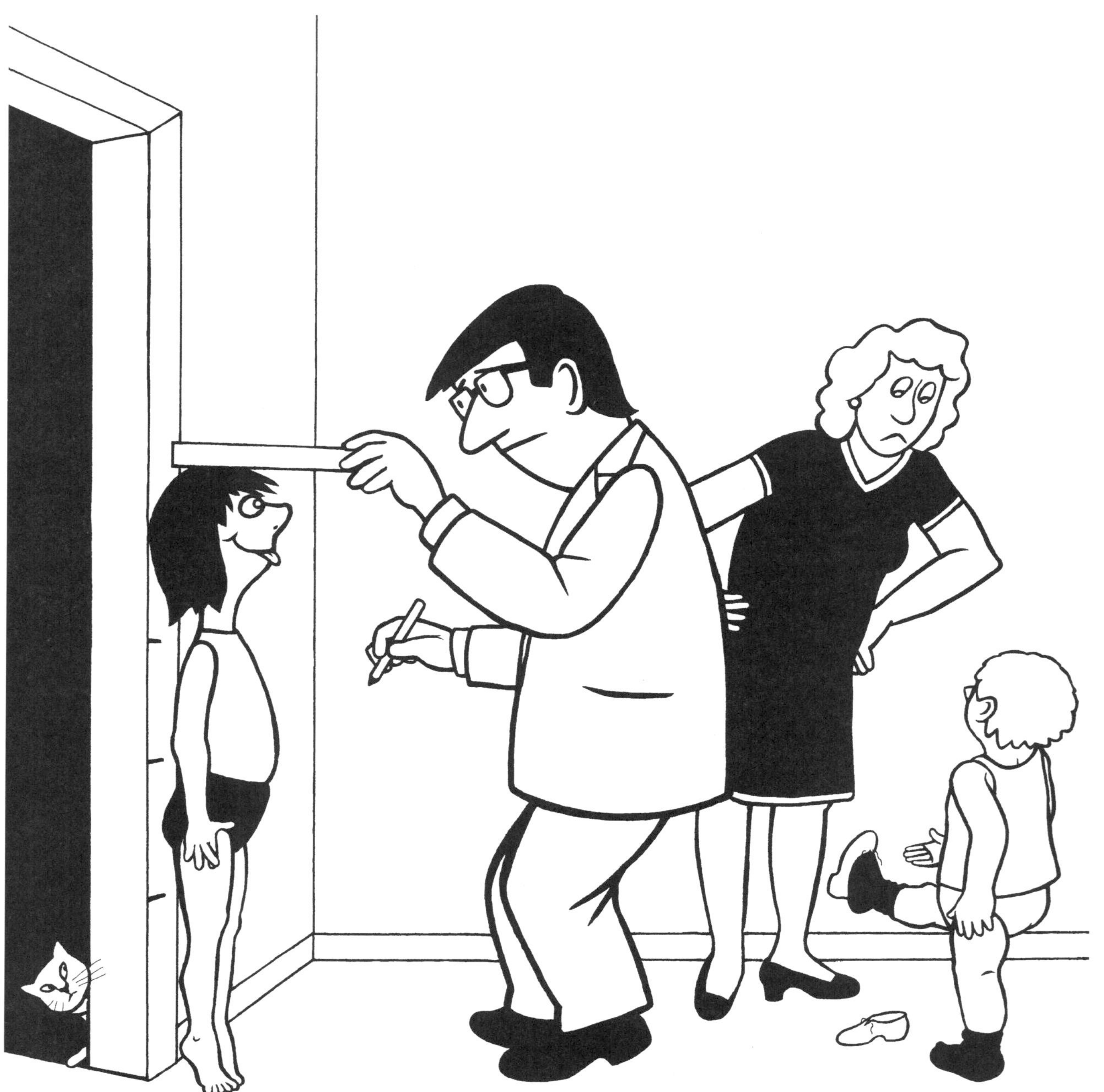

# Wir werden immer größer

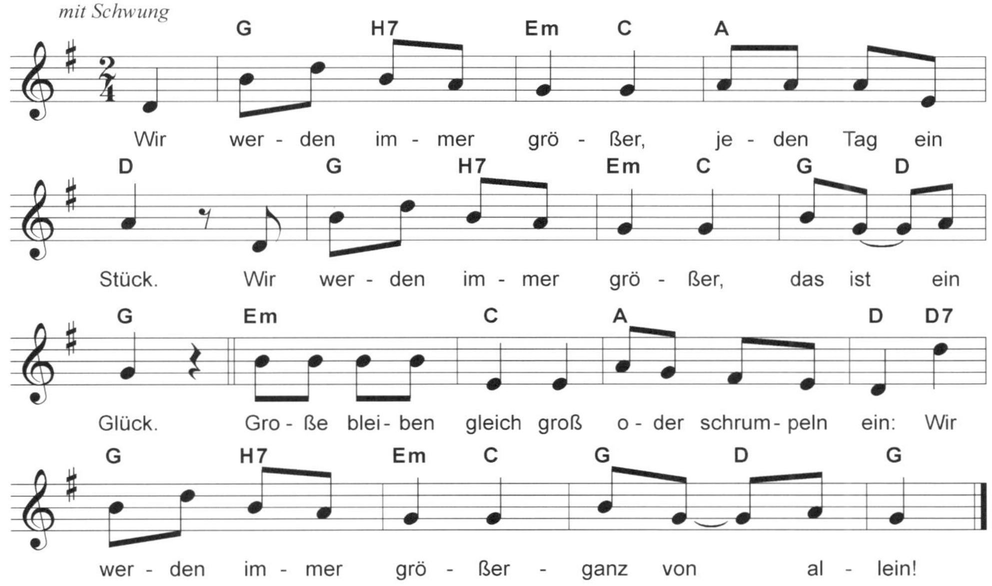


2. Wir werden immer größer,
   das merkt jedes Schaf.
   Wir werden immer größer -
   sogar im Schlaf.
   Ganz egal, ob´s regnet,
   donnert oder schneit:
   Wir werden immer größer
   und auch gescheit.

3. Wir werden immer größer,
   darin sind wir stur.
   Wir werden immer größer
   in einer Tour.
   Auch wenn man uns einsperrt
   oder uns verdrischt:
   Wir werden immer größer -
   da hilft alles nischt.

# Wir wollen Freunde sein

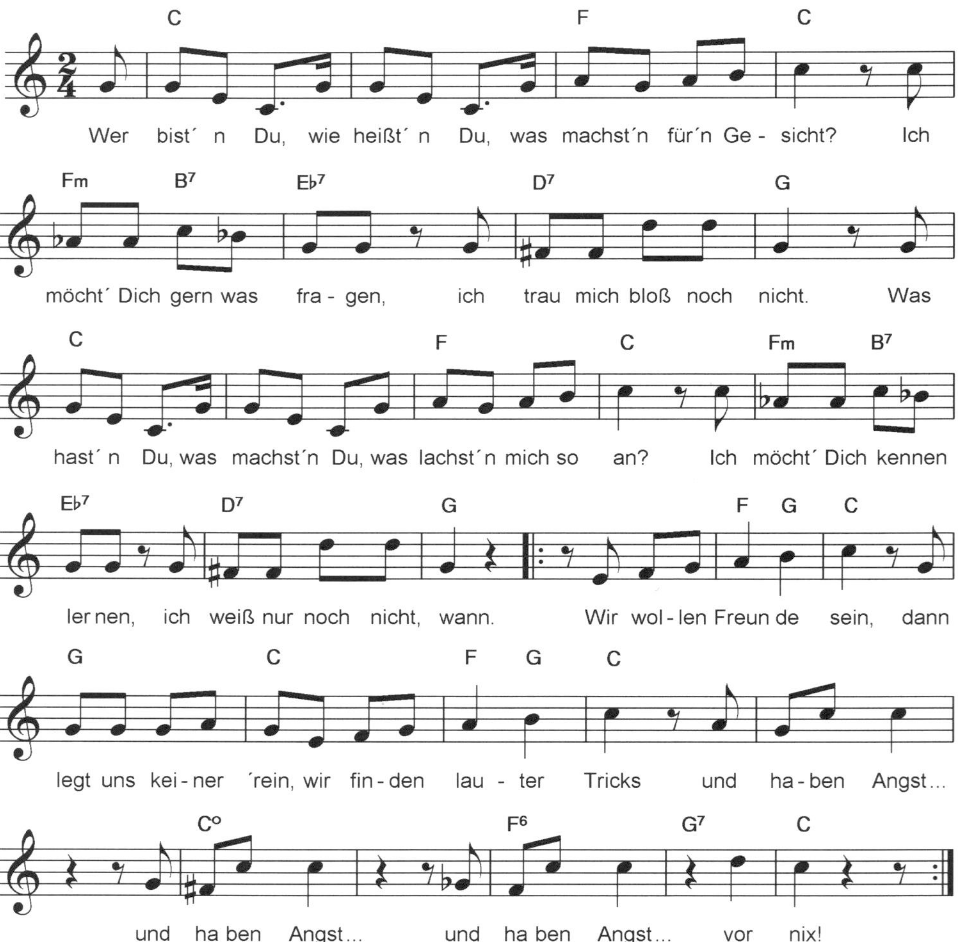

# Wo ich wohne

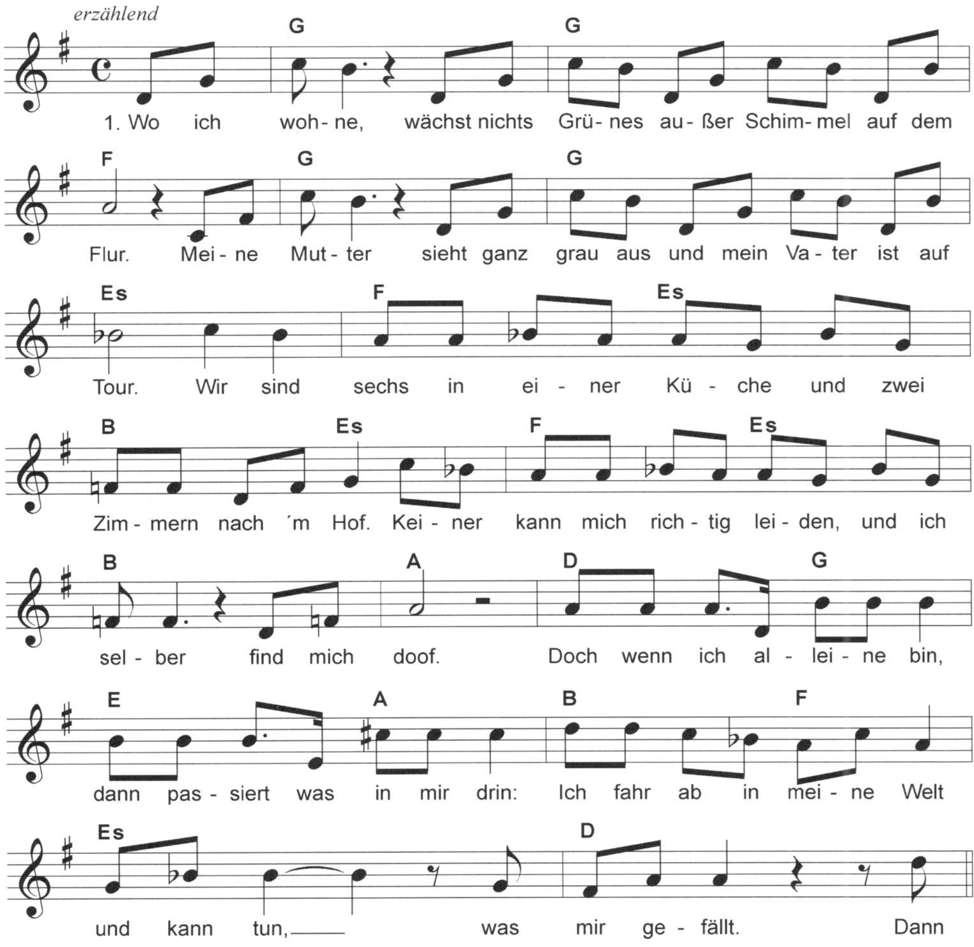

erzählend
G G
1. Wo ich woh-ne, wächst nichts Grü-nes au-ßer Schim-mel auf dem
F G G
Flur. Mei-ne Mut-ter sieht ganz grau aus und mein Va-ter ist auf
Es F Es
Tour. Wir sind sechs in ei - ner Kü - che und zwei
B Es F Es
Zim-mern nach ´m Hof. Kei-ner kann mich rich-tig lei-den, und ich
B A D G
sel - ber find mich doof. Doch wenn ich al - lei - ne bin,
E A B F
dann pas - siert was in mir drin: Ich fahr ab in mei - ne Welt
Es D
und kann tun, was mir ge - fällt. Dann

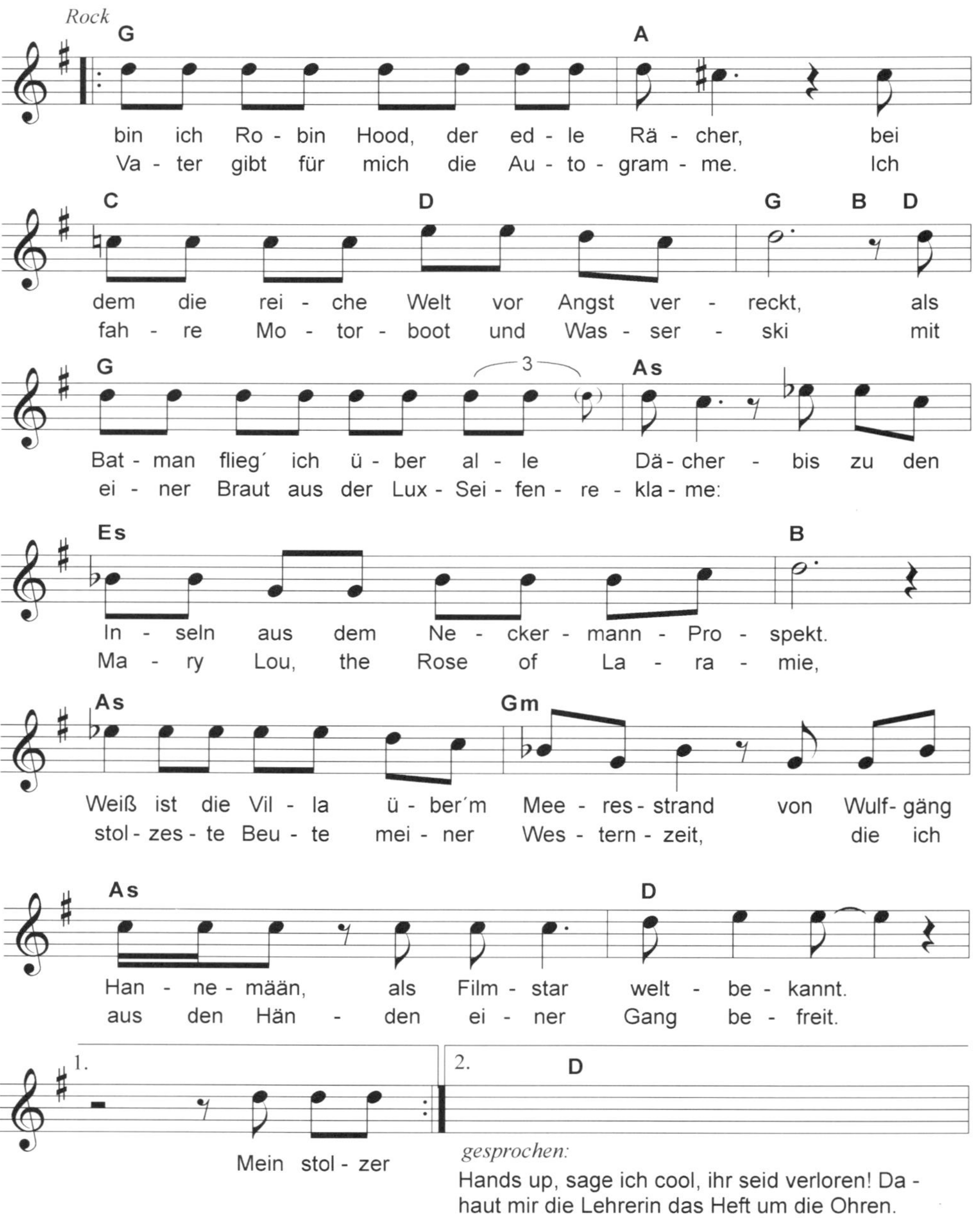
Rock
G A
bin ich Ro - bin Hood, der ed - le Rä - cher, bei
Va - ter gibt für mich die Au - to - gram - me. Ich
C D G B D
dem die rei - che Welt vor Angst ver - reckt, als
fah - re Mo - tor - boot und Was - ser - ski mit
G 3 As
Bat - man flieg´ ich ü - ber al - le Dä - cher - bis zu den
ei - ner Braut aus der Lux - Sei - fen - re - kla - me:
Es B
In - seln aus dem Ne - cker - mann - Pro - spekt.
Ma - ry Lou, the Rose of La - ra - mie,
As Gm
Weiß ist die Vil - la ü - ber´m Mee - res - strand von Wulf - gäng
stol - zes - te Beu - te mei - ner Wes - tern - zeit, die ich
As D
Han - ne - määän, als Film - star welt - be - kannt.
aus den Hän - den ei - ner Gang be - freit.
1. 2. D
Mein stol - zer
gesprochen:
Hands up, sage ich cool, ihr seid verloren! Da -
haut mir die Lehrerin das Heft um die Ohren.

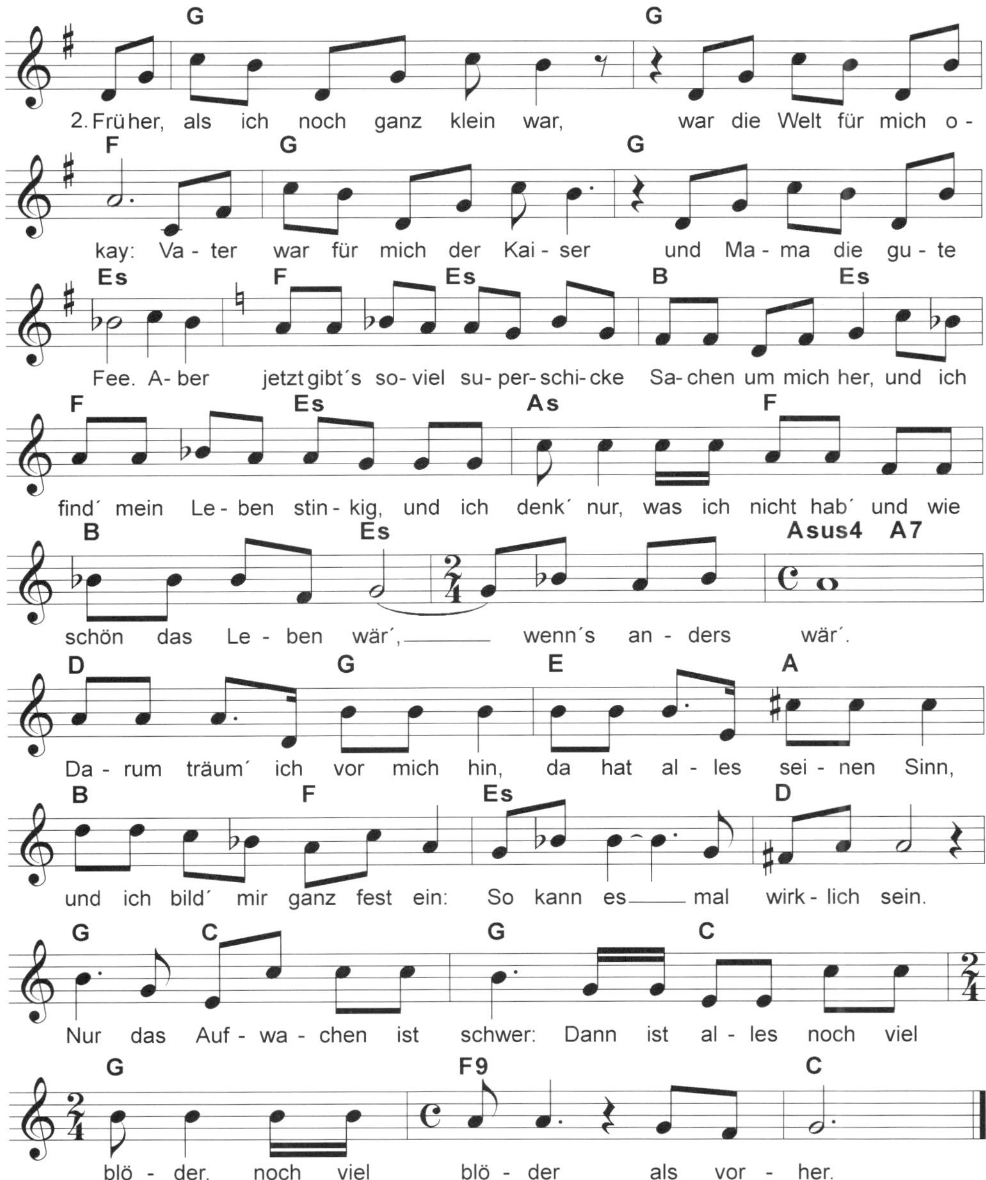
G G
2. Früher, als ich noch ganz klein war, war die Welt für mich o -
F G G
kay: Va - ter war für mich der Kai - ser und Ma - ma die gu - te
Es F Es B Es
Fee. A - ber jetzt gibt´s so - viel su - per - schi - cke Sa - chen um mich her, und ich
F Es As F
find´ mein Le - ben stin - kig, und ich denk´ nur, was ich nicht hab´ und wie
B Es Asus4 A7
schön das Le - ben wär´, wenn´s an - ders wär´.
D G E A
Da - rum träum´ ich vor mich hin, da hat al - les sei - nen Sinn,
B F Es D
und ich bild´ mir ganz fest ein: So kann es mal wirk - lich sein.
G C G C
Nur das Auf - wa - chen ist schwer: Dann ist al - les noch viel
G F9 C
blö - der, noch viel blö - der als vor - her.

# Zu Bett geh'n

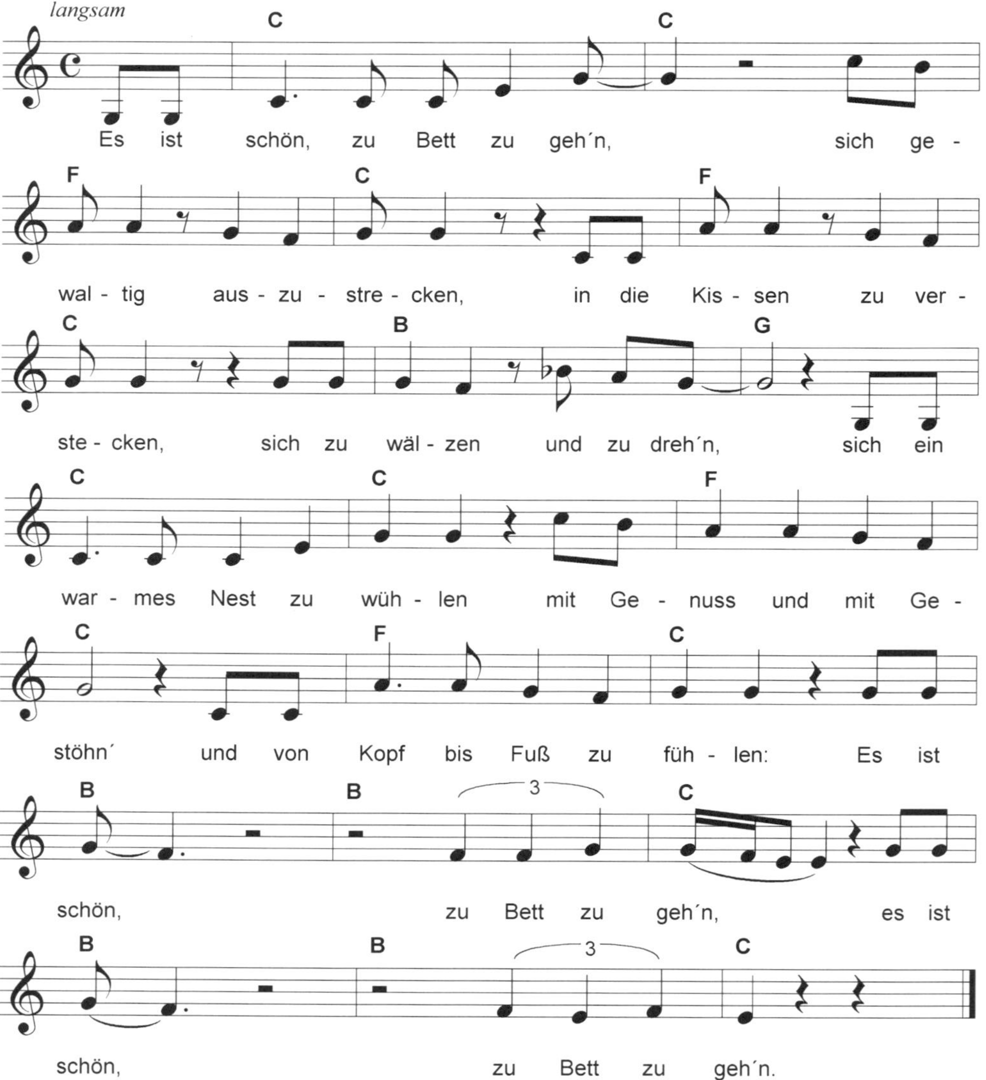
langsam
C C
Es ist schön, zu Bett zu geh´n, sich ge -
F C F
wal - tig aus - zu - stre - cken, in die Kis - sen zu ver -
C B G
ste - cken, sich zu wäl - zen und zu dreh´n, sich ein
C C F
war - mes Nest zu wüh - len mit Ge - nuss und mit Ge -
C F C
stöhn´ und von Kopf bis Fuß zu füh - len: Es ist
B B C
3
schön, zu Bett zu geh´n, es ist
B B C
3
schön, zu Bett zu geh´n.

2. Es ist schön, zu Bett zu geh´n,
in die Decke sich zu kuscheln,
mit dem Kuscheltier zu tuscheln,
was die andern nicht versteh´n,
sich was Schönes auszudenken:
tolle Sachen, die gescheh´n,
denn Gedanken kann man lenken.
Es ist schön, zu Bett zu geh´n,
es ist schön, zu Bett zu geh´n.

3. Es ist schön, zu Bett zu geh´n,
sanft sich in den Schlaf zu wiegen
und sich vorzustell´n, zu fliegen
über Städte, Berge, Seen,
Abenteuer zu erleben,
Heldentaten zu besteh´n,
in den Traum hineinzuschweben.
Es ist schön, zu Bett zu geh´n,
es ist schön, zu Bett zu geh´n.

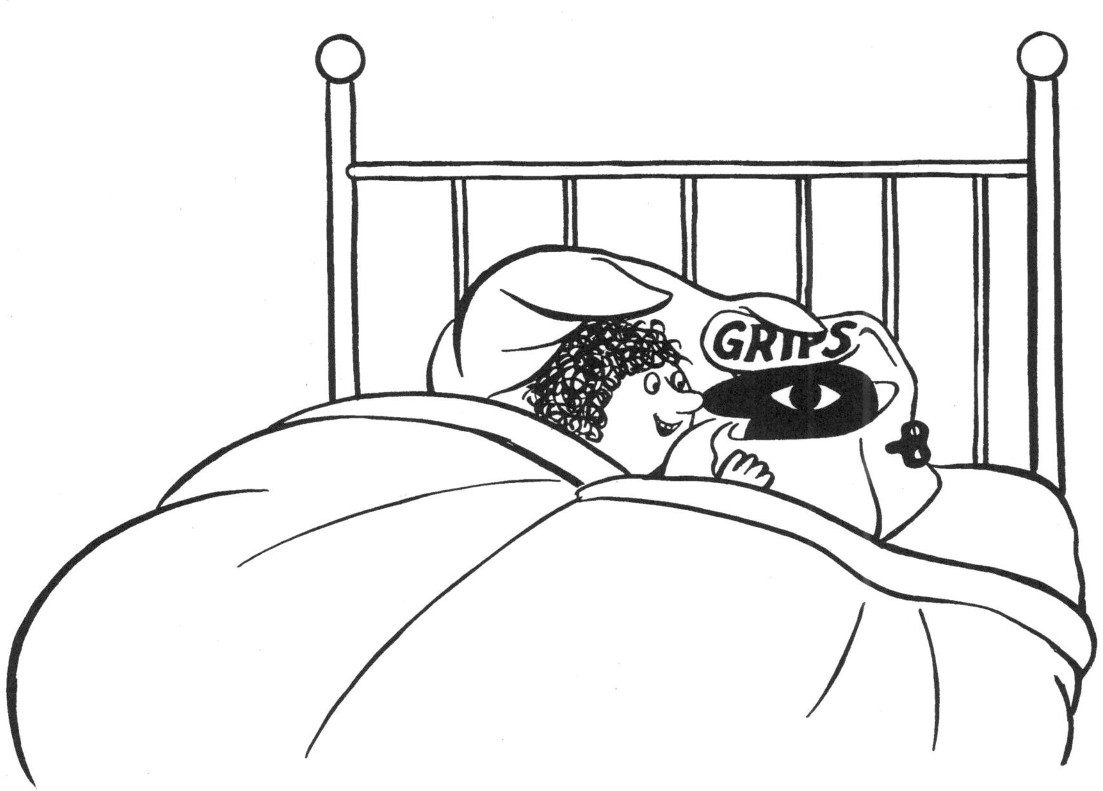

# Akkorde

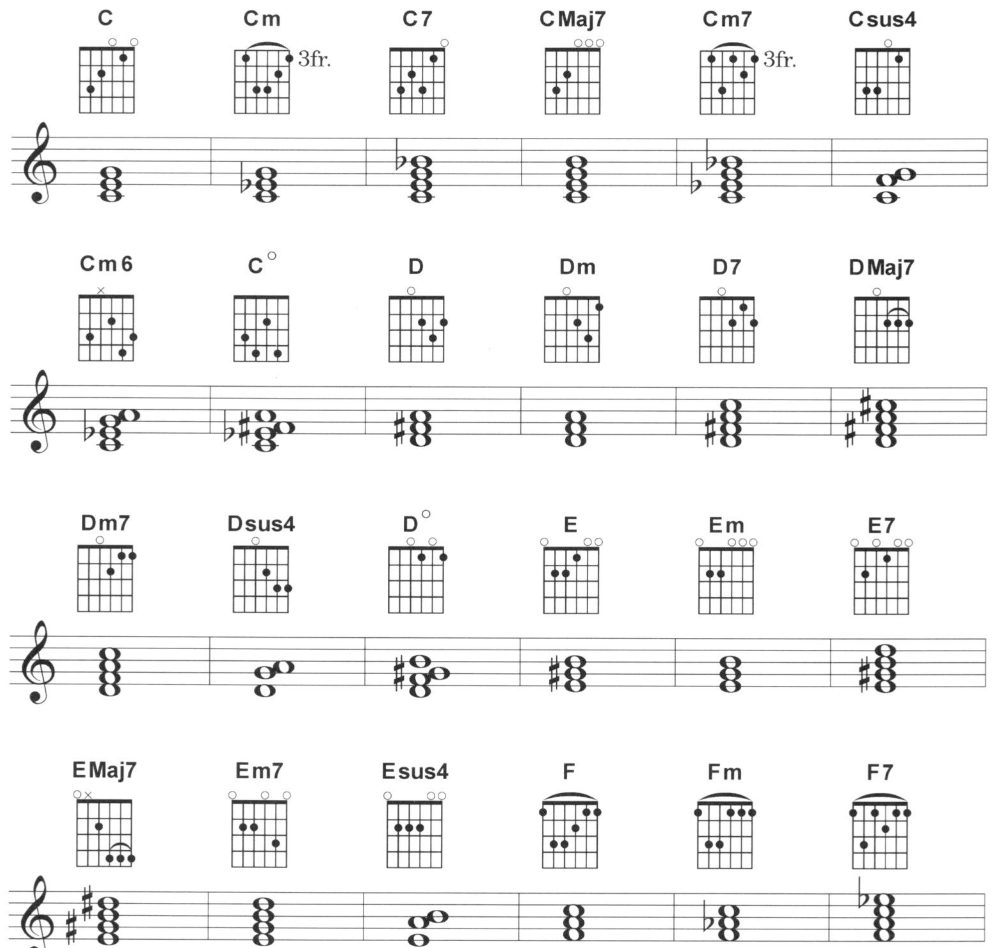
C
Cm
3fr.
C7
CMaj7
Cm7
3fr.
Csus4
Cm6
C°
D
Dm
D7
DMaj7
Dm7
Dsus4
D°
E
Em
E7
EMaj7
Em7
Esus4
F
Fm
F7

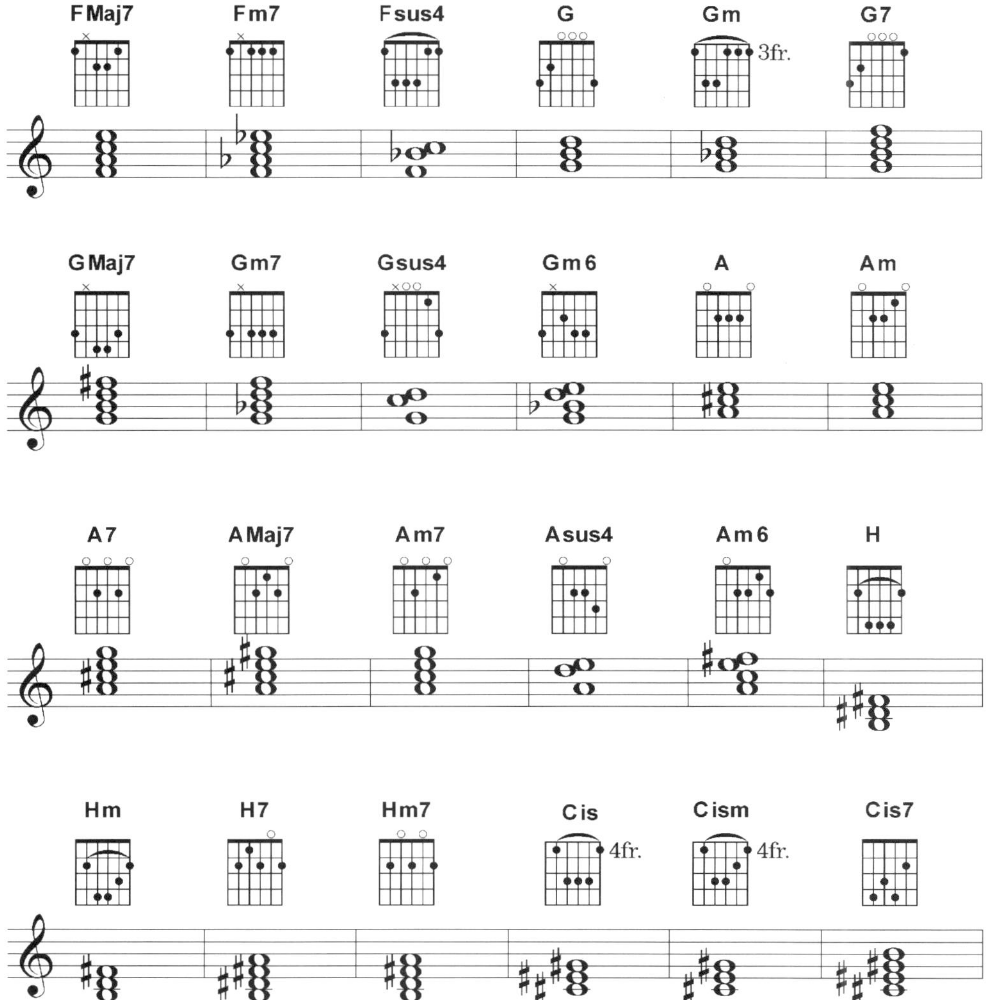
FMaj7
Fm7
Fsus4
G
Gm
3fr.
G7
GMaj7
Gm7
Gsus4
Gm6
A
Am
A7
AMaj7
Am7
Asus4
Am6
H
Hm
H7
Hm7
Cis
4fr.
Cism
4fr.
Cis7

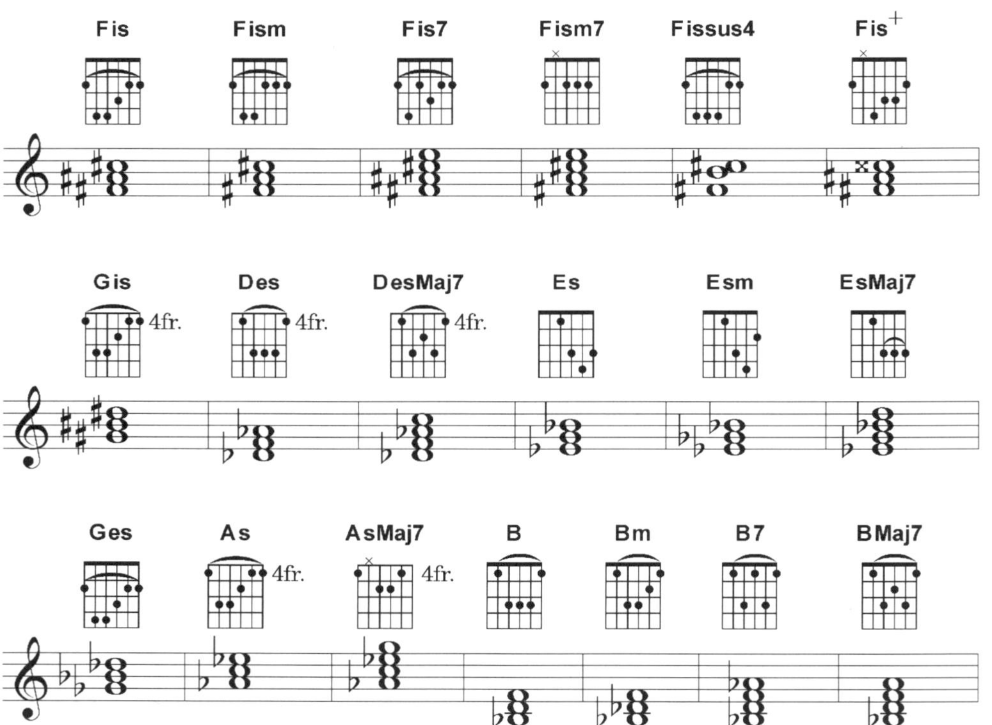
Fis
Fism
Fis7
Fism7
Fissus4
Fis+
Gis
4fr.
Des
4fr.
DesMaj7
4fr.
Es
Esm
EsMaj7
Ges
As
4fr.
AsMaj7
4fr.
B
Bm
B7
BMaj7

# Quellenverzeichnis

„Drecklied“, „Lokolieschen“, „Wir fahren mit der Eisenbahn“. Aus: *Stokkerlok und Millipilli* von Rainer Hachfeld und Volker Ludwig, 1969

„Indianerlied“, „Pfeiflied“. Aus: *Maximilian Pfeiferling* von Carsten Krüger und Volker Ludwig, 1969

„Alle Großen haben Angst“, „Fernsehlied“, „Gartenlied“. Aus: *Mugnog Kinder!* von Rainer Hachfeld, 1970

„Einer ist keiner“, „Meins oder deins“, „Wer sagt, dass Mädchen dümmer sind“. Aus: *Balle, Malle Hupe und Artur* vom Autoren-Kollektiv, 1971

„Blip blip“, „Das, was der hat, will ich haben“, „Das werden wir ja seh'n“. Aus: *Trummi kaputt* von Volker Ludwig, 1971

„Man muss sich nur wehren“, „Mannomann“, „Wenn ich heimkomm'“. Aus: *Mannomann!* von Volker Ludwig und Reiner Lücker, 1972

„Doof gebor'n ist keiner“, „Hetzlied“. Aus: *Doof bleibt doof* von Ulrich Gressieker, Volker Ludwig und Reiner Lücker, 1973

„Lied der Kinder“. Aus der Fernsehserie *Das Feuerrote Spielmobil*, 1973, später in *Ruhe im Karton!* von Stefan Reisner, 1973

„Bratkartoffellied“, „Lied der Eltern“, „Wir werden immer größer“. Aus: *Ruhe im Karton!*

„Wir sind Kinder einer Erde“. Aus: *Ein Fest bei Papadakis* von Volker Ludwig und Christian Sorge, 1973

„Ohne uns geht's nicht“. Aus: *Die Ruckzuckmaschine* von Reiner Lücker und Stefan Reisner, 1974

„Wo ich wohne“. Aus: *Nashörner schießen nicht* von Volker Ludwig und Jörg Friedrich, 1974

„Wenn ich fröhlich bin“, „Streicheln“. Aus der Fernsehserie *Sesamstraße*, 1971

„Ich hab' ein Kuscheltier“. Aus der Fernsehserie *Sesamstraße,* 1975, später in *Max und Milli*, 1978

„Mädchen, lasst euch nichts erzählen“, „Trau dich“. Aus: *Mensch Mädchen!* von Stefan Reisner, 1975

„Bananas“, „Das Lied vom Misch-Masch“. Aus: *Banana* von Rainer Hachfeld und Reiner Lücker, 1976

„Ottokar hat Segelohren“. Aus der Fernsehserie *Sesamstraße* 1976, später in *Sturm und Wurm unterwegs* von Thomas Ahrens, 1993

„Manchmal hab' ich Wut", „Meine Eltern sind geschieden". Aus: *VaterMutterKind* von Volker Ludwig und Reiner Lücker, 1977

„Himmel, Erde, Luft und Meer", „Schweinchen Plastik". Aus: *Wasser im Eimer* von Reiner Lücker und Stefan Reisner, 1977

„Wir wollen Freunde sein". Aus: *Max und Milli* von Volker Ludwig, 1978

„Mattscheiben-Milli", „Oben und unten", „Zu Bett geh'n". Aus der Fernsehserie *Sesamstraße* 1977, später in *Max und Milli* von Volker Ludwig, 1978

„Können kann ich manches". Aus: *Spaghetti mit Ketchup* von Rainer Hachfeld, 1979

„Manche von uns fahren Rollstuhl". Aus: *Stärker als Superman* von Roy Kift, 1980

„Es war einmal ein Blinddarm", „Heile, heile Segen", „Meine Oma". Aus: *Heile, heile Segen* von Volker Ludwig und Christian Veit, 1980

„Kleiner Baum". Aus: *Dicke Luft* von Volker Ludwig und Reiner Lücker, 1982

„Wir spielen". Aus: *Friede Freude Pustekuchen* von Reiner Lücker und Stefan Reisner, 1982

„Bald gibt's Ferien", „Umzieh'n ist gemein", „Unsre Lehrerin ist krank". Aus: *Bella, Boss und Bulli* von Volker Ludwig, 1995

„Schularbeiten". Aus: *Floh und Co.* von Thomas Ahrens, 2001

„Freunde sind gute Geister". Aus: *Julius und die Geister* von Volker Ludwig, 2002

„Ich wünsch mir einen Opa". Aus: *Kannst du pfeifen, Johanna?* von Volker Ludwig nach Ulf Stark, 2002

„Ich träum so gern". Aus: *Die fabelhaften Millibillies* von Volker Ludwig, Franziska Steiof und Ensemble, 2011

„Ich will nicht alleine sein", „Paprika macht schlank". Aus: *Schnubbel* von Volker Ludwig, 2014

„Kinder brauchen Platz". Aus: *Auf Weltreise mit den Millibillies* von Volker Ludwig, Gabriel Freriks und Ensemble, 2016

„Heimweh", „Lied vom Älterwerden". Aus: *Laura war hier* von Milena Baisch, 2017

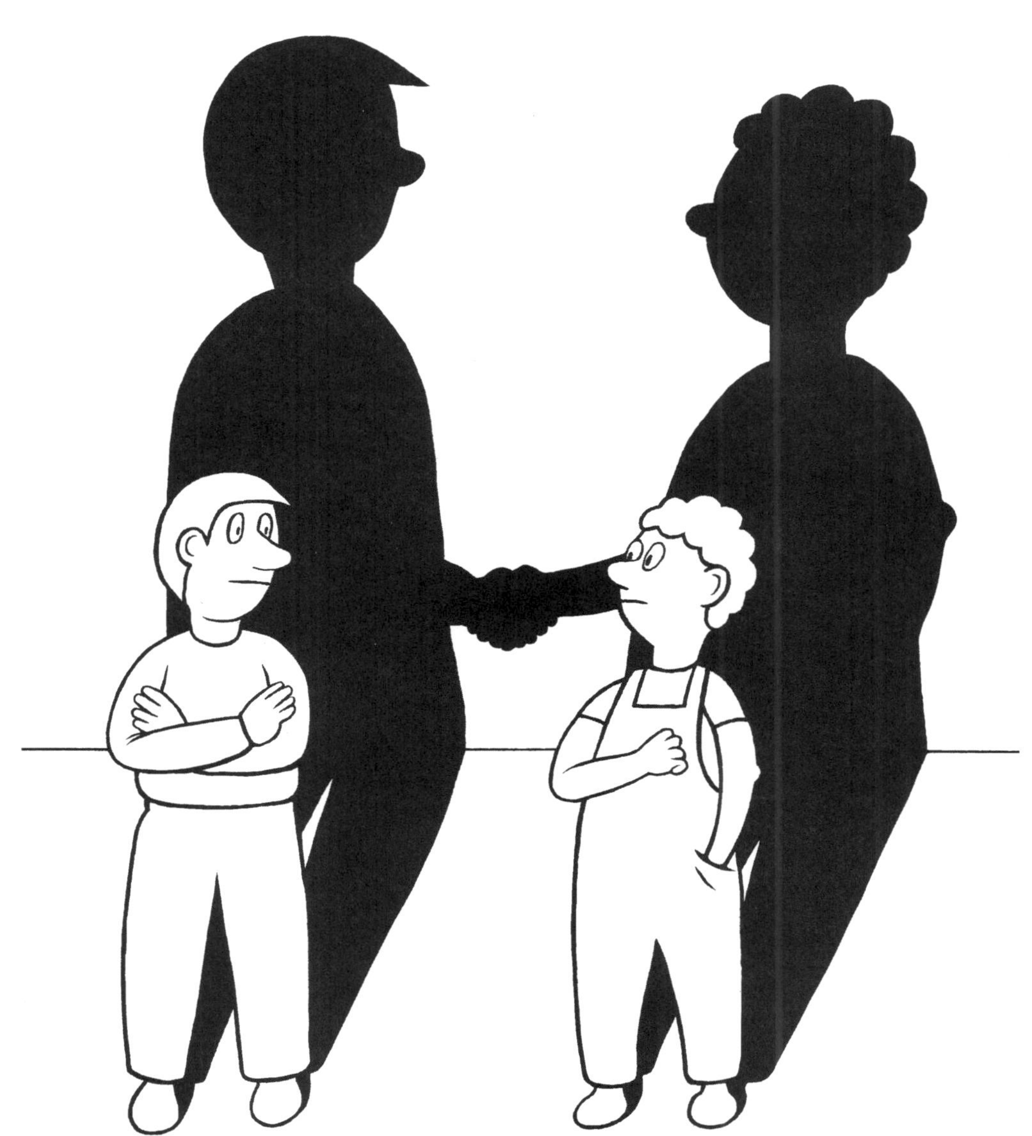